Die Erlebnisseiten

Auf den zwei Erlebnisseiten vertiefst du das Wissen, das du auf den Basisseiten gesammelt hast. Du findest hier weitere Aufgaben, Experimente oder Untersuchungen. Du erkennst die Erlebnisseiten an dem grünen Rahmen.

Auf einen Blick + Lerncheck

»Auf einen Blick« fasst das Wichtigste noch einmal übersichtlich zusammen. Mit dem »Lerncheck« am Ende des Kapitels kannst du dein Wissen testen.

 Digitale Ergänzungen zu deinem Buch erkennst du an dem Symbol **Digital+**.

Gehe auf die Seite *www.westermann.de/ Erlebnis-126501* und gib den Online-Schlüssel ein:

Online-Schlüssel
897Z-Y98M-VQ8K

Du kannst auch den QR-Code scannen und dann den Online-Schlüssel eingeben. Dort findest du Filme und Animationen passend zum jeweiligen Thema.

westermann

ERLEBNIS
Biologie
7/8

ERLEBNIS
Biologie

Dieses Werk ist in Teilen eine Übernahme aus folgenden Titeln:
ISBN: 978-3-14-117030-6, ISBN: 978-3-14-117041-2, ISBN: 978-3-14-117133-4,
ISBN: 978-3-14-117144-0, ISBN: 978-3-14-117180-8, ISBN: 978-3-14-151674-6,
ISBN: 978-3-14-151675-3, ISBN: 978-3-14-188242-7

Herausgegeben von:
Imme Freundner-Huneke
Ralph Möllers
Siegfried Schulz
Annely Zeeb

Autorinnen und Autoren:
Michael Calsow, Imme Freundner-Huneke, Andreas Krämer, Ralph Möllers, Andrea Reinelt,
Anke Roß, Anja Thesing, Matthias Volk, Annely Zeeb

Vorbereiten. Organisieren. Durchführen.
BiBox ist das umfassende Digitalpaket zu diesem Lehrwerk mit zahlreichen
Materialien und dem digitalen Schulbuch. Für Lehrkräfte und für
Schülerinnen und Schüler sind verschiedene Lizenzen verfügbar.
Nähere Informationen unter **www.bibox.schule**

westermann GRUPPE

© 2022 Westermann Bildungsmedien Verlag GmbH, Georg-Westermann-Allee 66, 38104 Braunschweig
www.westermann.de

Druck A[1] / Jahr 2022
Alle Drucke der Serie A sind im Unterricht parallel verwendbar.

Redaktion: Stefanie Janßen
Illustrationen: Eike Gall, Wolfgang, Herzig, Hendrik Kranenberg, Sabine Meyer-Marc, Birgit und Olaf
Schlierf, Ingrid Schobel, Werner Wildermuth
Grundlayout: Janssen Kahlert, Design & Kommunikation GmbH
Umschlaggestaltung: LIO Design GmbH
Druck und Bindung: Westermann Druck GmbH, Georg-Westermann-Allee 66, 38104 Braunschweig

ISBN 978-3-14-126501-9

Inhalt

Die Zelle - kleinste Funktionseinheit

Ökosysteme vor unserer Haustür

Ökosysteme hängen weltweit zusammen

Der Stoffwechsel des Menschen

 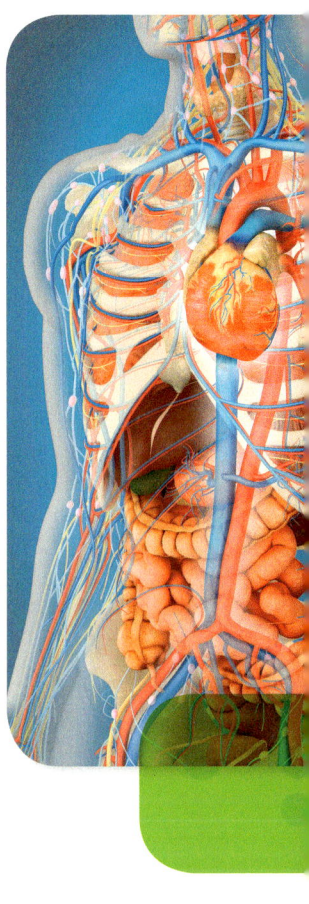
Fortpflanzung und Entwicklung

Anhang

Die Zelle - kleinste Funktionseinheit

Was befindet sich in Zellen?

Wie funktioniert ein Mikroskop?

Wie sehen die kleinsten Lebewesen aus?

1 Ein Schüler mikroskopiert.

Die Welt vergrößert betrachten

Die Zoom-Funktion hat Grenzen

Wenn du mit dem Smartphone einen Schmetterling fotografierst, kannst du später Details mit dem Zoom vergrößern. Ab einer bestimmten Vergrößerung wird das Bild aber unscharf. Wissenschaftlerinnen und Wissenschaftler möchten Einzelheiten genau sehen. Dafür genügt die Zoom-Funktion eines Smartphones nicht mehr. Mit einer Stereolupe oder einem **Mikroskop** können kleinste Lebewesen oder Teile von Lebewesen wie ein Schmetterlingsflügel genau betrachtet werden.

Die Stereolupe und das Mikroskop zeigen Einzelheiten

Mit einer **Stereolupe** kann ein Objekt 20-fach bis 40-fach vergrößert werden. Das Objekt ist dadurch 20-mal bis 40-mal größer, als es mit bloßem Auge zu sehen ist. Das Mikroskop kann sogar noch um ein Vielfaches stärker vergrößern. Unter dem Mikroskop wird der Schmetterlingsflügel nicht nur vergrößert, sondern auch hell beleuchtet. So sind Einzelheiten gut zu erkennen. Der Schmetterlingsflügel sieht aus, als würde er aus Dachziegeln bestehen.

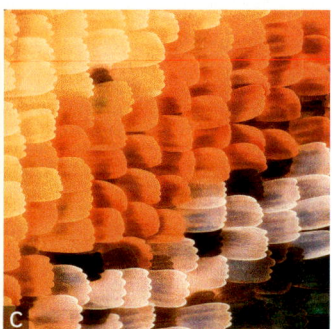

2 Schmetterling vergrößert: **A** mit dem Smartphone, **B** unter der Stereolupe, **C** unter dem Mikroskop

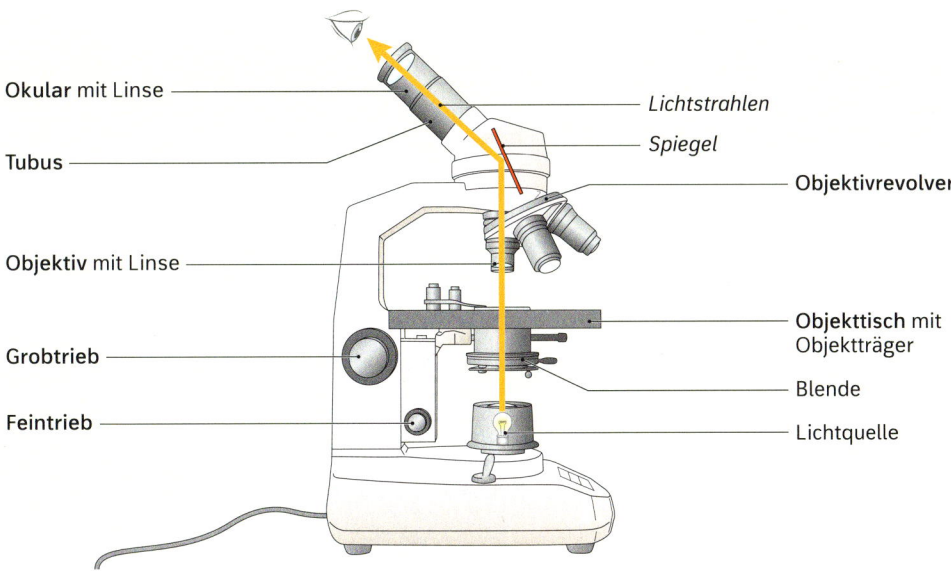

Okular mit Linse — — *Lichtstrahlen*

— *Spiegel*

Tubus — — Objektivrevolver

Objektiv mit Linse — — Objekttisch mit Objektträger

Grobtrieb — — Blende

Feintrieb — — Lichtquelle

3 Der Weg des Lichts durch das Mikroskop

Aufbau des Mikroskops

Das Mikroskop vergrößert Objekte durch **Linsen** aus Glas. Diese befinden sich an zwei Stellen im Mikroskop: im **Okular,** wo das Auge durchsieht und in den Objektiven. Das kürzeste **Objektiv** vergrößert am wenigsten. Es dient dazu, einen Überblick zu bekommen. Um mehr Einzelheiten zu sehen, werden die längeren Objektive mit dem Objektivrevolver herangedreht.

Mit dem **Grobtrieb** und dem **Feintrieb** wird das Bild scharf gestellt. Der Grobtrieb bewegt den Objekttisch schnell auf oder ab. Der Feintrieb verändert den Abstand zwischen Objekttisch und Objektiv nur langsam.

Unten am Objekttisch befindet sich die **Blende.** Die Blende regelt die Helligkeit. Eine offene Blende lässt eine große Lichtmenge durch.

Das Rasterelektronenmikroskop

Die höchsten Auflösungen werden mit dem Rasterelektronenmikroskop erreicht. Damit kann ein Lebewesen bis zu einer Million Mal größer abgebildet werden. Einem Objekt, wie dem Schmetterlingsflügel, wird zunächst das Wasser entzogen. Danach wird es hauchdünn mit einer Metallschicht überzogen. Im Rasterelektronenmikroskop scannt ein Elektronenstrahl dann die Oberfläche des Objekts.

4 Schuppe eines Schmetterlingsflügels unter dem Rasterelektronenmikroskop

❶ Erkläre, warum Wissenschaftlerinnen und Wissenschaftler ein Mikroskop benutzen.

❷ **a)** Beschreibe mithilfe von Bild 3 den Weg des Lichts durch das Mikroskop.
  b) Nenne die Stellen im Mikroskop, an denen das Objekt jeweils vergrößert wird.

❸ ▌ Beschreibe die Aufgaben von Objektiv, Feintrieb und Blende im Mikroskop.

● ● METHODE

Mit dem Mikroskop arbeiten

Durch das **Okular** blickst du in das Mikroskop. Es enthält Linsen, die wie eine Lupe das Bild vergrößern, zum Beispiel 10-mal.

Am **Stativ** kannst du das Mikroskop tragen.

Mit dem **Grobtrieb** und dem **Feintrieb** stellst du das Bild scharf. Die Triebräder verändern den Abstand zwischen dem Objekttisch und dem Objektiv.

Zur **Beleuchtung** dient eine Lampe.

Der **Fuß** sorgt für einen sicheren Stand.

Vergrößerung Okular x Vergrößerung Objektiv = Gesamtvergrößerung

Durch Drehen am **Objektivrevolver** wechselst du zwischen Objektiven mit verschiedenen Vergrößerungen.

Jedes **Objektiv** enthält Linsen, die das Bild vergrößern. Das längste Objektiv vergrößert am stärksten, zum Beispiel 40-mal.

Auf den **Objekttisch** legst du den Objektträger mit dem Objekt, das du mikroskopieren möchtest.

Mit der **Blende** regelst du den Kontrast und die Helligkeit des Bildes.

1 Aufbau des Mikroskops

Mikroskopieren eines trockenen Objekts

Schritt 1: Trage das Mikroskop aufrecht mit einer Hand am Stativ und mit der anderen Hand unter dem Fuß zu deinem Arbeitsplatz.

Schritt 2: Prüfe, ob der Objekttisch ganz nach unten gefahren ist. Stelle das kleinste Objektiv ein.

Schritt 3: Lege ein Objekt auf den Objektträger. Die Vorbereitung des Objektträgers findet immer neben dem Mikroskop statt.

Schritt 4: Lege den Objektträger auf den Objekttisch und klemme ihn fest. Das Objekt muss im Lichtstrahl liegen.

Schritt 5: Fahre den Objekttisch mit dem Grobtrieb nach oben. Das Präparat darf das Objektiv aber nicht berühren. Bewege nun den Objekttisch langsam nach unten, bis das Objekt zu erkennen ist.

Schritt 6: Stelle mit dem Feintrieb das Bild scharf.

Schritt 7: Regle mit der Blende den Lichteinfall.

Schritt 8: Benutze das nächste Objektiv für eine stärkere Vergrößerung. Jetzt darf das Bild nur noch mit dem Feintrieb scharf gestellt werden.

1 Nimm ein Stück Millimeterpapier. Zeichne ein winziges Kreuz in eines der Kästchen. Mikroskopiere dieses trockene Objekt.

2 Mikroskopiere weitere trockene Objekte. Beispiele dafür sind Haare oder Glitzerstift auf Papier. Dir fallen sicherlich noch weitere trockene, dünne Objekte ein.

3 Benenne die Teile des Mikroskops. Fertige dazu auf Haftnotizen die Beschriftungen an. Klebe sie an die richtigen Stellen am Mikroskop.

 **METHODE**

Präparieren und Färben

Präparieren

Das Vorbereiten eines Objekts für das Mikroskopieren wird **präparieren** genannt. Die meisten Objekte sind zu groß und zu dick zum Mikroskopieren. Ihnen müssen kleine Teile entnommen werden. Das gehört auch zum Präparieren.

Material: Schuppe einer frischen, roten Zwiebel, Mikroskop, Becherglas mit Wasser, Pipette, Skalpell, Objektträger, Deckglas, Taschentuch

Durchführung:

Schritt 1: Bringe einen Tropfen Wasser mit der Pipette auf den Objektträger.
Schritt 2: Schneide eine Raute in die Zwiebelhaut (→ Bild 3 A). Ziehe die oberste Hautschicht ab (→ Bild 3 B).
Schritt 3: Lege das Objekt mit der Pinzette in den Wassertropfen.
Schritt 4: Setze das Deckglas am Rand des Wassers schräg ab. Lasse das Deckglas vorsichtig los. Das Objekt ist dünn genug, wenn das Deckglas nicht wackelt.
Schritt 5: Sauge das überquellendes Wasser seitlich mit einem Taschentuch auf.

Färben

Fast durchsichtige Objekte sind unter dem Mikroskop nur schwer zu erkennen. Aus diesem Grund werden sie vorher gefärbt. Die einfachste Möglichkeit ist, das Wasser aus Schritt 1 durch ein Färbemittel wie Methylenblau-Lösung zu ersetzen. Die Schritte 2 bis 5 bleiben gleich.

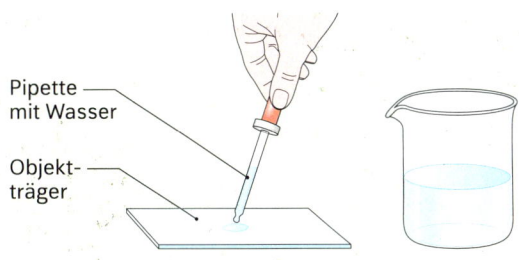

Pipette mit Wasser
Objektträger

2 Wassertropfen aufbringen

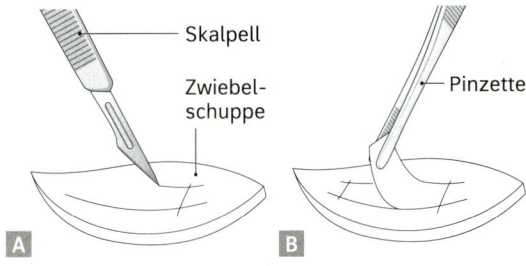

Skalpell
Zwiebelschuppe
Pinzette

A **B**

3 Zwiebelschuppe präparieren: **A** Einschneiden, **B** Haut abziehen

4 Deckglas ablegen

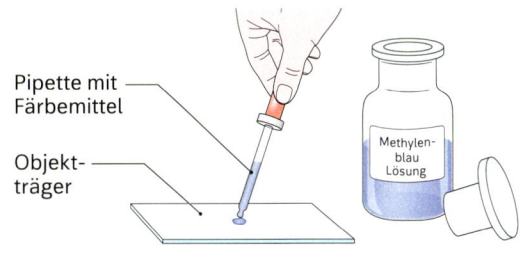

Pipette mit Färbemittel
Objektträger
Methylenblau Lösung

5 Färben

1 Präpariere die Zwiebelschuppe einer roten Zwiebel mithilfe der Beschreibung.
a) Mikroskopiere die Zellen der Zwiebelhaut.
b) Fotografiere mit dem Smartphone durch das Okular. Beschreibe, was du siehst.

2 Beschreibe, wie du ein Objekt färben kannst.

3 Präpariere, färbe und mikroskopiere die Zwiebelschuppe einer weißen Zwiebel.

Digital+
Film
Animation

 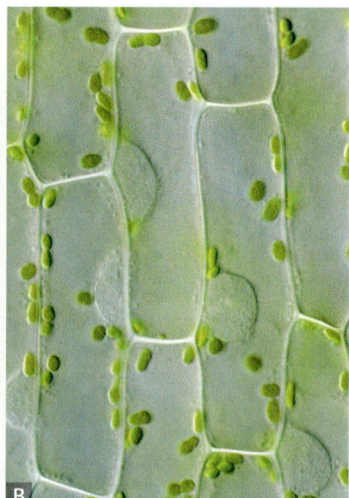

1 Pflanzen bestehen aus Zellen: **A** Wasserpest, **B** Wasserpestzellen

Lebewesen bestehen aus Zellen

Zellen sind die Grundbausteine
Wenn du dünne Schnitte von grünen Pflanzenteilen unter dem Mikroskop betrachtest, erkennst du eine Gemeinsamkeit.

> Alle Lebewesen bestehen aus Zellen. Die Zellen sind die Bausteine der Pflanzen.

Die Zellwand
Die **Zellwand** ist die Grenze zwischen zwei Zellen. Sie macht die Zellen stabil. Die Zellwände geben der Pflanze Festigkeit.

Die Zellmembran
Die **Zellmembran** ist eine dünne Haut. Sie grenzt das Zellplasma nach außen ab. Bei Pflanzen liegt sie direkt an der Zellwand. Die Zellmembran lässt nur ausgewählte Stoffe in die Zelle hinein oder hinaus.

Der Zellkern
Innerhalb der Zelle ist der **Zellkern** als ovale Form zu sehen. Der Zellkern steuert die Vorgänge in der Zelle. Außerdem enthält er die Erbinformationen. In den Erbinformationen ist der Aufbau des ganzen Lebewesens „programmiert".

Das Zellplasma
Das **Zellplasma** besteht zum Teil aus einer zähen Flüssigkeit. Im Zellplasma findet die Umwandlung von Stoffen statt. Einige dieser Stoffe ernähren die Pflanze. Im Zellplasma liegen Zellbestandteile wie die Chloroplasten, die Vakuolen und die Mitochondrien.

Die Chloroplasten
Die grünen Körner in den Pflanzenzellen heißen **Chloroplasten.** Sie geben der Pflanze die grüne Farbe. In den Chloroplasten findet die Fotosynthese statt. Bei der Fotosynthese wird Glucose hergestellt.

Die Vakuolen
Die **Vakuolen** enthalten Zellsaft. Dort werden Stoffe gespeichert. Dazu zählen Abfallstoffe, Traubenzucker und Farbstoffe für die Blütenblätter. Giftige Pflanzen lagern ihre Giftstoffe in den Vakuolen.

Die Mitochondrien
Die **Mitochondrien** sind längliche Zellbestandteile. Sie liefern die Energie für unterschiedliche Prozesse in der Zelle.

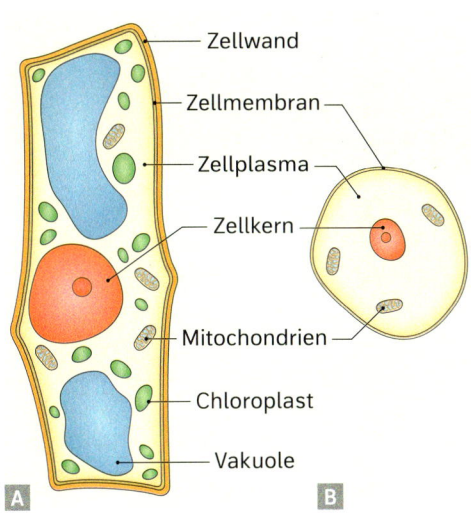

2 Zellen, Schema: **A** Pflanzenzelle, **B** Tierzelle

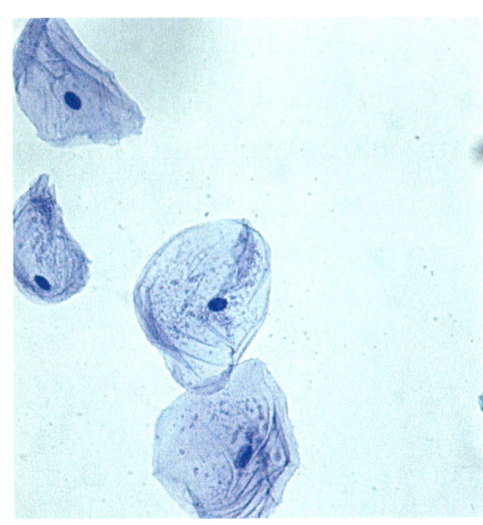

3 Mundschleimhautzellen

Unterschiedliche Zellen

Zellen können unterschiedlich aussehen. Besonders auffällig sind die Unterschiede zwischen Pflanzenzellen (→ Bild 2) und Tierzellen (→ Bild 3).

Pflanzenzellen

Grüne **Pflanzenteile** besitzen Chloroplasten in ihren Zellen. Tierzellen dagegen haben keine Chloroplasten.
Pflanzenzellen sind eher eckig. Diese Form ergibt sich aus der starren Zellwand. Zellwände kommen nur in Pflanzenzellen vor. Die Zellmembran liegt innen direkt an der Zellwand an. So folgt die weiche Zellmembran der kantigen Form der Zellwand.

Tierzellen

Viele **Tierzellen** sind eher rundlich. Sie haben keine feste Zellwand, sondern nur eine Zellmembran. Die Zellmembran ist weich und sehr dünn. Genau wie Pflanzenzellen besitzen Tierzellen einen Zellkern, Mitochondrien und Zellplasma. Eine Vakuole besitzen Tierzellen nicht. Da wir Menschen zu den Säugetieren zählen, sind unsere Zellen wie Tierzellen aufgebaut. Viele weitere Bestandteile in der Zelle sind sehr klein. Sie sind unter einem Lichtmikroskop nicht erkennbar.

> Pflanzenzellen und Tierzellen weisen Gemeinsamkeiten, aber auch Unterschiede auf.

❶ Nenne die Zellbestandteile einer grünen Pflanze. Notiere sie in den vorgegebenen Farben von Bild 2.

❷ Vergleiche die Bestandteile einer Pflanzenzelle mit den Bestandteilen einer Tierzelle. Nimm Bild 2 und Bild 3 zu Hilfe.

❸ Nenne die Aufgaben der Zellbestandteile. Lege dazu eine Tabelle an.

❹ ❙ Begründe, wieso Menschenzellen wie Tierzellen aufgebaut sind.

Starthilfe zu 2:
Nenne die Zellbestandteile, die sowohl Pflanzenzellen als auch Tierzellen besitzen. Nenne die Zellbestandteile, die nur in Pflanzenzellen vorkommen.

Starthilfe zu 3:

Zellbestandteil	Aufgabe
...	...

Eine mikroskopische Zeichnung anfertigen

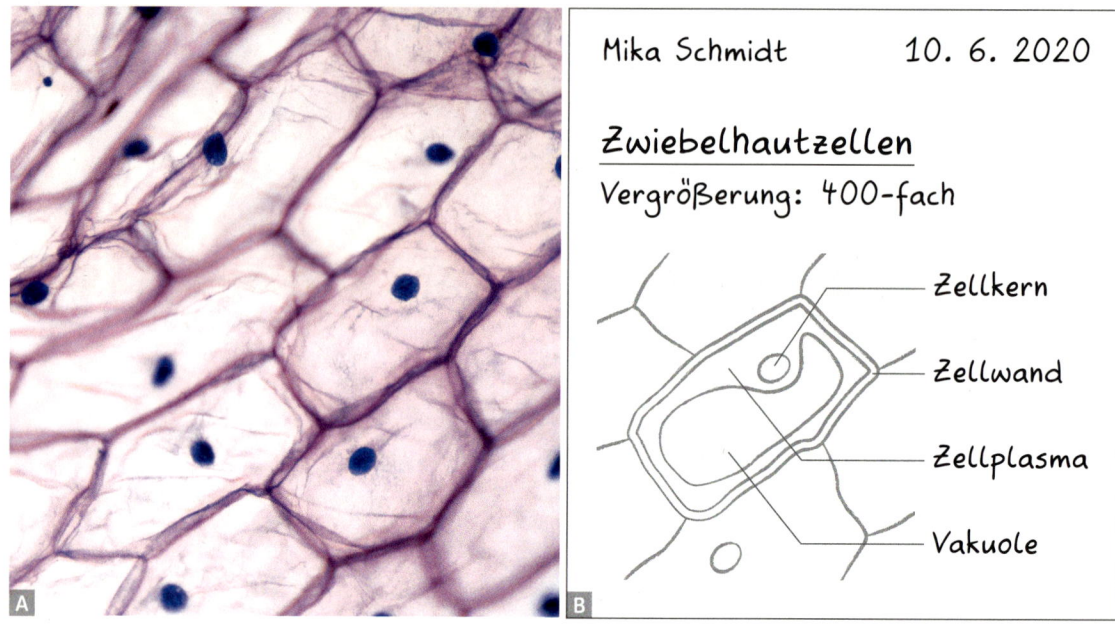

1 Zwiebelhautzellen: **A** Blick durch das Mikroskop, **B** Zeichnung

Wenn eine Wissenschaftlerin oder ein Wissenschaftler eine Entdeckung unter dem Mikroskop macht, muss sie genau beschrieben werden. Dabei hilft eine mikroskopische Zeichnung.

Material: weißes, unliniertes DIN A4 Blatt, gespitzter weicher Bleistift, Radiergummi

Durchführung:

Schritt 1: Schreibe deinen Namen und das Datum auf den oberen Teil des Blattes.

Schritt 2: Schreibe den Namen des Objekts als Überschrift und unterstreiche ihn.

Schritt 3: Notiere die am Mikroskop eingestellte Vergrößerung. Beispiel: Die Zahl auf dem Okular (x 10) multipliziert mit der Zahl auf dem verwendeten Objektiv (x 40). Rechnung: 10 x 40 = 400-fache Vergrößerung.

Schritt 4: Zeichne dein Objekt und beschrifte deine Zeichnung.

Zeichenregeln
- Die Zeichnung soll groß sein, etwa eine halbe Seite.
- Zeichne mit durchgehenden Strichen.
- Zeichne nur eine kleine Auswahl von Zellen. Oft genügen drei Zellen.
- Zeichne möglichst genau.
- Beschrifte alle Teile der Zelle, die du benennen kannst.

❶ Mikroskopiere eine angefärbte Zwiebelhaut und zeichne sie. Nimm dazu auch die Methodenseite „Präparieren und Färben" zu Hilfe.

❷ Beurteile die Zeichnung deines Sitznachbarn mithilfe der Zeichenregeln.

Ⓐ Pflanzenzellen mikroskopieren

Material: Wasserpest, Pinzette, Wasser, Pipette, Mikroskop, Objektträger, Deckglas

Durchführung:

Schritt 1: Bereite das Mikroskop vor.

Schritt 2: Gib einen Wassertropfen auf den Objektträger.

Schritt 3: Zupfe mit der Pinzette ein Blättchen der Wasserpest ab.

Schritt 4: Lege das Blättchen in den Wassertropfen auf dem Objektträger.

Schritt 5: Decke das Blättchen mit dem Deckglas ab.

2 Wasserpest

❶ Mikroskopiere und zeichne Zellen der Wasserpest.

Ⓑ Zellen der Mundschleimhaut mikroskopieren ⚠

Material: zwei saubere Teelöffel, Taschentuch, Methylenblau mit Wasser verdünnt (2 : 1), Pipette, Mikroskop, Objektträger, Deckglas

Durchführung:

Schritt 1: Gib einen Tropfen Methylenblau-Lösung auf den Objektträger.

Schritt 2: Reibe mit der Kante des Teelöffels an der Innenseite deiner Wange entlang. In der durchsichtigen, zähen Masse auf dem Löffel befinden sich nun Zellen deiner Mundschleimhaut.

Schritt 3: Gib mithilfe des zweiten Teelöffels die Mundschleimhautzellen in den Tropfen Methylenblau-Lösung auf dem Objektträger. Lege die Löffel anschließend auf dem Taschentuch ab.

Schritt 4: Lege das Deckglas auf den Objektträger.

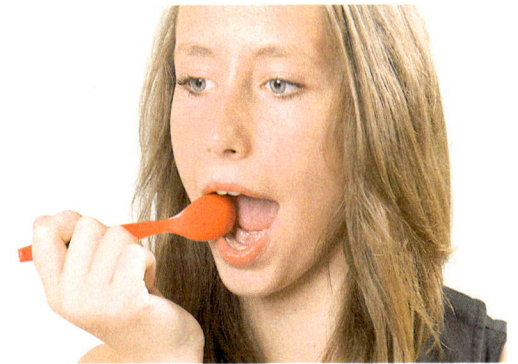

3 Entnehmen der Mundschleimhaut

❶ Färbe, mikroskopiere und zeichne Zellen der Mundschleimhaut.

❷ ‖ Vergleiche eine Zelle der Wasserpest mit einer Zelle der Mundschleimhaut.

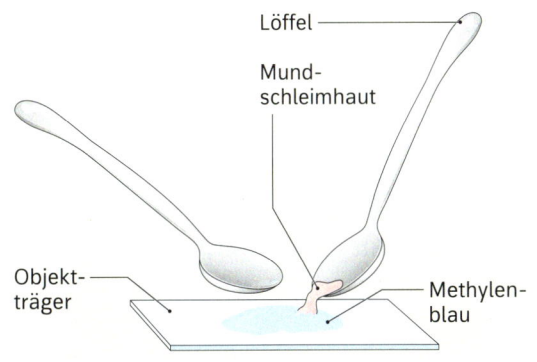

Löffel

Mundschleimhaut

Objektträger

Methylenblau

4 Mundschleimhaut auf den Objektträger bringen

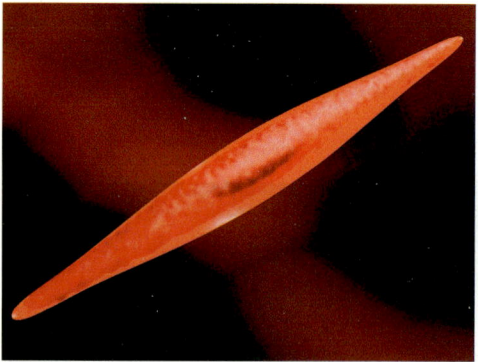

1 Muskelfaserzelle (Modell)

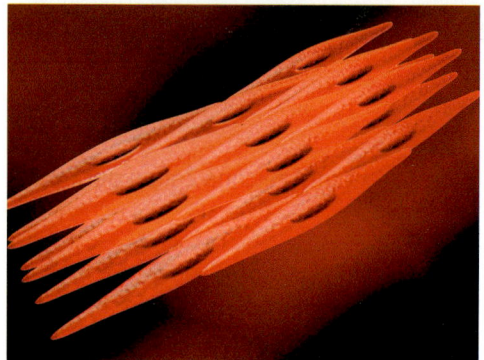

2 Gewebe aus Muskelfaserzellen (Modell)

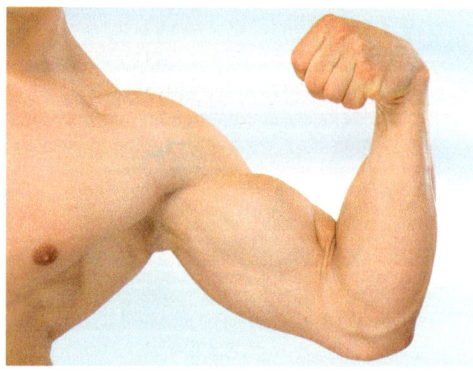

3 Bizeps-Muskel im Arm eines Menschen

4 Organismus Mensch

Von der Zelle zum Organismus

Lebewesen bestehen aus Zellen

Alle Lebewesen wie Pflanzen, Tiere und Menschen sind aus **Zellen** aufgebaut. Einzellige Lebewesen wie etwa Pantoffeltierchen bestehen nur aus einer Zelle. Größere Lebewesen bestehen aus vielen unterschiedlichen Zellen. Die Zellen haben verschiedene Größen, Formen und Funktionen. Die menschliche Muskelfaserzelle zum Beispiel hat eine langgestreckte, schmale Form (→ Bild 1).

Zellen bilden Gewebe

Der Zusammenschluss von gleichartigen Zellen wird **Gewebe** genannt. So bilden viele Muskelfaserzellen zum Beispiel eine Muskelfaser. Der biologische Vorteil eines Gewebes liegt darin, dass die Funktionen der einzelnen Zellen gebündelt werden. Jede einzelne Muskelzelle kann sich zusammenziehen, aber erst als Gewebe können die Muskelfaserzellen gemeinsam Kraft entwickeln.

Gewebe bilden Organe

In Lebewesen sind unterschiedliche Gewebe miteinander zu **Organen** verbunden. Der Bizepsmuskel ist ein Organ des Menschen. Der Muskel ist aus zwei Gewebetypen aufgebaut: Muskelgewebe und Bindegewebe.

Bildung eines Organismus

Alle Organe eines Lebewesens zusammen bilden den **Organismus.** Das Zusammenspiel aller Organe ermöglicht, dass der Organismus leben kann. Der menschliche Organismus setzt sich aus Muskeln, Knochen und vielen anderen Organen zusammen. Erkrankt ein Organ, dann ist das Zusammenspiel gestört. Der Organismus wird krank. Fällt ein Organ ganz aus, kann ein Lebewesen daran sterben.

Wie sich Lebewesen entwickeln

Die Entwicklung der meisten Lebewesen beginnt mit der Befruchtung. Dabei verschmelzen eine Eizelle und eine Spermienzelle. Nach der Befruchtung vermehren sich die Zellen durch **Zellteilung** (→ Bild 5). Ein erwachsener Mensch besteht aus vielen Billionen Zellen.

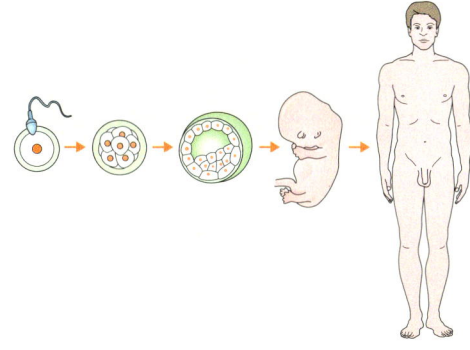

5 Entwicklung eines Menschen

Wie sich Zellen teilen

Vor jeder Zellteilung wird die Erbinformation im Zellkern einer Zelle kopiert. Dadurch erhält jede der beiden neuen Zellen je einen Zellkern mit der kompletten Erbinformation. Danach werden das Zellplasma und die anderen Zellorganellen auf die neuen Zellen verteilt.
Die neuen Zellen sind zunächst nur halb so groß wie die Mutterzelle. Anschließend wachsen die Zellen auf ihre ursprüngliche Größe heran (→ Bild 6).
Je nach ihrer künftigen Funktion in den Organen von Lebewesen, entwickeln die Zellen einen unterschiedlichen Aufbau und spezialisieren sich (→ Bild 7).

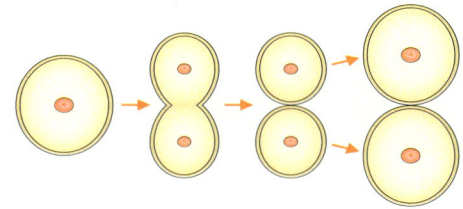

6 Zellteilung

Wie Lebewesen wachsen

Tiere und Menschen wachsen, indem sich ihre Zellen teilen und sich dadurch vermehren.
Bei erwachsenen Tieren und Menschen teilen sich die Zellen nur noch, um beispielsweise abgestorbene Zellen zu ersetzen oder Verletzungen zu heilen.

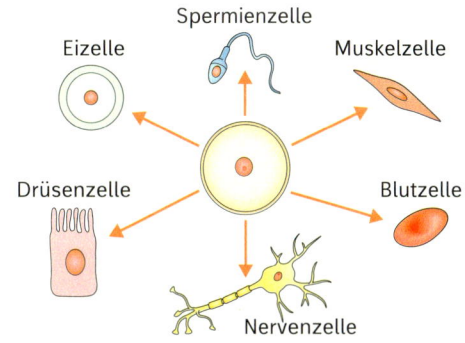

7 Spezialisierte Zellen in den Organen

1 Erkläre die Begriffe Zelle, Gewebe, Organ und Organismus.

2 Beschreibe den Aufbau eines Organismus in Form eines Flussdiagramms.

Starthilfe zu 2:
Bringe dazu folgende Begriffe in eine logische Reihenfolge:
Gewebe, Organ, Organismus, Zelle.

3 a) Beschreibe, wie sich Zellen teilen.
b) Erläutere, wie Menschen und Tiere durch Zellteilung wachsen.

4 **I** a) Nenne Beispiele für Organe bei Menschen.
I b) Beschreibe was passieren kann, wenn ein Organ ausfällt.

5 **II** Begründe, warum die Anzahl der Zellen bei erwachsenen Menschen und Tieren nicht zunimmt, obwohl sich die Zellen weiterhin teilen.

A Organ oder Organismus?

1 Organe und Organismen: **A** Herzmodell, **B** Border Collie, **C** Karotte, **D** Biene, **E** Gehirnmodell, **F** Rosenblüte

1 Ordne die Begriffe „Organ" und „Organismus" den sechs Bildern zu. Begründe jeweils deine Entscheidung.

2 Nenne weitere Beispiele für Organe und Organismen
a) aus dem Tierreich,
b) aus dem Pflanzenreich.

B Von der Zelle zum Organismus

2 Pflanze: Von der Zelle zum Organismus

1 a) Beschreibe, wie der Organismus Pflanze aufgebaut ist. Bringe dazu die Teilbilder in Bild 2 in die richtige Reihenfolge.
b) Ordne den Einzelbildern A bis D in Bild 2 folgende Begriffe zu:
Zelle eines Laubblattes, Baum, Laubblatt, Gewebe in einem Laubblatt.

2 ‖ Erläutere, warum es sinnvoll ist, dass Pflanzenzellen in Geweben zusammenarbeiten.

3 ‖‖ Stellt in Gruppen ein Modell für ein Gewebe aus Pflanzenzellen her.

Starthilfe zu 3:
Verwendet zum Beispiel Karton für die Zellwände und farbige Papiere für die Zellorganellen.

● ● ● **ÜBEN UND ANWENDEN**

C Aufbau eines Pflanzengewebes

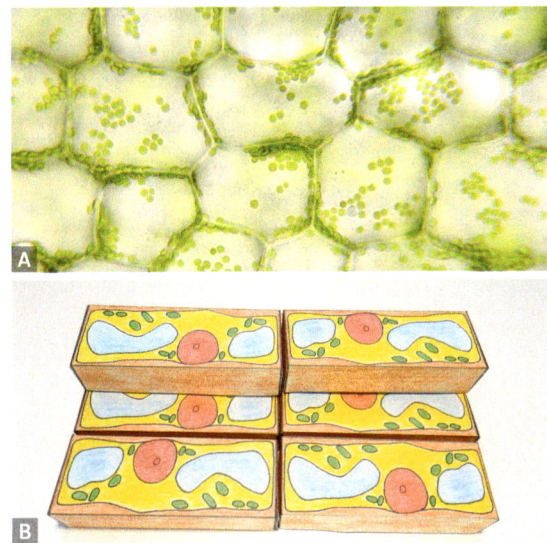

Ein Pflanzengewebe ist auf den ersten Blick unübersichtlich aufgebaut. Ein gebasteltes Modell kann helfen, den Aufbau leichter zu erkennen und zu verstehen.
Allerdings zeigen alle Modelle die Wirklichkeit nur stark vereinfacht.

① Beschreibe das Zellmodell in Bild 3 B.

② Erkläre den Aufbau eines Pflanzengewebes. Nimm Bild 3 A und 3 B zu Hilfe.

③ ▍▍ Nenne Vorteile und Nachteile des gebastelten Modells.

④ ▍▍▍ Erläutere, wie das Modell in Bild 3 B verbessert werden kann, damit es mehr der Wirklichkeit entspricht.

3 Pflanzengewebe: **A** unter dem Mikroskop,
B gebasteltes Modell

D Die Entwicklung eines Grasfrosches

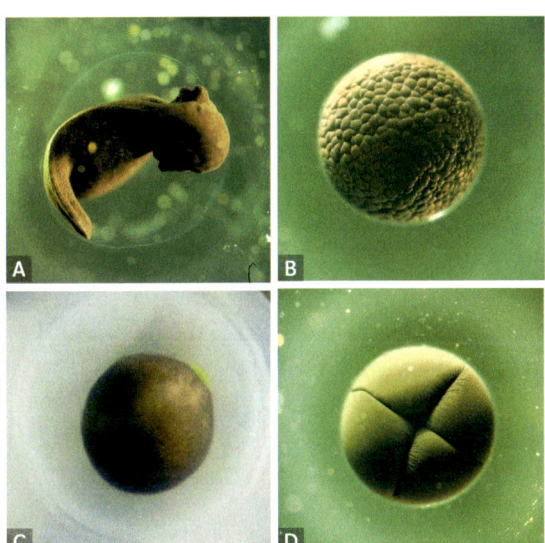

Bild 4 A bis D zeigt Ausschnitte aus der Entwicklung eines Grasfrosches.
Wenn die Larve aus der Eihülle schlüpft, ist sie immer noch so schwer, wie das Ei am Anfang war. Erst nach dem Schlüpfen beginnt das Tier zu wachsen.

① Bringe die Teilbilder 4 A bis 4 D in die richtige Reihenfolge. Beachte dabei die Anzahl der Zellen.

② Nenne die Anzahl der Zellen nach der ersten Zellteilung direkt nach der Befruchtung.

③ ▍▍▍ Erläutere, warum ein menschlicher Embryo vor der Geburt wächst, ein Frosch aber erst nach dem Schlüpfen aus dem Ei.

4 Entwicklung eines Grasfrosches

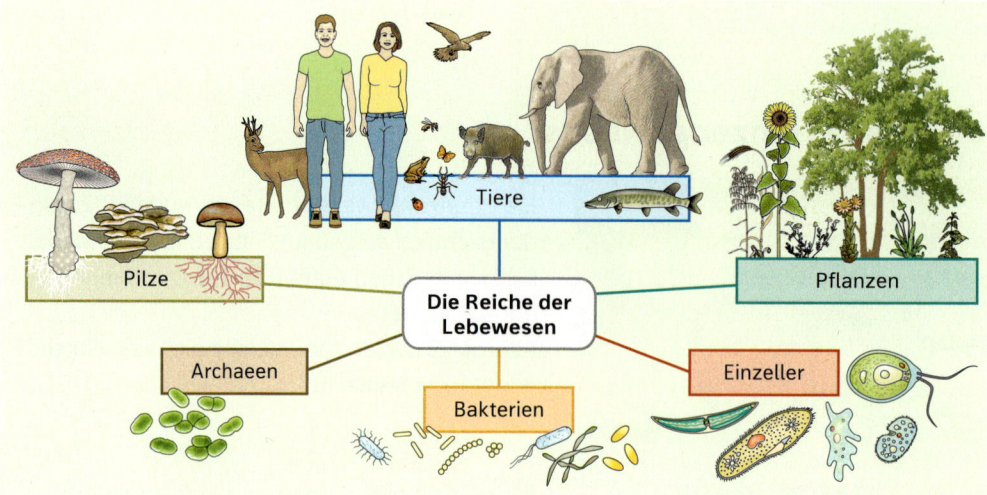

1 Reiche der Lebewesen

Lebewesen sind vielfältig

Lebewesen auf der Erde

Auf der Erde leben viele Millionen von unterschiedlichen Lebewesen. Um diese riesige Anzahl zu ordnen, können alle Lebewesen abhängig von ihrem Zellaufbau in sechs Reiche eingeteilt werden. Dabei unterscheiden sich die **Archaeen** und die **Bakterien** in ihrem Zellaufbau grundlegend von den **Einzellern,** den **Pilzen**, den **Pflanzen** und den **Tieren.**

Die Archaeen und die Bakterien

Diese Lebewesen sind mit etwa 1/100 mm winzig klein. Sie bestehen aus einer Zelle ohne Zellkern. Das Erbgut liegt frei in der Zelle. Die Archaeen waren die ersten Lebewesen auf der Erde. Noch heute leben sie an extremen Standorten, wie in heißen Quellen oder in Salzseen. Die Bakterien gliedern sich in die Echten Bakterien und die Blaugrünen Bakterien. Zur ersten Gruppe gehören die Bakterien, die wir als Krankheitserreger oder als Zersetzer im Boden kennen. Die Blaugrünen Bakterien besitzen Chlorophyll und können Fotosynthese betreiben. Sie sind manchmal als „Algenblüte" in Gewässern zu sehen.

Die Einzeller

Einzeller bestehen aus einer Zelle mit einem Zellkern. Er enthält das Erbgut. Tierische Einzeller wie das Pantoffeltierchen ernähren sich ähnlich wie Tiere. Pflanzliche Einzeller wie das Augentierchen enthalten Chlorophyll. Sie können Fotosynthese betreiben.

Die Pilze

Pilze sind meist mehrzellige Organismen. Ihre Zellen besitzen einen Zellkern, der das Erbgut enthält. Die Zellen haben eine Zellwand, aber keine Chloroplasten. Pilze erhalten die Energie zum Leben, indem sie organische Stoffe abbauen.

Die Pflanzen

Pflanzen bestehen meist aus vielen Zellen. Die Zellen haben Zellkerne, die das Erbgut enthalten. Feste Zellwände und Vakuolen mit Zellsaft geben den Pflanzen Stabilität. Pflanzen besitzen Zellen mit Chloroplasten, die den grünen Blattfarbstoff Chlorophyll enthalten. Damit betreiben sie Fotosynthese und stellen energiereiche Nährstoffe selbst her.

2 Entwicklung

3 Fortpflanzung

Die Tiere

Tiere bestehen wie die Pflanzen aus vielen Zellen. Alle Zellen sind von einer dünnen Zellmembran umgeben und haben Zellkerne, die das Erbgut enthalten. Tiere ernähren sich von Pflanzen oder anderen Tieren. So erhalten sie ihre Energie zum Leben.

4 Stoffwechsel

Die Kennzeichen der Lebewesen

Es gibt fünf Merkmale, die Lebewesen als solche kennzeichnen. Alle Lebewesen wachsen und entwickeln sich und sterben irgendwann. Sie machen die für ihre Art typische **Entwicklung** durch. Alle Lebewesen pflanzen sich fort, da sie sonst aussterben würden. Ein Kennzeichen der Lebewesen ist deshalb die **Fortpflanzung.** Lebewesen benötigen Energie zum Leben und Baustoffe für ihren Körper. Sie scheiden Stoffe aus, die sie nicht mehr benötigen. Dieses Kennzeichen wird **Stoffwechsel** genannt. Lebewesen reagieren auf Reize aus ihrer Umwelt. Dieses Kennzeichen heißt **Reizbarkeit.** Die meisten Lebewesen können sich selbstständig bewegen. Deshalb ist die **Bewegung** ein weiteres Kennzeichen der Lebewesen.

5 Reizbarkeit

6 Bewegung

1 Benenne die sechs Reiche der Lebewesen.

2 Beschreibe, worin sich die Reiche der Pflanzen, der Tiere und der Pilze von den drei anderen Reichen unterscheiden.

3 I a) Benenne die fünf Kennzeichen der Lebewesen.
   I b) Beschreibe jedes Kennzeichen der Lebewesen an einem Beispiel.

4 II Erkläre den grundsätzlichen Unterschied zwischen Pflanzen und Pilzen.

Starthilfe zu 4: Beachte die Art des Stoffwechsels und den Aufbau der Zellen.

5 III Autos benötigen Energie, sie bewegen sich und sie reagieren auf das Verhalten des Fahrers. Begründe, warum Autos trotzdem nicht zu den Lebewesen gehören.

Ⓐ Die Reiche der Lebewesen

1 Reiche der Lebewesen

Die Bilder zeigen verschiedene Lebewesen in einer für sie typischen Umgebung. Auf jedem Bild ist jeweils ein Vertreter aus einem Reich der Lebewesen dargestellt. Du siehst Vertreter der Archaeen, der Bakterien, der Einzeller, der Tiere, der Pflanzen und der Pilze.

❶ **a)** Ordne die Lebewesen aus Bild 1 dem jeweils passenden Reich der Lebewesen zu und begründe deine Zuordnung.
b) Nenne die drei Reiche, die einzellige Lebewesen umfassen.

❷ Nenne für jedes Reich ein weiteres Beispiel.

Ⓑ Das Reich der Pilze

2 Stockschwämmchen am Baumstumpf

Pilze ernähren sich von organischen Stoffen wie Kohlenhydraten, Fetten und Eiweißen, genau wie die Tiere. Die Zellen der Pilze haben feste Zellwände wie die Zellen der Pflanzen.

❶ Beschreibe, wie sich das Stockschwämmchen in Bild 2 ernährt.

❷ **a)** Nenne eine Gemeinsamkeit von Pilzen und Tieren.
b) Nenne eine Gemeinsamkeit von Pilzen und Pflanzen.

❸ ‖ Begründe, warum die Pilze trotzdem weder zu den Tieren noch zu den Pflanzen gehören.

C Kennzeichen der Lebewesen bei Tieren

Roboterkatzen sehen täuschend echt aus. Sie bewegen den Kopf und wackeln mit den Ohren. Wenn sie gestreichelt werden, geben sie Laute von sich. Immer häufiger werden solche Katzen bei der Behandlung zum Beispiel von Schlaganfallpatienten in Kliniken eingesetzt. Die Patienten reagieren freundlich auf die elektronischen Spielzeugtiere. Damit helfen die Spielzeugtiere den Menschen, schneller wieder gesund zu werden.

1 Erstelle eine Tabelle, in der du Unterschiede und Gemeinsamkeiten von Roboterkatzen und Hauskatzen zusammenstellst. Beachte dabei alle Kennzeichen der Lebewesen.

2 Beurteile, welche Vorteile Roboterkatzen im Einsatz mit Patienten in Kliniken im Vergleich zur Haltung von lebendigen Hauskatzen in Kliniken haben.

3 Katzen: **A** Roboterkatze, **B** Hauskatze

D Kennzeichen der Lebewesen bei Pflanzen

Das Bild zeigt zwei Kennzeichen der Lebewesen beim Gänseblümchen.

1 **a)** Beschreibe die Teilbilder.
b) Erläutere, wovon die Veränderung der Blüte abhängig ist.

2 ‖ Nenne weitere Beispiele für die dargestellten Kennzeichen der Lebewesen bei Pflanzen.

3 ‖‖ Beschreibe wie ein Bild aussehen könnte, mit dem der Stoffwechsel bei Pflanzen dargestellt werden könnte.

4 Kennzeichen der Lebewesen bei Gänseblümchen

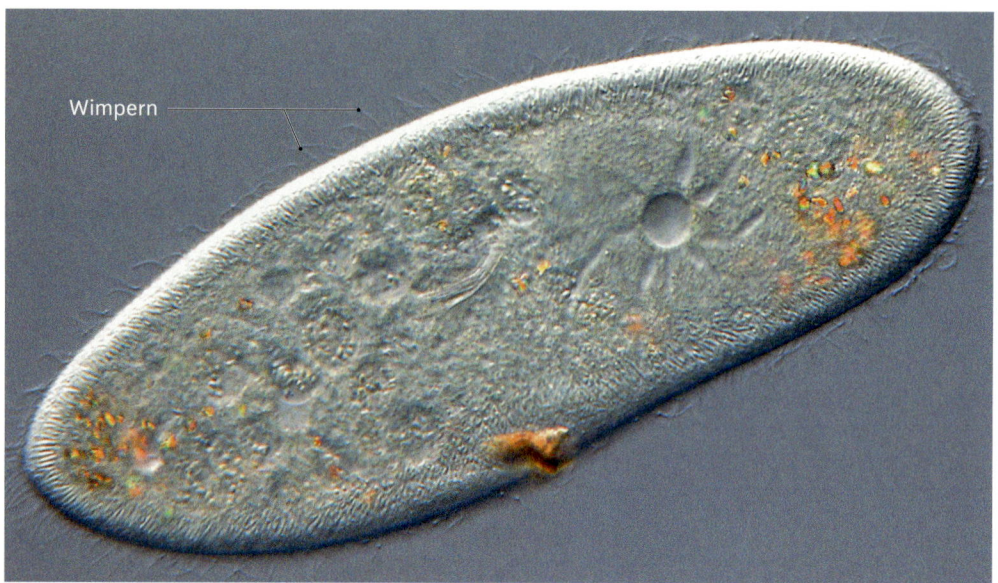

1 Einzeller: Pantoffeltierchen

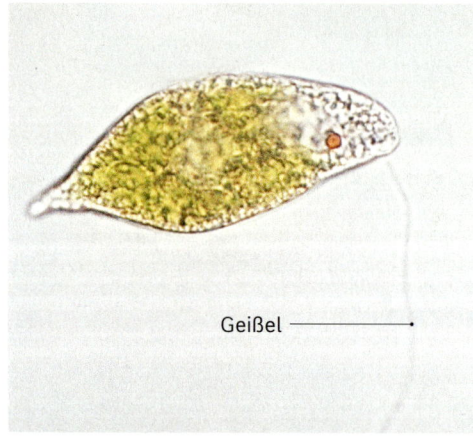

2 Einzeller: Augentierchen

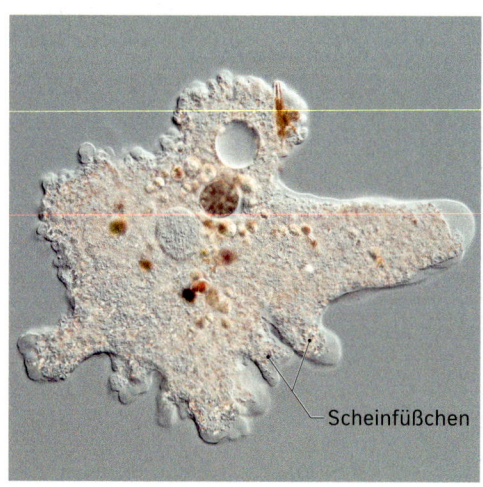

3 Einzeller: Amöbe

Einzeller

Lebewesen aus einer Zelle

Der Mensch besteht aus etwa 100 Billionen Zellen. Es gibt auch Lebewesen, die aus einer einzigen Zelle bestehen. Diese Einzeller wie das Pantoffeltierchen zeigen auch die Kennzeichen aller Lebewesen: Bewegung, Stoffwechsel, Reaktion auf Reize, Fortpflanzung, Wachstum und Entwicklung.

Bewegung

Einzeller haben unterschiedliche Möglich-keiten zur Bewegung entwickelt.
Das **Pantoffeltierchen** hat an seiner Zellmembran kleine Wimpern. Die Wim-pern können wie Ruder schlagen (→ Bild 1).
Das **Augentierchen** hat eine Geißel am vorderen Ende der Zelle. Wenn die Geißel kreisförmig schlägt, bewegt sich das Augentierchen (→ Bild 2). Die Zellmembran der **Amöbe** entwickelt Ausstülpungen. Das Zellplasma fließt hinter diesen Scheinfüß-chen her. So bewegt sich die Amöbe. Da sie ständig ihre Form verändert, wird sie auch Wechseltierchen genannt (→ Bild 3).

Stoffwechsel

Das **Pantoffeltierchen** hat ein Mundfeld. Dort spülen die Wimpern Nahrung in die Zelle ein. Zur Ausscheidung der Nahrungsreste gibt es den Zellafter.

Das **Augentierchen** hat Chloroplasten. Unter Lichteinwirkung kann es sich damit selbst ernähren.

Die **Amöbe** umfließt ihre Beute. Die Nahrung ist dann in einer Blase eingeschlossen. Diese Blase wird Nahrungsvakuole genannt. Wenn die Nahrung verdaut ist, werden die Reste nach außen abgegeben (→ Bild 4).

Reaktion auf Reize

Das **Pantoffeltierchen** kann im Weg liegenden Pflanzenresten ausweichen. Es reagiert also auf einen Berührungsreiz.

Das **Augentierchen** kann sich mithilfe seines Augenflecks zum Licht hin bewegen. Es reagiert auf Lichtreize (→ Bild 5).

Die **Amöbe** kann Hindernisse wahrnehmen. Ein Berührungsreiz bewirkt, dass sich die Scheinfüßchen zurückziehen.

Fortpflanzung, Wachstum und Entwicklung

Das **Pantoffeltierchen** vermehrt sich meistens ungeschlechtlich durch Querteilung. Alle wichtigen Bestandteile der Zelle, also auch der Zellkern, werden dabei verdoppelt (→ Bild 6).

Auch das **Augentierchen** und die **Amöbe** pflanzen sich durch Teilung fort.

Nach der Teilung wachsen die zunächst kleineren Zellen wieder auf die ursprüngliche Größe heran.

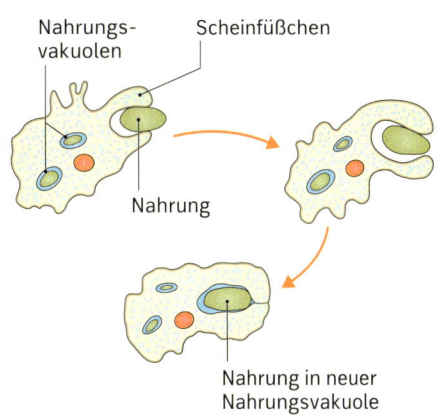

4 Amöbe umfließt Nahrung

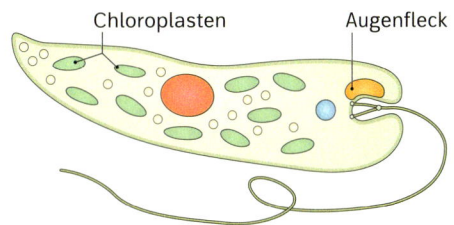

5 Augentierchen

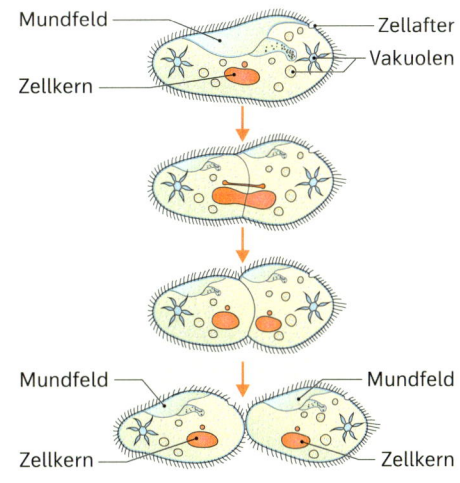

6 Pantoffeltierchen: Querteilung

1 Erkläre anhand eines Beispiels, warum Einzeller Lebewesen sind.

2 Beschreibe drei verschiedene Bewegungsarten von Einzellern.

3 **a)** Erkläre, wie sich die Amöbe ernährt.
   b) Vergleiche die Ernährung von Pantoffeltierchen, Augentierchen und Amöbe.

4 ▎ Erkläre, welche Funktion der Augenfleck bei den Augentierchen hat.

5 ▐▐ Beschreibe die Fortpflanzung der Pantoffeltierchen.

Ⓐ Einzeller ordnen

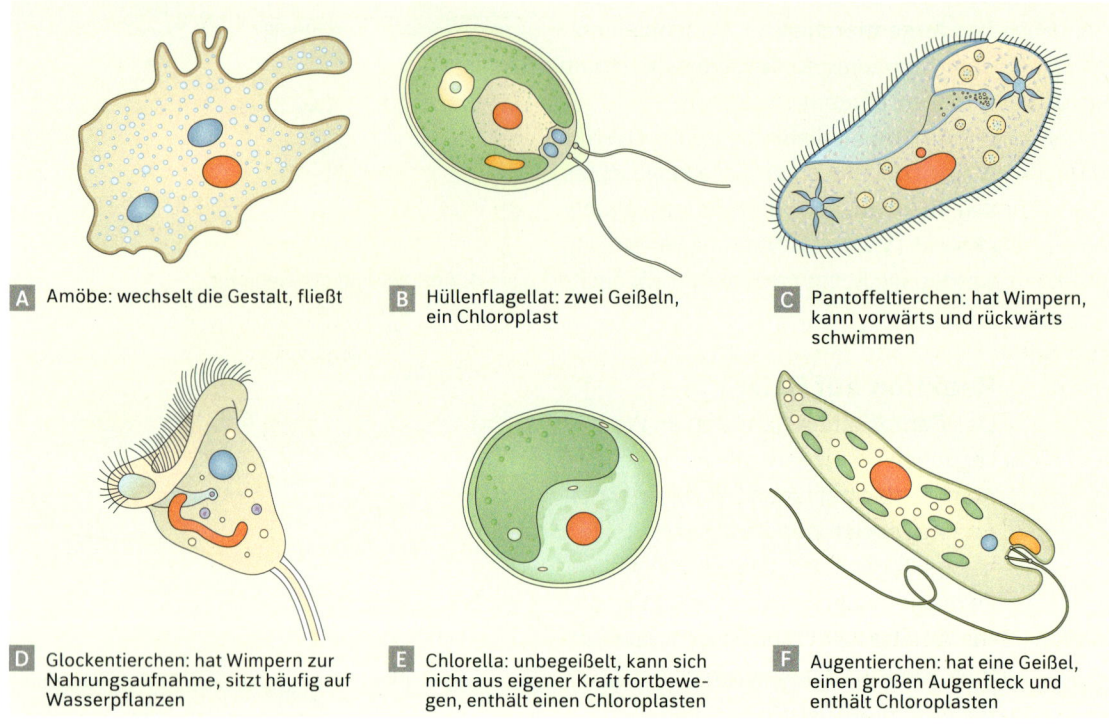

A **Amöbe:** wechselt die Gestalt, fließt

B **Hüllenflagellat:** zwei Geißeln, ein Chloroplast

C **Pantoffeltierchen:** hat Wimpern, kann vorwärts und rückwärts schwimmen

D **Glockentierchen:** hat Wimpern zur Nahrungsaufnahme, sitzt häufig auf Wasserpflanzen

E **Chlorella:** unbegeißelt, kann sich nicht aus eigener Kraft fortbewegen, enthält einen Chloroplasten

F **Augentierchen:** hat eine Geißel, einen großen Augenfleck und enthält Chloroplasten

1 Verschiedene Einzeller

Wie alle Lebewesen hat auch jeder Einzeller eine typische Gestalt. Manche Einzeller haben ihren deutschen Namen durch ihr Aussehen erhalten (→ Bild 2).
Alle Lebewesen können nach Merkmalen geordnet werden. Gemeinsamkeiten und Unterschiede zwischen Lebewesen helfen beim Ordnen.

2 Glockentierchen

❶ **a)** Ordne die Einzeller auf den Fotos nach ihrer Fortbewegungsart in einer Tabelle.

Starthilfe zu 1a:

Bewegung durch Wimpern	Bewegung durch Geißeln	Bewegung durch Fließen

b) Erkläre, wieso Chlorella und das Glockentierchen nicht in die Tabelle eingeordnet werden können.

❷ Erkläre, warum Pantoffeltierchen und Glockentierchen diese Namen tragen.

❸ **▌▌** Erkläre, welche Einzeller von ihrem inneren Aufbau einer Pflanzenzelle ähneln.

❹ **▌▌▌** Erläutere, warum es schwierig ist, Augentierchen als Pflanzen zu bezeichnen. Beziehe dich dabei auf folgende Aussage: „Das Augentierchen kann seine Chloroplasten zurückbilden. In diesem Fall nimmt es Nahrung von außen auf."

A Einzeller im Heuaufguss

In einem Heuaufguss kannst du viele verschiedene Einzeller finden. Sie sind weniger als einen Millimeter groß. Deshalb brauchst du ein Mikroskop, um sie sehen zu können.
Im Heuaufguss entsteht eine Schicht an der Wasseroberfläche. Diese Schicht heißt Kahmhaut. Direkt darunter halten sich die meisten Einzeller auf.

Material: zwei Wochen alter Heuaufguss, Mikroskop, Pipette, Objektträger, Deckglas

Durchführung:
Schritt 1: Entnimm mit der Pipette Wasser aus dem Heuaufguss direkt unter der Kahmhaut. Gib einen Tropfen davon auf einen Objektträger.
Schritt 2: Setze das Deckglas seitlich schräg an den Wassertropfen an. Lege das Deckglas vorsichtig ab.
Schritt 3: Mikroskopiere den Wassertropfen. Wenn das Bild scharf gestellt ist, verändere den Lichteinfall. Probiere dafür verschiedene Einstellungen der Blende aus.
Tipp: Manchmal sind die Einzeller besser zu sehen, wenn das Mikroskop dunkler eingestellt ist.
Schritt 4: Verschiebe vorsichtig den Objektträger unter dem Objektiv. Suche an verschiedenen Stellen im Wassertropfen nach Lebewesen.

Wichtig!
Wasche dir nach der Arbeit mit dem Wasser aus dem Heuaufguss sorgfältig die Hände.

3 Heuaufguss mit Kahmhaut

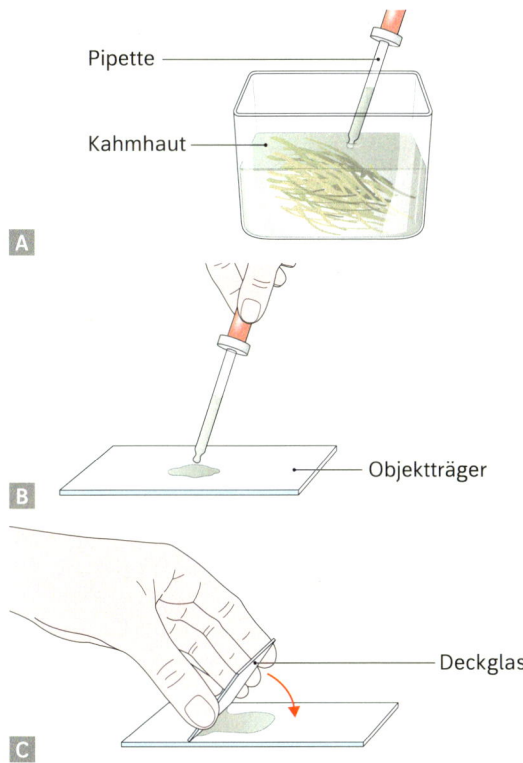
4 Präparat herstellen

1 a) Beobachte die Einzeller aus dem Heuaufguss durch das Mikroskop.
b) Beschreibe das Aussehen der Einzeller.

2 ‖ Beschreibe das Verhalten eines Einzellers.

3 ‖ Fotografiere mit deinem Smartphone einen Einzeller durch das Okular. Zeichne den Einzeller von deinem Smartphone-Display ab. Beschrifte die Zeichnung.

Auf einen Blick: Die Zelle - kleinste Funktionseinheit

Lebewesen bestehen aus Zellen

Pflanzen, Tiere und Menschen bestehen aus Zellen. Die Zellen aller Lebewesen besitzen den gleichen Grundbauplan. Alle haben eine Zellmembran, ein Zellplasma und einen Zellkern.

Bauplan von Pflanzenzellen

Pflanzenzellen haben Besonderheiten in ihrem Bauplan. Sie sind von einer festen Zellwand umhüllt, die den Zellen Festigkeit gibt. Außerdem haben Pflanzen Chloroplasten und Vakuolen in ihren Zellen.

Aufgaben der Zellbestandteile

Die einzelnen Zellbestandteile haben unterschiedliche Funktionen.
- Die Zellwand macht Pflanzen stabil.
- Die Zellmembran lässt nur ausgewählte Stoffe in die Zelle eindringen oder austreten.
- Im Zellplasma findet die Umwandlung von Stoffen statt.
- Der Zellkern steuert die Vorgänge in der Zelle.
- Die Vakuole ist ein Speicherort für Zellsäfte.
- In den Chloroplasten der Pflanzenzellen findet die Fotosynthese statt.

Einzeller

Die kleinsten Lebewesen bestehen nur aus einer Zelle. Alle Einzeller zeigen die Kennzeichen, die Lebewesen aufweisen. Einige Einzeller wie das Augentierchen besitzen Chloroplasten und betreiben Fotosynthese.

Von der Zelle zum Organismus

In mehrzelligen Lebewesen schließen sich viele gleichartige Zellen zu einem Gewebe zusammen. Verschiedene Gewebe sind zu einem Organ verbunden. Alle Organe zusammen bilden den Organismus.

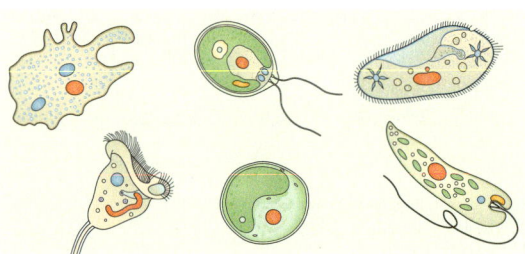

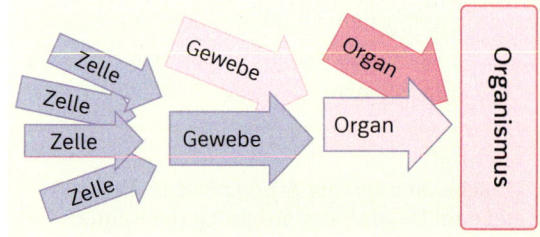

WICHTIGE BEGRIFFE
- Zellkern, Zellmembran, Zellplasma
- Zellwand, Chloroplasten, Vakuole

WICHTIGE BEGRIFFE
- Einzeller, Kennzeichen von Lebewesen
- Zelle, Gewebe, Organ, Organismus

Lerncheck: Die Zelle - kleinste Funktionseinheit

Lebewesen bestehen aus Zellen

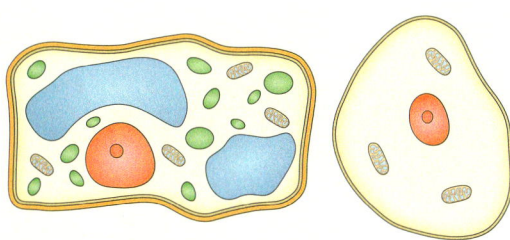

1 Benenne alle im obigen Bild gezeichneten Zellbestandteile von Pflanzenzellen und Tierzellen.

2 Vergleiche die Bestandteile von Tierzelle und Pflanzenzelle.

3 Beschreibe die Funktionen folgender Zellbestandteile:
A: Zellmembran
B: Zellwand und Vakuole
C: Zellkern

4 a) Erkläre, warum die Blätter auf dem Foto grün aussehen.
b) Erkläre die Bedeutung des grünen Farbstoffs in den Blättern.

Vom Organismus zur Zelle

5 a) Erkläre, wann ein Organismus lebensfähig ist.
b) Beschreibe, woraus sich ein Organ zusammensetzt.
c) Erkläre, was ein Gewebe ist.
d) Benenne die Bausteine, aus denen ein Lebewesen aufgebaut ist.

Das Mikroskop

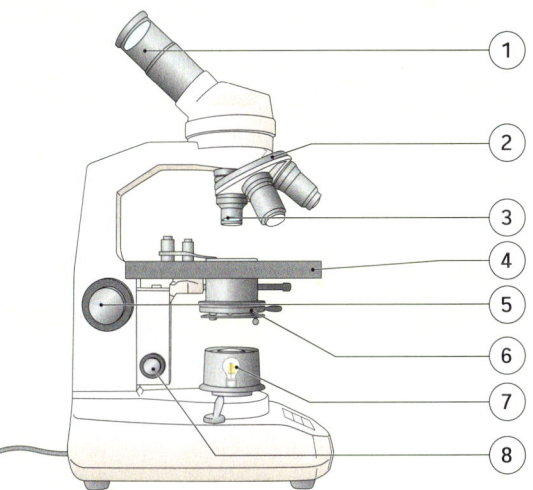

6 a) Benenne die Teile des Mikroskops.
b) Ordne den Bauteilen ihre Funktioen zu.
c) Begründe die Notwendigkeit unterschiedlicher Objektive.
d) Erkläre den Nutzen der Blende.

> **DU KANNST JETZT ...**
> * ... die Bestandteile von Tierzellen benennen.
> * ... die Bestandteile von Pflanzenzellen benennen und ihre Funktionen beschreiben.
> * ... Gemeinsamkeiten und Unterschiede von pflanzlichen und tierischen Zellen benennen.
> * ... die Bedeutung des Zellkerns erklären.

> **DU KANNST JETZT ...**
> * ... beschreiben, aus welchen Bausteinen mehrzellige Lebewesen bestehen.
> * ... den Aufbau von Geweben und Organen beschreiben.
> * ... die Teile des Mikroskops benennen.
> * ... die Bedienung des Mikroskops beschreiben.

Ökosysteme vor unserer Haustür

Wie können wir herausfinden, welche Tiere und Pflanzen im Wald leben?

Welche Beziehungen gibt es zwischen den Lebewesen in einem See?

Wie beeinflussen wir Menschen unsere heimischen Ökosysteme?

1 Ein Buchenmischwald

Der Wald ist ein Ökosystem

Wälder sind unterschiedlich

In einem **Buchenmischwald** ist der Boden feucht und reich an Mineralstoffen. Hier wachsen außer Buchen weitere Baumarten, viele Sträucher und Kräuter. Die Pflanzen können mit tiefen Wurzeln Wasser und Mineralstoffe aufnehmen. Im Buchenmischwald finden viele Tiere Nahrung und Unterschlupf.

In einem **Fichtenwald** ist der oft steinige Boden trocken und arm an Mineralstoffen. Mit flachen Wurzeln nehmen die Pflanzen Wasser und Mineralstoffe auf. Hier wachsen nur wenige Sträucher und Kräuter. Im Fichtenwald finden nur wenige Tiere Nahrung und Unterschlupf.

2 Ein Fichtenwald

Lebensraum Wald

Welche Tiere und Pflanzen in einem Wald vorkommen, hängt von den dort vorherrschenden Bedingungen ab. Dazu gehören die Beschaffenheit des Bodens, die Temperatur, die Lichtstärke, der Niederschlag und die Luftfeuchtigkeit. Diese Bedingungen der Natur werden als **abiotische Faktoren** bezeichnet.

In einem **Lebensraum** können nur Pflanzen und Tiere leben, die an die abiotischen Faktoren angepasst sind.

Abiotische Faktoren im Wald

Die Bäume stehen in einem Buchenmischwald weit auseinander. Zu Beginn des Frühlings nach dem Laubabwurf im Herbst gelangt viel Licht auf den Waldboden. Hier bekommen Sträucher und Kräuter genügend Licht für ihr Wachstum.

In einem Fichtenwald stehen die Bäume enger zusammen. Die immergrünen Baumkronen lassen zu jeder Jahreszeit nur wenig Licht auf den Waldboden. Da die Pflanzen für die Fotosynthese Licht benötigen, wachsen hier nur wenige Sträucher und Kräuter.

3 Lebensraum und Lebensgemeinschaften bilden das Ökosystem.

Lebensgemeinschaften im Wald

In der Baumkrone, am Stamm und im Boden eines Waldes leben verschiedene Pflanzen und Tiere. Sie bilden unterschiedliche **Lebensgemeinschaften.** Die Pflanzen und Tiere beeinflussen sich dabei gegenseitig. Diese Bedingungen werden als **biotische Faktoren** bezeichnet.

Biotische Faktoren im Wald

Ein biotischer Faktor sind die Nahrungsbeziehungen. In den Baumkronen eines Buchenwaldes leben Eichhörnchen und Baummarder. Die Eichhörnchen fressen die Früchte der Buche, die Bucheckern. Baummarder jagen die Eichhörnchen. An den Baumstämmen leben Kleiber. Sie fressen Insekten und Larven, welche sich von den Blättern und der Rinde der Bäume ernähren. Goldlaufkäfer jagen am Boden Insekten oder ernähren sich von toten Tieren.

Ökosystem Wald

Der Lebensraum und seine besonderen Lebensgemeinschaften aus Pflanzen und Tieren bilden das **Ökosystem** Wald.

> Jede Pflanzenart und jede Tierart ist an bestimmte abiotische und biotische Faktoren im Ökosystem angepasst.

Die ökologische Nische

Alle Faktoren, an die eine Tierart oder Pflanzenart angepasst ist, bilden die **ökologische Nische** dieser Art. Jede Art nutzt eine andere ökologische Nische. So können viele Arten nebeneinander leben, ohne sich **Konkurrenz** zu machen. Zum Beispiel fressen sowohl der Kleiber als auch der Goldlaufkäfer Insekten. Da sie aber an unterschiedlichen Orten jagen, konkurrieren sie nicht direkt um ihre Beute.

1 **a)** Erkläre die Begriffe abiotisch und biotisch.
b) Nenne jeweils drei abiotische Faktoren und drei biotische Faktoren im Wald.

2 Beschreibe, woraus das Ökosystem Wald besteht.

3 I Ordne die folgenden Begriffe und Aussagen den biotischen oder den abiotischen Faktoren zu: Kleiber frisst Insekten, Bodenbeschaffenheit, Temperatur, Eichhörnchen frisst Bucheckern, Lichtstärke

4 II Begründe, warum auf dem Boden des Fichtenwaldes weniger Pflanzen wachsen als im Buchenmischwald.

Starthilfe zu 4:
Vergleiche die abiotischen Faktoren beider Waldtypen.

Messwerte erfassen und grafisch in Diagrammen darstellen

1 Messungen durchführen und protokollieren

Messwerte erfassen

Zur genaueren Untersuchung der Lebensbedingungen im Wald lassen sich abiotische Faktoren messen. Für die verschiedenen Messgrößen sind bestimmte Messgeräte nötig.

- Abstände werden mit einem Maßband in der Maßeinheit Meter (m) gemessen.
- Temperaturen werden mit einem Thermometer in Grad Celsius (°C) angegeben (→ Bild 1).
- Die Lichtmenge wird mit einem Luxmeter gemessen und in der Maßeinheit Lux angegeben. Jedes Smartphone misst für seine Kamera die Helligkeit. Mit einer passenden App lassen sich viele Handys auch als Luxmeter nutzen.

Waldform	Lichtmenge in Lux
Buchenwald	1 600
Kiefernwald	840
Mischwald	5 600

2 Tabelle mit Messwerten

Messwerte protokollieren

Die gemessenen Werte werden in eine vorbereitete Tabelle eingetragen. Die Tabelle in Bild 2 zeigt die Messwerte der Lichtmenge im Innern unterschiedlicher Waldformen. In der ersten Spalte wurde die Waldform und in der zweiten Spalte die jeweils gemessene Lichtmenge in der Einheit Lux eingetragen. Eine Tabelle ordnet die Messwerte und ermöglicht einen guten Überblick über die erfassten Daten.

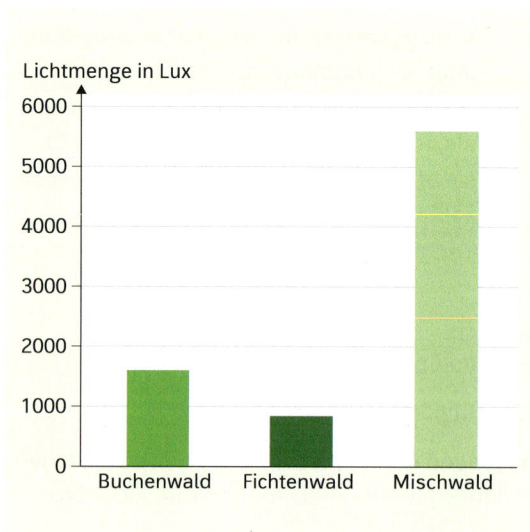

3 Säulendiagramm zu Lichtmengen in verschiedenen Waldformen

Ein Säulendiagramm erstellen

Zur Darstellung von Einzelmessungen wie beim oben beschriebenen Beispiel eignet sich ein **Säulendiagramm** (→ Bild 3). Die gemessenen Werte können so vergleichend dargestellt werden. Mit den Messwerten aus der Tabelle in Bild zwei kannst du ein Säulendiagramm mithilfe folgender Schritte erstellen:

- An der waagerechten Achse erfolgt die Beschriftung der Waldformen.
- An die senkrechte Achse schreibst du in 1 000er-Schritten die Lichtmenge in Lux in gleichen Abständen.
- Die senkrechten Säulen werden entsprechend der Werte aus der Tabelle mit Messwerten möglichst farbig und breit eingezeichnet.

● ● (METHODE)

Ein Kurvendiagramm erstellen

Für weitere Messwerte kann eine andere grafische Darstellung sinnvoll sein.
Die Tabelle in Bild 4 zeigt Messwerte der Lichtmenge innerhalb eines Waldes. Es wurde eine Messreihe in bestimmten Abständen vom Waldrand aus erstellt. In der ersten Spalte wurde der Abstand zum Waldrand und in der zweiten Spalte die jeweils gemessene Lichtmenge eingetragen.

Abstand zum Waldrand in m	Lichtmenge in Lux
0	18 500
2	8 500
4	3 200
6	1 400
8	1 500
10	1 400

4 Tabelle mit Messwerten zur Lichtmenge

Zur Darstellung einer solchen Messreihe eignet sich ein **Kurvendiagramm** (→ Bild 5). Die gemessenen Werte können so in ihrem Verlauf dargestellt werden.
Aus der Tabelle mit den Messwerten zur Lichtmenge kannst du ein Kurvendiagramm erstellen:
• Schreibe die Abstände 0 bis 10 m im gleichen Abstand an die waagerechte Achse. Beschrifte die Achse.
• Schreibe an die senkrechte Achse in 5 000er-Schritten die Lichtmenge. Beschrifte die Achse im gleichen Abstand.
• Jeden Messwert zur Lichtmenge trägst du als kleines Kreuz in das Diagramm ein. Nutze dazu die Hilfslinien wie in Bild 5.
• Verbinde die Messpunkte im Diagramm anschließend mit Linien.

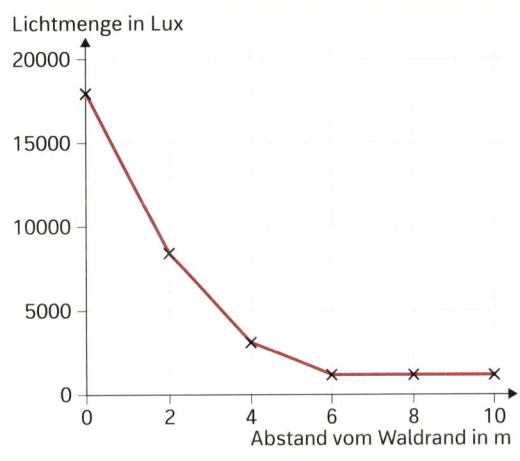

5 Kurvendiagramm zur Lichtmenge in Abhängigkeit vom Abstand zum Waldrand

1 **a)** Erstelle eine Messwerttabelle zur Lichtmenge im Fichtenwald mithilfe folgender Werte, gemessen vom Waldrand bei 0 m bis zum Inneren des Waldes bei 10 m: 0 m – 17 500 Lux, 2 m – 8 500 Lux, 4 m – 900 Lux, 6 m – 700 Lux, 8 m – 650 Lux, 10 m – 630 Lux.
b) Stelle die Messergebnisse in einem Kurvendiagramm grafisch dar.
c) Werte die Tabelle beziehungsweise das Diagramm aus.

2 Begründe die unterschiedlichen Lichtmengen im Fichtenwald und im Mischwald (→ Bild 3).

3 ▌▌ Begründe, warum die Messergebnisse aus der Tabelle in Bild 2 nicht als Kurvendiagramm dargestellt werden können.

4 ▌▌ In der Tabelle in Bild 4 wurden die Lichtmengen in bestimmten Abständen gemessen. Erläutere, ob auch andere Abstände möglich gewesen wären und was vielleicht zu dieser Auswahl der Messpunkte geführt hat.

Der Baum als Lebensraum

Habicht

Eichhörnchen

Eichelhäher

Krone

Baummarder

Buntspecht

Kohlmeise

Stamm

Kleiber

Baumläufer

Dachs

Waldmaus

Wurzeln

Rötelmaus

1 Lebensraum Baum

Der Baum ist ein Lebensraum

Jeder Baum ist ein Lebensraum für viele Tiere. In jedem Bereich des Baumes finden unterschiedliche Tiere Nahrung und Unterschlupf. Sie ziehen dort ihre Jungen groß.
Der Baum bietet den Tieren mit seiner Krone, dem Stamm und der Wurzel des Baumes verschiedenste Lebensräume.
Auch die Rinde, die den Stamm umschließt, bietet Tieren einen Lebensraum oder Nahrung.

Die Krone des Baumes

In der Krone des Baumes wachsen an Ästen und Zweigen die Laubblätter. Dazwischen können Vögel ihre Nester bauen. Zu den Vögeln, die in der Krone vorkommen, gehören Habicht und Eichelhäher.
Viele Insekten und ihre Larven ernähren sich von den Blättern. Spinnen bauen in der Krone ihre Netze.
Baummarder gehen in Baumkronen auf Jagd. Eichhörnchen bauen dort ihre Nester, die Kobel.

Der Stamm des Baumes

Der Stamm des Baumes trägt die Äste und die Zweige. Buntspecht, Kleiber und Kohlmeise brüten dort in Baumhöhlen.
Der Baumläufer nutzt Spalten in der Rinde als Nistplatz.
Viele Käfer und andere Insekten legen Eier unter die Rinde. Dort entwickeln sich die Larven.

Die Wurzel des Baumes

Die Wurzel verankert den Baum im Boden. Zwischen den Wurzeln bauen viele Tiere ihre Bauten, zum Beispiel die Waldmaus, die Rötelmaus und der Dachs.
Von den Wurzeln ernähren sich Insektenlarven und andere kleine Tiere.

Der Habicht nutzt die Krone

In den Baumkronen lebt der Habicht. Er baut dort sein Nest. Der Habicht nutzt den Baum auch zur Aussicht. Von dort jagt er kleinere Vögel im Flug. Kleine Säugetiere fängt er am Boden. Tiere, die sich in den Baumkronen aufhalten, werden vom Habicht nicht gejagt. Krähen, Waschbären und Uhus sind die Feinde des Habichts.

2 Ein Habicht mit Jungvogel im Nest

Der Buntspecht nutzt den Stamm

Der Buntspecht lebt am Stamm des Baumes. Er baut im Baumstamm seine Bruthöhle. Dort nistet er und füttert seine Jungen. Unter der Rinde findet der Buntspecht seine Nahrung: Käfer und Larven. Wenn ein Buntspecht an den Baum trommelt, markiert er sein Revier und lockt Weibchen an. Habichte, Marder und Uhus sind die Feinde des Buntspechts.

3 Ein Buntspecht füttert einen Jungvogel.

Die Waldmaus nutzt die Wurzel

Zwischen den Wurzeln der Bäume lebt die Waldmaus. Sie baut dort ihr Nest. Außerdem findet sie dort Nahrung und Schutz. Die Waldmaus frisst Samen, Früchte und kleine Tiere. Greifvögel, Eulen und Marder sind die Feinde der Waldmaus.

> Die Krone, der Stamm und die Wurzeln eines Baumes bieten unterschiedlichen Tieren wie Habicht, Buntspecht und Waldmaus einen Lebensraum.

4 Eine Waldmaus frisst eine Brombeere.

1 Ein Baum besteht aus drei Teilen. Ordne jedem Teil des Baumes mindestens zwei Tiere zu, die dort leben.

2 **a)** Erstelle ein Schema, das zeigt, wovon sich eine Waldmaus ernährt und welche Feinde sie hat.
b) Fertige solche Schemazeichnungen auch für den Buntspecht und für den Habicht an.

Starthilfe zu 2a:

3 ❚ Begründe, warum Buntspechte keine natürlichen Feinde für Waldmäuse sein können.

4 ❚❚ Stelle Vermutungen an, warum Tiere vom Habicht nicht gejagt werden, solange sie sich in der Baumkrone aufhalten.

(A) Heimische Laubbäume

1 Heimische Laubbäume

Rotbuche

Höhe: bis 30 m

Blattform: eiförmig · am Rand gezackt

Früchte: vierteilige Schale mit kleinen Stacheln · dreikantige, braune Bucheckern

Stieleiche

Höhe: bis 40 m

Blattform: wellenförmig · gelappt

Früchte: eiförmige, hellbraune Eicheln · Eicheln sitzen in Hütchen

Spitzahorn

Höhe: bis 40 m

Blattform: fünflappig · am Rand gezähnt

Früchte: Früchte mit Flügeln

Rosskastanie

Höhe: bis 25 m

Blattform: handförmig · gefingert

Früchte: runde, grüne, stachelige Schale · glänzende, braune Kastanien

1 Ordne die vier Steckbriefe den Bildern A bis D zu.

2 a) Sammelt Blätter und Früchte von den Laubbäumen, die auf dieser Seite vorgestellt werden.
b) Gestaltet mit den gesammelten Materialien eine Ausstellung.

3 ‖ Recherchiere die Merkmale von Sommerlinde und Bergulme. Fertige für beide Bäume je einen Steckbrief an.

4 ‖‖ **a)** Eine Baumart in Bild 1 gab es ursprünglich nicht in Deutschland. Finde heraus, welche Baumart es ist.
‖‖ **b)** Benenne die Heimat dieser Baumart.

• ●● **ÜBEN UND ANWENDEN**

B **Heimische Nadelbäume**

2 Heimische Nadelbäume

Europäische Lärche

<u>Höhe:</u> bis 40 m

<u>Nadeln:</u> 2 cm bis 3 cm lang · weich · in Büscheln

<u>Zapfen:</u> bis 6 cm lang · eiförmig · aufrecht

<u>Besonderheit:</u> verliert im Herbst alle Nadeln

Weißtanne

<u>Höhe:</u> bis 50 m

<u>Nadeln:</u> 1 cm bis 3 cm lang · stechen nicht · am Ende rundlich · unten weiße Streifen · einzeln stehend

<u>Zapfen:</u> bis 15 cm lang · länglich · aufrecht

Gewöhnliche Fichte

<u>Höhe:</u> bis 70 m

<u>Nadeln:</u> 1 cm bis 3 cm lang · spitz · stechend · einzeln stehend

<u>Zapfen:</u> bis 15 cm lang · länglich · hängend

Waldkiefer

<u>Höhe:</u> bis 40 m

<u>Nadeln:</u> 3 cm bis 8 cm lang · spitz · stechend · stehen zu zweit beieinander · steif und fest

<u>Zapfen:</u> bis 8 cm lang · eiförmig-länglich

1 Ordne die vier Steckbriefe den Bildern A bis D zu.

2 **a)** Sammelt kleine Zweige mit Nadeln und Zapfen von den Nadelbäumen, die auf dieser Seite vorgestellt werden.
b) Gestaltet mit den gesammelten Materialien eine Ausstellung.

3 **II a)** Recherchiere die Merkmale von Mammutbäumen und erstelle einen Steckbrief.
III b) Nenne mindestens ein Merkmal, worin sich Mammutbäume von unseren einheimischen Nadelbäumen unterscheiden.

Entdeckungen im Wald

Habicht

Eichhörnchen

Käfer und Larve

Baumschicht

Buntspecht

Kleiber

Amsel

Biene

Raupe

Schmetterling

Strauchschicht

Spinne

Reh

Wespe

Fasan

Krautschicht

Wald-eidechse

Ameise

Fuchs

Moosschicht

Schnecke

Spinne

Laufkäfer

Wurzelschicht

Waldmaus

Käferlarve

1 Schichten eines Mischwaldes

Die Schichten des Waldes
Wenn du einen Spaziergang durch einen Wald unternimmst, kannst du die verschiedenen Schichten eines Waldes erkennen.

Die Baumschicht
Die Baumkronen bilden in der Baumschicht die oberste Schicht des Waldes. In einem Mischwald wird die Baumschicht von Laubbäumen wie Buche und Ahorn und Nadelbäumen wie Fichten gebildet. Die Baumschicht bietet zahlreichen Tieren wie Habichten, Eichhörnchen und vielen Insekten einen Lebensraum.
An den Baumstämmen leben Spechte, Kleiber und viele Insekten und deren Larven.

Die Strauchschicht
Junge Bäume und Sträucher wie Hasel und Holunder wachsen in der Strauchschicht. Viele Vögel wie die Amsel, aber auch Rehe, Spinnen und Insekten, finden hier Nahrung.

Die Krautschicht
Farne, Gräser, Kräuter und Baumkeimlinge bilden die Krautschicht. In der Krautschicht leben kleine wirbellose Tiere wie Insekten und Spinnen, aber auch Füchse und Fasane.

Die Moosschicht
In der Moosschicht wachsen Moose und Pilze. Hier leben viele Schnecken und Ameisen. Auch Reptilien wie die Waldeidechse haben hier ihren Lebensraum.

Die Wurzelschicht
In der Wurzelschicht im Boden befinden sich die Wurzeln der Pflanzen. Waldmäuse und Käfer sind Tiere der Wurzelschicht.

Farnpflanzen

In Wäldern wachsen in der Krautschicht oft hohe Farnpflanzen. Zwischen ihren Blättern finden viele verschiedene Tierarten Unterschlupf.

Die Farnpflanzen erhöhen durch Verdunstung von Wasser die Luftfeuchtigkeit im Wald. Ihre Wurzeln mit Erdsprossen verhindern, dass der Waldboden bei Regen weggespült wird.

2 Farnpflanzen

Moose

Moospflanzen bilden in der Moosschicht dichte Moospolster aus vielen einzelnen Pflanzen. Zwischen ihren Blättern können die Moospflanzen Regenwasser wie in einem Schwamm speichern. Dieses Wasser wird dann nach und nach an den Waldboden abgegeben. Dadurch bleibt der Boden feucht.

Die Moospolster bieten Ameisen, Spinnen und Käfern einen wichtigen Lebensraum.

3 Moospolster

Pilze

Pilze sind keine Pflanzen. Sie haben kein Chlorophyll und betreiben keine Fotosynthese. Mithilfe eines unterirdischen Fadengeflechtes nehmen die Pilze Nährstoffe aus dem Boden auf. Manche Pilzarten wachsen an lebenden oder abgestorbenen Baumstämmen.

Viele Pilze zersetzen totes Pflanzenmaterial oder auch tote Tiere. Sie können sogar Holzreste zersetzen und sind deshalb im Wald sehr wichtig. Etliche Pilze dienen außerdem Tieren als Nahrung. Einige Pilzarten sind für uns Menschen giftig.

4 Giftige Fliegenpilze

1 Erstelle eine Tabelle zu den Schichten eines Mischwaldes mit Pflanzen und Tieren.

2 Nenne für Farnpflanzen, Moose und Pilze je zwei Funktionen im Wald.

3 ▎ Begründe, warum Pilze keine Pflanzen sind.

4 ▎▎ Stelle begründete Vermutungen an, warum viele Tierarten nicht ausschließlich in einer einzigen Schicht des Waldes leben.

Starthilfe zu 1:

Schicht	Pflanzen	Tiere
Baum-schicht	Ahorn, ...	Eichhörn-chen, ...

A Wie kann ich die Baumhöhe messen?

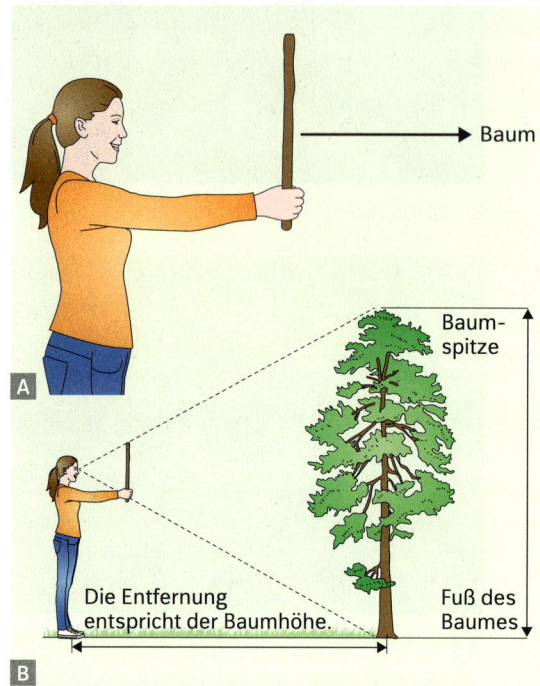

Material: Stock in Armlänge, Maßband

Durchführung:

Schritt 1: Nimm einen Stock in eine Hand, der so lang ist wie dein Arm. Halte den Stock wie in Bild 1A in Richtung des Baumes, dessen Höhe du messen möchtest.

Schritt 2: Gehe langsam so weit rückwärts, bis du die obere Stockspitze mit der Baumspitze und die untere Stockspitze mit dem Fuß des Baumes anpeilen kannst (→ Bild 1B).

Schritt 3: Miss mit dem Maßband die Entfernung von deinem Standpunkt bis zum Fuß des Baumes (→ Bild 1B).
Diese Entfernung entspricht ungefähr der Höhe des Baumes.

1 Bestimmung der Baumhöhe: **A** Armhaltung, **B** Anpeilung des Baumes

1 Gib die Höhe verschiedener Bäume in Metern an.

B Sind Moose gute Wasserspeicher?

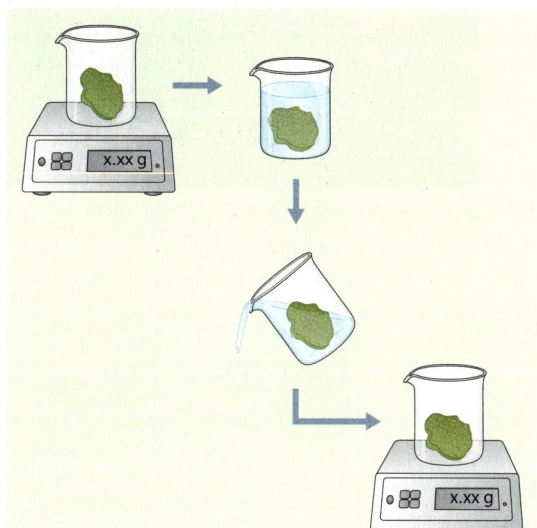

Material: trockenes Moospolster mit etwa 8 cm x 8 cm Fläche, Wasser, Waage, Becherglas, Uhr

Durchführung:

Schritt 1: Wiege das trockene Moos im Becherglas. Notiere dein Ergebnis.

Schritt 2: Übergieße das Moos mit reichlich Wasser und warte etwa 10 Minuten.

Schritt 3: Gieße das überschüssige Wasser aus dem Becherglas.

Schritt 4: Wiege nun das mit Wasser getränkte Moos im Becherglas. Notiere dein Ergebnis.

1 Berechne, wie viel Wasser im Moospolster gespeichert wurde.

2 Versuchsdurchführung

ÜBEN UND ANWENDEN

A Bau und Lebensweise der Hutpilze

3 Hutpilze: **A** Steinpilz, **B** Bau eines Hutpilzes, **C** Fliegenpilz

Der sichtbare Teil der Hutpilze ist der Fruchtkörper. Bei **Röhrenpilzen** wie dem Steinpilz ist die Unterseite des Hutes schwammig. Sie besteht aus vielen Röhren.
Bei **Blätterpilzen** wie dem Fliegenpilz ist die Unterseite des Hutes blättrig. Sie besteht aus nebeneinander liegenden Blättern.

1 Zeichne einen Hutpilz und beschrifte dessen Teile.

2 Erkläre, warum die Pilze in Röhrenpilze und Blätterpilze eingeteilt werden.

3 ❚❚ Recherchiere die Lebensräume von Pfifferling und Champignon und präsentiere deine Ergebnisse.

B Die Symbiose ist eine besondere Lebensgemeinschaft

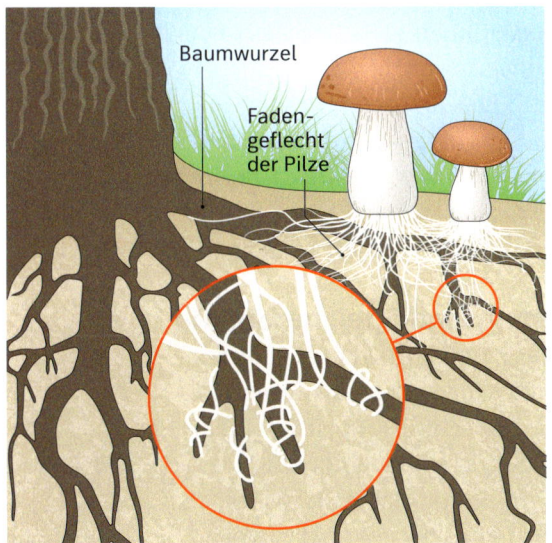

4 Symbiose

Viele Waldpilze bilden Lebensgemeinschaften mit Bäumen. Dabei dringen Teile des Fadengeflechts der Pilze in die Wurzeln der Bäume ein (→ Bild 4). Die Pilze entnehmen Nährstoffe aus den Wurzeln der Bäume. Der Baum kann aber mithilfe der Pilze besser Wasser und Mineralstoffe aus dem Boden aufnehmen.
Diese Form der Lebensgemeinschaft zum gegenseitigen Vorteil wird **Symbiose** genannt.

1 Beschreibe die Symbiose zwischen Pilz und Baum.

2 ❚❚ Begründe, warum Bäume aus dem Wald nicht einfach in Gärten umgesetzt werden können.

1 Schneeglöckchen in einem Laubwald

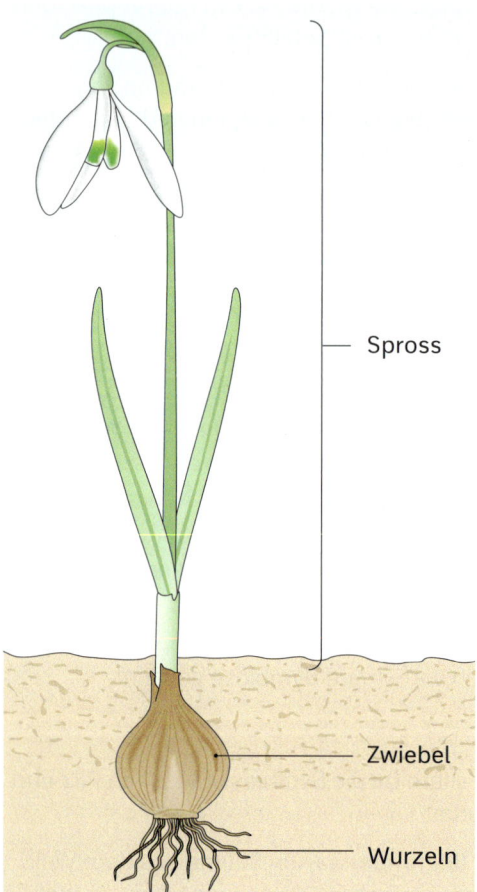

Spross

Zwiebel

Wurzeln

2 Das Schneeglöckchen

Die Natur im Frühling

Die ersten Blüten im Frühling

Ende Januar sind in Wäldern und Gärten Schneeglöckchen zu sehen. Wenig später blühen auch die Krokusse, das Scharbockskraut und die Buschwindröschen. Sie alle sind **Frühblüher.** Noch ist es kalt und die Sonne scheint nur wenige Stunden am Tag. Die Pflanzen können deshalb nur wenig Fotosynthese betreiben. Dennoch haben die Frühblüher ausreichend Energie für ihr Wachstum, zum Blühen und um Samen zu bilden. Wie ist das möglich?

Zwiebeln sind Speicherorgane

Schneeglöckchen überdauern den Sommer, Herbst und Winter als Zwiebeln im Boden. Zwiebeln sind **Speicherorgane.** Sie liefern den Schneeglöckchen die Energie für das frühe Wachstum. Beim Wachsen werden die gespeicherten Nährstoffe aufgebraucht.

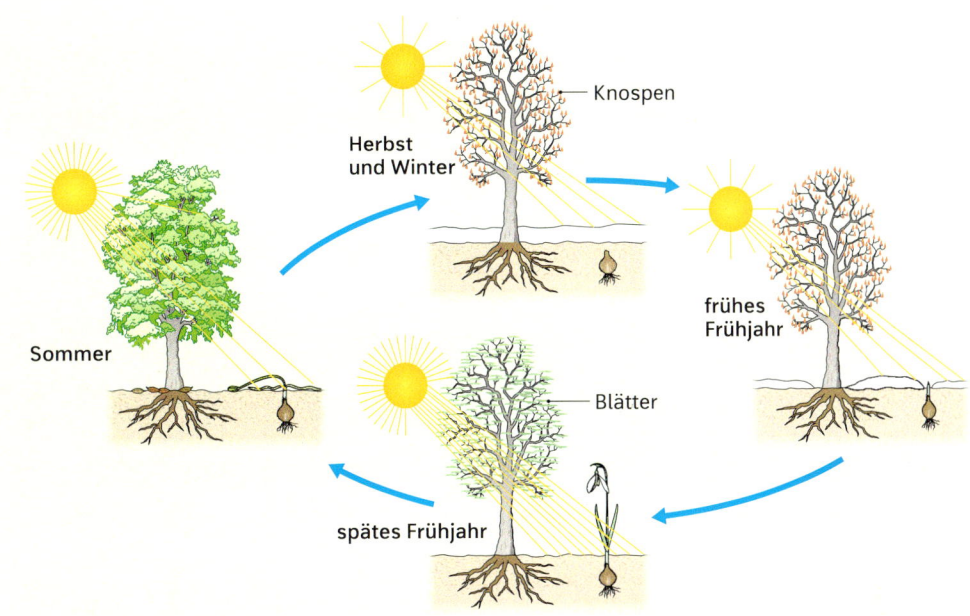

3 Frühblüher im Jahresverlauf

Ein Kreislauf

Zu Beginn des Frühlings haben die Bäume und Sträucher noch keine Blätter. Viel Sonnenlicht erreicht den Boden. Die Frühblüher nutzen dieses Licht. Sie bilden mithilfe ihrer grünen Blätter neue Nährstoffe, um zu wachsen. Überschüssige Nährstoffe werden in einer neuen Zwiebel gespeichert.

Ab April entwickeln die Bäume und Sträucher ein dichtes Blätterdach. Nach und nach sterben dann die Pflanzenteile der Frühblüher über der Erde ab. Sie verwelken. Die Frühblüher überdauern anschließend bis zum nächsten Frühjahr als Speicherorgan im Boden. Dann treiben sie wieder aus und der Kreislauf beginnt erneut.

4 Hummel auf Krokusblüte

Blüten locken Insekten an

Die Blüten der Frühblüher sind wichtige Nahrungsquellen für Insekten wie Bienen und Hummeln. Besonders staatenbildende Insekten wie die Hummeln benötigen im Frühling viel Pollen und Nektar, um ihre Völker neu aufzubauen.

1 Erkläre, warum das Schneeglöckchen sehr früh im Jahr blühen kann.

2 Beschreibe den Jahresverlauf eines Frühblühers mithilfe von Bild 3.

3 Beurteile die Bedeutung von Frühblühern für Insekten.

4 ‖ Nenne Vorteile, die Frühblüher gegenüber anderen Blütenpflanzen haben.

5 ‖‖ Buschwindröschen stehen unter Naturschutz. Erkäre, warum die Blüten und Blätter von Buschwindröschen nicht abgepflückt werden dürfen.

Ⓐ Dürfen Frühblüher im Garten nach der Blüte abgeschnitten werden?

1 Krokusse im Garten: **A** während der Blüte, **B** nach der Blüte

Krokusse und andere Frühblüher sehen auf dem Rasen im Frühling hübsch aus. Wenn sie verblühen, bleiben die grünen Blätter zurück. Sie werden oft mit dem Rasen zusammen einfach abgemäht. Häufig blühen die Frühblüher dann im nächsten Jahr nicht mehr.

❶ Recherchiere, welche Frühblüher häufig in Gärten vorkommen.

❷ Begründe, warum die grünen Blätter der Frühblüher im Garten nicht direkt nach der Blüte abgeschnitten werden dürfen.

● ● **FORSCHEN UND ENTDECKEN**

Ⓐ Welcher Nährstoff liefert Energie für die Blüte der Frühblüher?

Frühblüher haben Speicherorgane. Ein solches Speicherorgan ist die Sprossknolle des Krokus.

Material: Sprossknolle eines Krokus, Messer, Iod-Kaliumiodid-Lösung ◆, Pipette, Petrischale

Durchführung:
Schritt 1: Schneide die Sprossknolle der Länge nach durch.
Schritt 2: Gib einen Tropfen Iod-Kaliumiodid-Lösung auf die Schnittfläche.

2 Versuchsmaterial

❶ **a)** Beschreibe deine Beobachtung.
   b) Werte deine Beobachtung aus.

Tipp: Mit Iod-Kaliumiodid-Lösung wird Stärke nachgewiesen. Eine blauschwarze Verfärbung ist der Nachweis für Stärke.

❷ Begründe mithilfe deiner Beobachtung, woher die Energie für das frühe Wachstum der Frühblüher kommt.

Eine Sachmappe erstellen

In einer Sachmappe sammelst du möglichst viele Materialien zu einem Thema. Eine gut sortierte Sachmappe ist ein kleines Nachschlagewerk.

Ordner oder Schnellhefter
Die Sachmappe kann ein Ordner oder ein Schnellhefter sein. Schnellhefter oder Ordner sind platzsparend und gut zu transportieren.

Das gehört in eine Sachmappe:
In eine Sachmappe gehören Fotos, selbst geschriebene Texte, gesammelte Zeitungsausschnitte, Diagramme, Schaubilder und Zeichnungen.
Für eine Sachmappe zum Thema Pflanzen kannst du auch gepresste Pflanzenteile wie Blüten, Blätter oder Samen einkleben.

Darauf musst du achten, wenn du eine Sachmappe erstellst:
- Gestalte ein Deckblatt und erstelle ein Inhaltsverzeichnis. Dies sind immer die ersten Seiten in deiner Mappe.
- Trage die Überschrift und die Seitenzahl jeder Seite in das Inhaltsverzeichnis ein. Notiere auch das Datum.
- Lasse bei jedem Blatt links einen Rand zum Abheften frei.
- Gib jeder Seite eine Überschrift.
- Benutze ein Lineal.
- Zeichne mit Bleistift und Buntstiften.
- Erstelle deine Zeichnungen ausreichend groß. Sie sollten ungefähr eine halbe DIN-A4-Seite einnehmen.
- Achte auf Sauberkeit und Ordnung.

3 Ein Deckblatt und ein Inhaltsverzeichnis

4 Eine Innenseite der Sachmappe gestalten

1 Beschreibe, wie du bei der Erstellung einer Sachmappe vorgehst.

2 Plane ein Inhaltsverzeichnis für eine Sachmappe zum Thema Frühblüher.

3 ‖ Erkläre die Vorteile einer selbst erstellten Sachmappe gegenüber einem Buch.

1 Die Bäume werden im Herbst bunt.

Die Natur im Herbst und im Winter

Es wird dunkler und kälter

Im Herbst werden die Tage immer kürzer. Das liegt am Verlauf der Sonne. Jeden Tag geht sie etwas später auf und etwas früher unter. Sie steigt auch nicht mehr so hoch. Die Schatten werden länger (→ Bild 2). Dadurch nimmt die Stärke der Sonnenein-strahlung deutlich ab. So kommen weniger Licht und Wärme am Boden an. In der Natur wird es kälter.

Laubwälder werden bunt

Die Blätter der Bäume und Sträucher verändern im Herbst ihre Farbe. Der grüne Blattfarbstoff wird im Herbst abgebaut. Jetzt sind die gelben und roten Farbstoffe zu sehen. Sie waren schon im Sommer in den Blättern, wurden aber vom grünen Blattfarbstoff überdeckt. Im Spätherbst fallen alle Blätter ab. Wenn sie auf dem Waldboden liegen, werden sie braun.

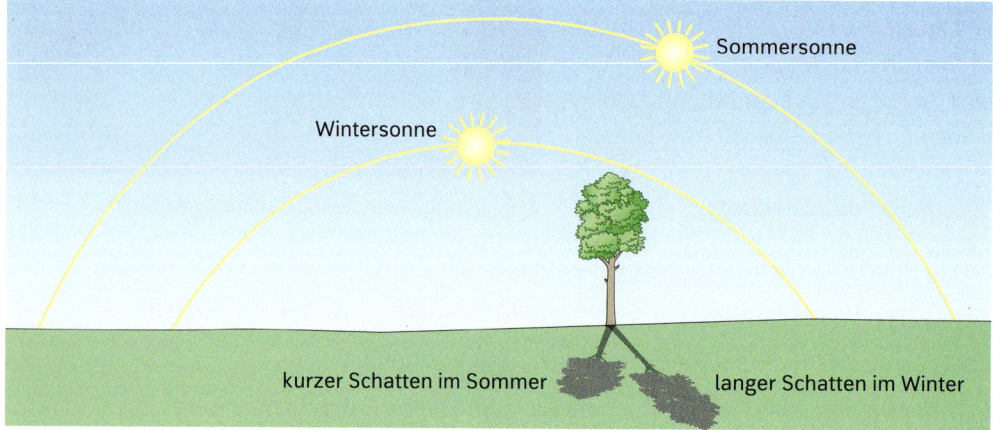

2 Der Sonnenverlauf im Sommer und im Winter

Die Blätter fallen ab

Im Winter brauchen die Bäume und Sträucher keine Blätter mehr, da das Licht für die Fotosynthese nicht mehr ausreicht. Außerdem wären Blätter im Winter lebensgefährlich. Aus dem gefrorenen Boden können Pflanzen kein Wasser aufnehmen. Gleichzeitig würde aber weiterhin Wasser über die Blätter verdunsten. Die Pflanzen würden dann austrocknen und sterben. Außerdem würde das Wasser in den Blättern gefrieren und die Pflanzenzellen zerstören. Darum fallen die Blätter im Herbst ab. Wo vorher das Blatt am Zweig saß, bleibt eine **Blattnarbe** (→ Bild 3). Darüber wächst eine Korkschicht. Sie schützt den Baum vor Wasserverlust und Krankheiten.

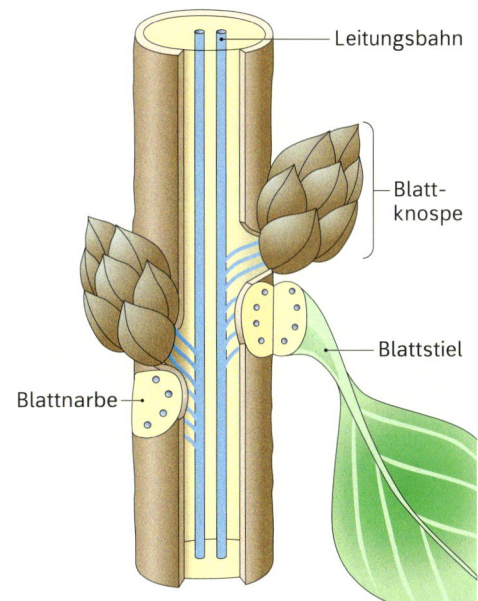

3 Laubfall und Knospenbildung

Die Winterruhe der Bäume

Nach dem Laubfall beginnt bei Bäumen die **Winterruhe.** An den Ästen haben sich schon Knospen gebildet. Sie enthalten Anlagen für die Blätter und Blüten. Die harten Knospenschuppen bieten Schutz vor Austrocknung, Nässe und Krankheiten. Im Inneren sorgen haarige Fasern für Schutz vor Kälte (→ Bild 4).

Andere Überwinterungsformen

Viele krautige Pflanzen wie der Lerchensporn sterben mit dem ersten Frost ab. Nur die Samen überdauern den Winter. Andere Pflanzen wie das Schneeglöckchen überwintern als unterirdische Speicherorgane.

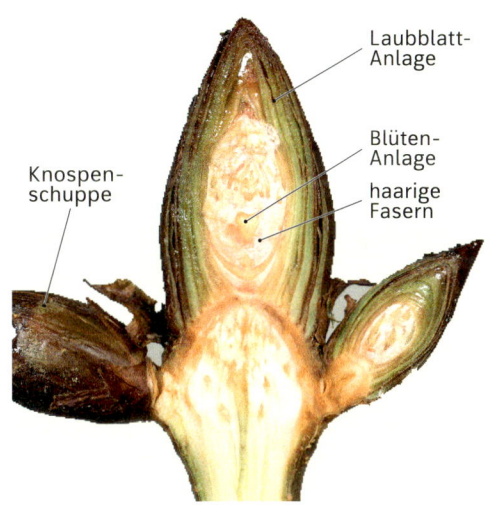

4 Längsschnitt durch eine Kastanienknospe

1 Nenne Veränderungen, die im Herbst in der Natur stattfinden.

2 Beschreibe, wie sich die Blätter der Laubbäume im Herbst verfärben.

3 Erkläre, warum Laubbäume im Herbst die Blätter abwerfen.

4 ▌ Beschreibe, wie die Knospen der Bäume und Sträucher im Winter geschützt sind.

5 ▌▌ Erläutere, welche Auswirkungen die Veränderungen der Lichteinstrahlung und Wärmeeinstrahlung in den Jahreszeiten auf die Pflanzen haben.

6 ▌▌▌ Im tropischen Regenwald gibt es keine Jahreszeiten wie Herbst oder Winter. Die Temperaturen liegen das ganze Jahr bei etwa 25 °C. Erkläre, warum die Bäume in den Tropen ihre Blätter nicht alle gleichzeitig abwerfen.

»

Ein Naturtagebuch führen

1 Die vier Jahreszeiten: **A** Frühling, **B** Sommer, **C** Herbst , **D** Winter

In einem Naturtagebuch notierst du Veränderungen in der Natur über einen längeren Zeitraum. Für deine Beobachtungen eignen sich viele Lebensräume. Du kannst eine Wiese, einen Park, einen Bach oder einen Baum betrachten.

Das kann ein Naturtagebuch über einen Baum enthalten:
- ein Deckblatt mit deinen Namen, dem Namen und einem Foto des Baumes
- den Standort des Baumes
- Wetterbeobachtungen
- gepresste, gezeichnete oder fotografierte Blätter
- Fotos des Baums in den vier Jahreszeiten
- den Beginn der Laubbildung
- die Dauer der Blütezeit
- eine Beschreibung der Entwicklung von der Blüte zur Frucht
- das Aussehen der Früchte
- Informationen über Tiere am Baum

Wichtig!
- Schreibe an alle Einträge ein Datum.
- Wähle eine übersichtliche Darstellung.
- Verwende Tabellen, Skizzen und Fotos.

2 Ein Naturtagebuch führen

1 **a)** Wähle einen Baum in deiner Umgebung aus. Besuche ihn mindestens einmal in der Woche.
b) Notiere alle Beobachtungen in dein Naturtagebuch.
c) Stelle die Ergebnisse deiner Beobachtungen vor.

2 Informiert euch über den „Umweltwettbewerb Naturtagebuch" vom BUNDjugend und diskutiert in der Klasse über eine mögliche Teilnahme.

● ● ● FORSCHEN UND ENTDECKEN

Ⓐ Wie kann die Verdunstung bei Pflanzen nachgewiesen werden?

Material: Pflanze (z. B. Buntnessel), durchsichtige Plastiktüte, Wasser, Schnur, Indikatorpapier für Wasser (Watesmo-Streifen)

Durchführung:

Schritt 1: Gieße die Pflanze und umhülle sie mit der Plastiktüte. Binde die Plastiktüte unten an der Sprossachse zu (→ Bild 3).

Schritt 2: Stelle die Pflanze auf die Fensterbank in die Sonne.

Schritt 3: Betrachte die Plastiktüte nach einigen Stunden. Teste den an der Plastiktüte entstandenen Beschlag mit Indikatorpapier für Wasser.

3 Versuchsaufbau

❶ Benenne den Stoff, aus dem der Beschlag besteht.

❷ Erläutere, wie der Beschlag an der Plastiktüte entstanden ist.

● ● ● ÜBEN UND ANWENDEN

Ⓐ Wie viel Wasser verdunsten Laubbäume im Herbst?

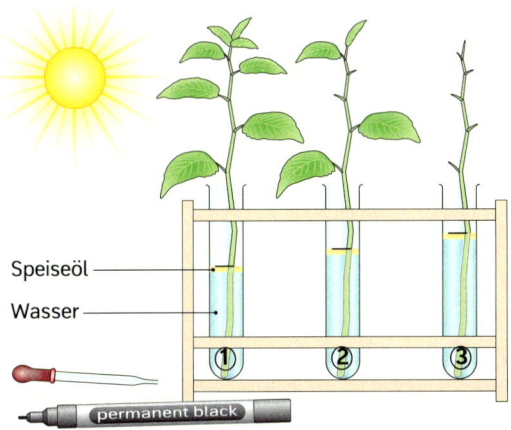

Speiseöl

Wasser

permanent black

4 Versuchsaufbau

Pflanzen verdunsten Wasser durch die Spaltöffnungen in ihren Blättern. Dieser Versuch (→ Bild 4) wurde mit Buchenzweigen, die im Herbst gesammelt wurden, durchgeführt. Nach einem Tag und nach zwei Tagen wurde dieser Wasserverlust gemessen:

Experiment	Reagenzglas 1	Reagenzglas 2	Reagenzglas 3
Wasserverlust in cm Tag 1	1	0,5	0
Wasserverlust in cm Tag 2	2	1	0

❶ Erkläre, warum der Wasserverlust in Reagenzglas 1 doppelt so hoch ist wie in Reagenzglas 2.

❷ Erläutere, warum in Reagenzglas 3 gar kein Wasser verdunstet ist.

❸ ‖ Stelle eine begründete Vermutung auf, wie der Wasserverlust an Tag 3 sein wird.

Leben am Waldboden

Ameise

Laubfall

Horn-
milbe

Spring-
schwanz

Fensterfraß

Spinne

Schnaken-
larve

Assel

Lochfraß

Stein-
läufer

Schnecke

Skelettfraß

Saftkugler

Schnurfüßer

Regen-
wurm

Humusbildung

Bakterien
und Pilze

1 Lebewesen am Waldboden: **grün umrandet:**
Lebewesen, die Laubstreu fressen,
rot umrandet: Lebewesen, die sich von den
Laubstreufressern ernähren

Lebewesen in der Laubstreu

Bei einem Herbstspaziergang durch einen
Buchenwald siehst du große Mengen Laub
auf dem Boden. Wo aber ist die **Laubstreu**
aus den vergangenen Jahren geblieben?
Müsste der Waldboden nicht meterhoch
mit alten Blättern bedeckt sein?
Untersuchst du die Laubstreu näher,
findest du dort viele wirbellose Tiere. Hier
leben Regenwürmer, Hornmilben, Asseln,
Schnakenlarven, Saftkugler, Schnurfüßer
und Springschwänze. Diese Tiere fressen
die abgefallenen Blätter der Pflanzen. Sie
selbst sind wiederum Nahrung für andere
Lebewesen in der Laubstreu. Spinnen,
Ameisen und Steinläufer sind Räuber und
fressen andere Tiere. Alle diese Tiere leben
gemeinsam am Waldboden.

Humus ist fruchtbar

Unter der Laubstreu liegt eine dunkle
Erdschicht. Sie besteht aus fruchtbarem
Humus. Der Humus bildet sich aus dem
Kot von Regenwürmern und allen anderen
Bodenbewohnern. Außerdem enthält er
Pflanzenreste, Sand und Lehmkörnchen.
Im Humus befinden sich viele Mineralstoffe, die vorher in den abgefallenen Laubblättern enthalten waren. Die Blätter
werden von den Bodenlebewesen zerkleinert und gefressen. Über ihren Kot geben
sie die Mineralstoffe wieder an den Boden
ab. Auch Pilze und Bakterien sind an dieser
Zersetzung des Laubs beteiligt. Dadurch
stehen die Mineralstoffe aus den Blättern
den Pflanzen nun wieder im Humus zur
Verfügung.
So düngt sich der Wald durch die Humusschicht im Boden selbst. Damit der Humus
enstehen kann, sind viele verschiedene
Bodenlebewesen nötig.

Die Waldameisen

An einigen Stellen im Wald kannst du kegelförmige Hügel entdecken, die über einen Meter hoch sein können. Sie bestehen aus unzähligen Nadeln, Ästchen und Rindenstücken. Dabei handelt es sich um Nester von Waldameisen. Diese reichen oft über einen Meter in die Erde hinein. Im Inneren befinden sich viele Kammern, die über Gänge verbunden sind. In den Kammern herrschen unterschiedliche abiotische Faktoren. Arbeiterinnen tragen die Larven und Puppen in die Kammern mit der günstigsten Temperatur und Luftfeuchtigkeit. In einem Ameisenvolk legen nur einige wenige Königinnen die Eier. Ameisenmännchen begatten die Königinnen. Arbeiterinnen besorgen Nahrung, versorgen die Königinnen und kümmern sich um den Nachwuchs. Außerdem bauen und verteidigen sie das Nest.

2 Nest von Waldameisen

Die Bedeutung der Waldameise

Die Ameisen zekleinern viele Pflanzenteile, um ihre Nester zu bauen. Sie helfen dadurch mit, Pflanzenmaterial zu zersetzen. In einem Ameisenhaufen leben bis zu 500 000 Ameisen. Diese fressen bis zu 100 000 Insekten, Larven und andere Wirbellose pro Tag. So verhindern sie, dass sich diese Tiere massenhaft ausbreiten. Außerdem ernähren sie sich von toten Tieren. Damit verringern sie das Risiko, dass sich Krankheiten ausbreiten können. Waldameisen verbreiten auch Pflanzensamen. Sie sammeln die Samen und tragen sie herum, um dann Teile davon zu fressen.

3 Arbeiterinnen mit Larven und Puppen

4 Arbeiterin mit Beute

❶ Begründe, warum das Laub im Buchenwald nicht meterhohe Schichten bildet.

❷ Beschreibe die Bildung von Humus im Waldboden.

Starthilfe zu 2:
Nutze folgende Begriffe:
Pflanzenreste, Kot,
Lehmkörnchen, Sand

❸ Beschreibe die Bedeutung von Waldameisen für den Wald.

❹ a) Nenne drei Tiere, die sich von der Laubstreu ernähren.
b) Nenne zwei Tiere, die sich von Laubstreufressern ernähren.

❺ I Beschreibe die Arbeitsteilung in einem Ameisenvolk.

❻ II Erläutere die Bedeutung der Humusschicht für den Wald.

Ⓐ Was lebt in der Laubstreu am Waldboden?

1 Untersuchung der Laubstreu im Wald

Bei der Untersuchung der Laubstreu eines Waldes kannst du viele wirbellose Tiere finden. Achte darauf, dass die Tiere nicht verletzt werden. Bringe die Tiere nach der Untersuchung in ihren Lebensraum zurück.

Material: Eimer, Petrischalen, Federstahlpinzette, Becherlupe, Binokular, Pinsel, Bestimmungsbücher, weißes Tuch

Durchführung:

Schritt 1: Holt Laubstreu aus dem Wald.

Schritt 2: Schüttet die Laubstreu auf ein weißes Tuch und entnehmt mit der Federstahlpinzette oder dem Pinsel die Tiere. Legt sie in die Petrischale oder in die Becherlupe.

Schritt 3: Beobachtet die Tiere mit dem Binokular oder mit der Becherlupe.

2 Material für Untersuchung der Laubstreu

❶ Bestimmt die Tiergruppen mithilfe von Bestimmungsbüchern und Bild 3.

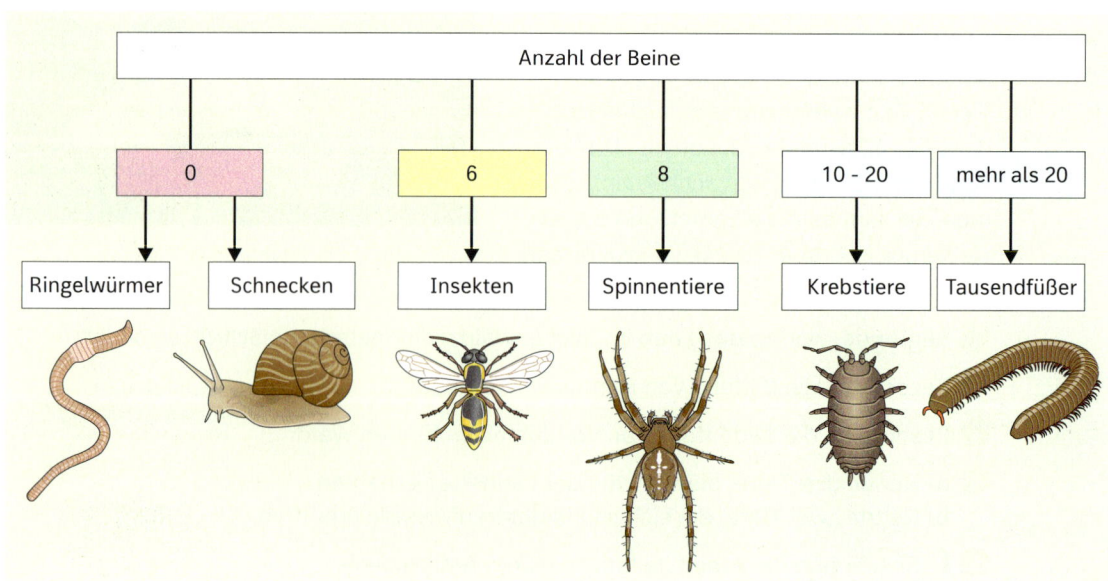

Anzahl der Beine					
0	6	8	10 - 20	mehr als 20	
Ringelwürmer	Schnecken	Insekten	Spinnentiere	Krebstiere	Tausendfüßer

3 Wirbellose Tiere in der Laubstreu

FORSCHEN UND ENTDECKEN

B Wie werden Laubblätter zersetzt?

Du kannst anhand unterschiedlicher Fraßbilder an Laubblättern einige Tiergruppen bestimmen.

Material: Laubstreu, weißes Blatt Papier

Durchführung:

Schritt 1: Suche unterschiedlich zersetzte Blätter der Bodenschicht.

Schritt 2: Ordne die Laubblätter nach ihrer Zersetzung auf einem Blatt Papier.

❶ Nenne Bodenlebewesen, die jeweils an der Zersetzung der Blätter in der Laubstreu beteiligt gewesen sein könnten.

Fensterfraß	Lochfraß	Skelettfraß

Obere und untere Schichten des Blattes werden gefressen.	Gesamtes Blattgewebe wird gefressen und durchlöchert.	Blattgewebe wird bis auf die Leitungsbahnen gefressen.

4 Fraßbilder an einem Laubblatt

Starthilfe zu 1:
Nutze dazu Bild 1 auf der Basisseite.

ÜBEN UND ANWENDEN

A Das Leben im Ameisenstaat

Waldameisen leben in einem Ameisenstaat. Die unterschiedlichen Gruppen von Ameisen haben verschiedene Aufgaben.

A In der Königinkammer wird die Königin von Arbeiterinnen versorgt.

B Wächterinnen erkennen Ameisen des eigenen Nestes durch Betasten mit Fühlern.

C Larven werden von Arbeiterinnen gefüttert.

D Arbeiterinnen fangen Beute und tragen sie ins Nest.

E Arbeiterinnen bringen Puppen von einer Kammer in eine andere Kammer.

❶ Ordne die Aussagen A bis E den Zahlen 1 bis 5 in Bild 5 zu.

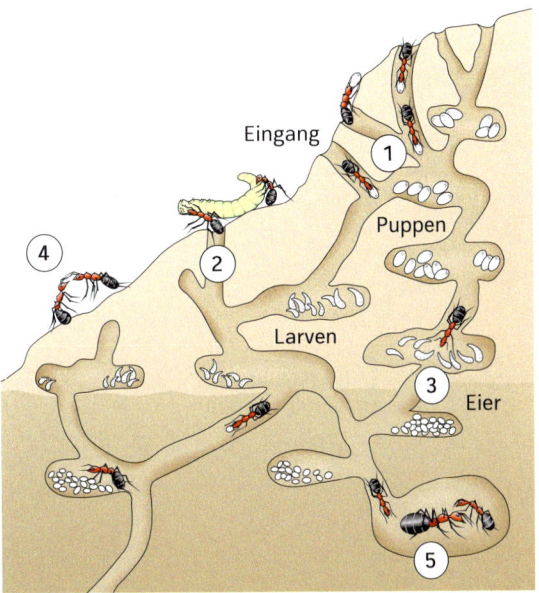

5 Innerer Bau eines Ameisenhaufens

1 Ein Regenwurm

Der Regenwurm

Nützliche Wühlarbeit in der Erde

Unter einem Quadratmeter Wiese leben etwa 200 Regenwürmer. Sie leben in selbstgegrabenen Gängen. Dort legen sie ihre Eier in **Kokons** ab. Ihre Gänge belüften und lockern den Boden. Wasser kann schneller versickern und die Wurzeln der Pflanzen wachsen besser. Regenwürmer sind **Bodenverbesserer.** Sie ziehen Laub in ihre Gänge und fressen es. Ihr Kot ist ein guter Dünger für Pflanzen.

Die Sinne des Regenwurms

Regenwürmer besitzen keine Augen oder Ohren. Sie sind mit anderen einfachen Sinnesorganen an das Leben in der Erde angepasst. Am Vorderende und am Hinterende liegen einfache Lichtsinneszellen. Damit können Regenwürmer allerdings nur hell und dunkel unterscheiden. Außerdem besitzen sie Sinneszellen zur Wahrnehmung von Druck und pflanzlichen Geschmacksstoffen.

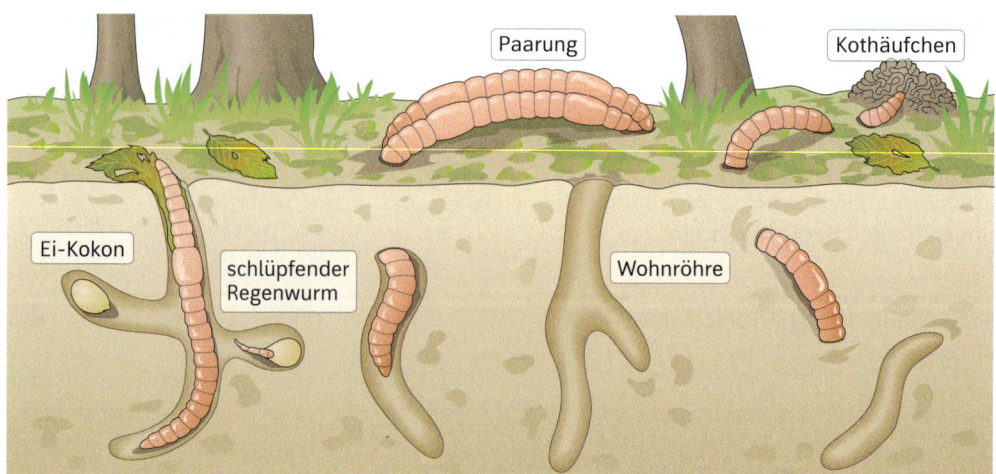

2 Regenwürmer im Boden

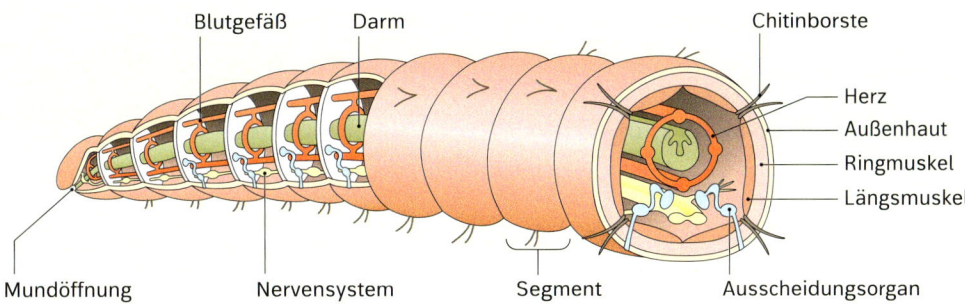

Blutgefäß   Darm   Chitinborste

Herz
Außenhaut
Ringmuskel
Längsmuskel

Mundöffnung   Nervensystem   Segment   Ausscheidungsorgan

3 Innerer Bau eines Regenwurms

Körperbau

Der Körper des Regenwurms besteht aus vielen Ringen, die als **Segmente** bezeichnet werden. Daher zählt der Regenwurm zu den Ringelwürmern. Regenwürmer besitzen einen Bereich mit helleren, dickeren Segmenten, den sogenannten **Gürtel** (→ Bild 1). Dieser Gürtel ist wichtig für ihre Fortpflanzung. Durch jedes Segment verlaufen der Darm, die Blutgefäße und ein einfaches Nervensystem. Mehrere Herzen pumpen das Blut durch die Blutgefäße. Die Blutgefäße sind zu einem geschlossenen Blutkreislauf verbunden. Den Sauerstoff nehmen die Regenwürmer über die feuchte Haut auf.

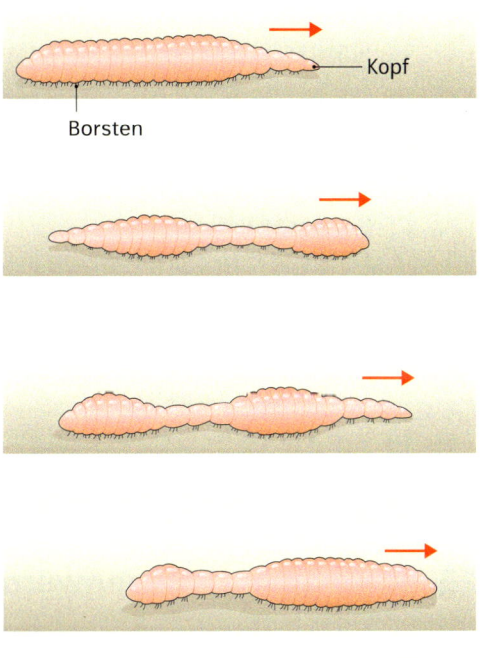

Kopf

Borsten

Fortbewegung

Der Regenwurm bewegt sich mithilfe seines Hautmuskelschlauchs. Durch Ringmuskeln und Längsmuskeln werden einzelne Segmente zunächst gestreckt und dann zusammengezogen. Nach hinten gerichtete Borsten aus festem Chitin verhindern ein Zurückrutschen.

4 Fortbewegung des Regenwurms

1. Erkläre, warum Regenwürmer als Bodenverbesserer bezeichnet werden.

   Starthilfe zu 1:
   Nutze folgende Begriffe:
   belüften, auflockern, Gänge, Laub, Kot

2. Nenne Vorteile, die sich für Pflanzen durch die Arbeit der Regenwürmer im Boden ergeben.

3. Nenne die Reize, die Regenwürmer mit ihren Sinneszellen wahrnehmen können.

4. Beschreibe, wie Regenwürmer atmen.

5. Beschreibe mithilfe von Bild 4, wie sich Regenwürmer fortbewegen.

6. Erkläre, warum Regenwürmer am Körper nach hinten gerichtete Borsten besitzen.

Ⓐ Wie verbessern Regenwürmer den Boden?

Material: Regenwurm-Terrarium oder ein hohes Einmachglas, Sand, Gartenerde, welke Laubblätter, zehn Regenwürmer

Durchführung:

Schritt 1: Fülle das Terrarium abwechselnd locker mit zwei Zentimeter hohen Schichten aus leicht feuchtem Sand und frischer Gartenerde.

Schritt 2: Lege einige welke Laubblätter auf die oberste Schicht.

Schritt 3: Setze die Regenwürmer in das Terrarium. Halte das Innere des Terrariums nun immer leicht feucht.

Schritt 4: Fotografiere einmal pro Woche die Bodenschichten im Terrarium.

Schritt 5: Setze die Regenwürmer nach sechs Wochen wieder in ihren natürlichen Lebensraum zurück.

1 Terrarien für Regenwürmer

❶ Beschreibe, wie sich die Schichtung des Bodens in den sechs Wochen verändert hat.

❷ Erläutere, warum Regenwürmer für den Lebensraum Boden wichtig sind.

Ⓑ Wie reagieren Regenwürmer auf Reize?

Material: Petrischale, Taschenlampe, Pinsel, Lupe, Küchenpapier, weißes Papier, Bleistift, Regenwurm

Durchführung:

Schritt 1: Lege einen Regenwurm in eine Petrischale auf ein feuchtes Küchenpapier.

Schritt 2: Berühre den Regenwurm sanft mit dem Pinsel.

Schritt 3: Leuchte den Regenwurm mit der Taschenlampe an.

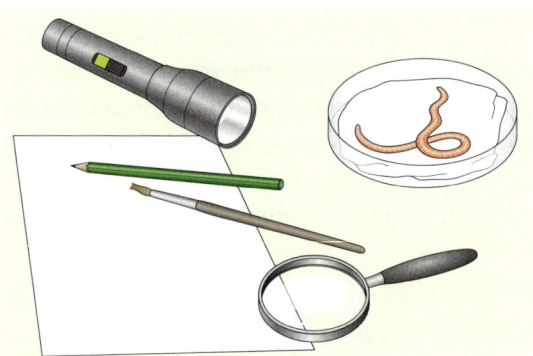

2 Untersuchungen an einem Regenwurm

Halte den Regenwurm immer feucht und behandle ihn vorsichtig.
Setze ihn nach den Untersuchungen wieder in seinem Lebensraum aus.

❶ Zeichne einen Regenwurm. Betrachte den Regenwurm dazu mit einer Lupe.

❷ Notiere deine Beobachtungen zu Schritt 2 und Schritt 3 der Durchführung.

A Die Bedeutung von Regenwürmern

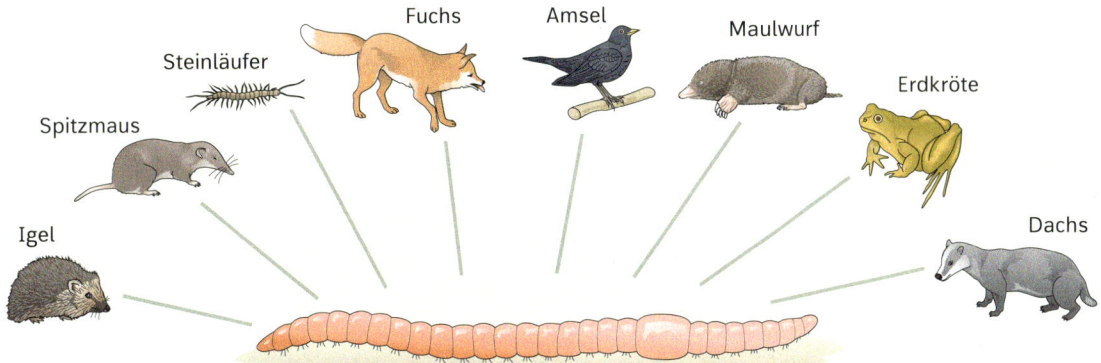

3 Fressfeinde des Regenwurms

Regenwürmer sind sehr wichtig für die Öko-systeme, in denen sie leben. Sie graben Gänge und belüften und lockern auf diese Weise den Boden. Sie zersetzen herabgefallenes Laub. Ihr Kot ist ein wichtiger Dünger für Pflanzen. Regenwürmer sind aber auch eine wichtige Nahrungsquelle für viele andere Tiere.

❶ Nenne drei Gründe, warum Regenwürmer ein wichtiger Bestandteil von Ökosystemen sind.

❷ Nenne den Fressfeind der Regenwürmer, der zu den Wirbellosen gehört.

B Regenwürmer sind Zwitter

Regenwürmer besitzen sowohl männliche als auch weibliche Geschlechtsorgane. Sie sind Zwitter. Bei der Paarung legen sich zwei Regen-würmer in entgegengesetzter Richtung nebenei-nander. Sie pressen ihre Bauchseiten aneinander und übertragen die männlichen Spermienzellen. Mit ihnen befruchten sie jeweils ihre weiblichen Eizellen. Mehrere befruchtete Eizellen werden in Eikokons in der Erde abgelegt. Nach 20 bis 90 Tagen schlüpfen die jungen Regenwürmer.

❶ Beschreibe die Fortpflanzung des Regen-wurms.

❷ ‖ Erläutere, welche Vorteile sich für Regen-würmer dadurch ergeben, dass sie Zwitter sind.

4 Regenwürmer bei der Paarung

Digital+
Film

1 Ein Marienkäfer frisst eine Blattlaus.

Marienkäfer sind Insekten

Insekten

Es gibt weit mehr als eine Million Insektenarten auf der Welt. Zu ihnen gehören
beispielsweise Ameisen, Libellen, Heu-
schrecken und Käfer. Alle Insekten haben
bestimmte Gemeinsamkeiten. Diese lassen
sich am Beispiel des Marienkäfers gut
erkennen.

Gepanzerter Körper

Der Körper des Marienkäfers ist von einem
harten Panzer aus Chitin umgeben. Dieses
Außenskelett gibt ihm seine Form und
schützt ihn. Wie bei allen Insekten ist der
Körper des Marienkäfers in **Kopf, Brust und
Hinterleib** gegliedert.

Körperbau

Am Kopf des Marienkäfers befinden sich
zwei **Facettenaugen.** Ein Facettenauge
setzt sich aus vielen Einzelaugen zusammen. Zwei **Fühler** zum Tasten und Riechen
befinden sich ebenfalls am Kopf. Mit den
Mundwerkzeugen fängt und frisst der
Marienkäfer Blattläuse (→ Bild 1).
Marienkäfer besitzen am Brustabschnitt
zwei Paar **Flügel.** Die festen Deckflügel
schützen ein dünnhäutiges Flügelpaar, das
der Käfer zum Fliegen benutzt.
Die **sechs Beine** des Marienkäfers sitzen
ebenfalls am Brustabschnitt.

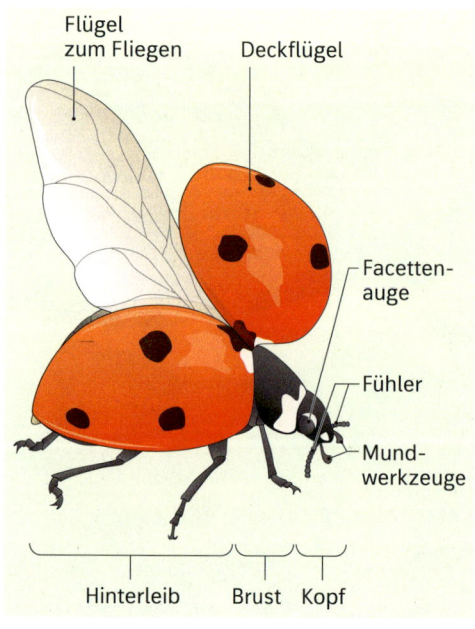

2 Körperbau eines Marienkäfers

> **Kennzeichen der Insekten:** Körper
> unterteilt in Kopf, Brust und Hinterleib,
> sechs Beine, Außenskelett

Atmung

Insekten wie der Marienkäfer atmen mithilfe von dünnen Röhren, die sich durch den ganzen Körper ziehen. In diese **Tracheen** gelangt Luft durch Atemöffnungen, die sich an den Seiten des Hinterleibs befinden (→ Bild 3). Der Sauerstoff kommt mit der Luft über die Tracheen so zu den Zellen des Körpers.

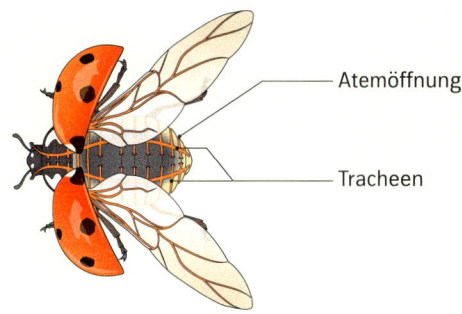

Atemöffnung

Tracheen

3 Atmungssystem

Offener Kreislauf

Marienkäfer besitzen ein schlauchförmiges Herz. Dieses pumpt eine farblose Flüssigkeit durch den Körper (→ Bild 4). Die Flüssigkeit fließt dabei nicht in Adern, sondern frei im Körper. Mit dieser Flüssigkeit werden die Nährstoffe im gesamten Körper des Käfers verteilt.

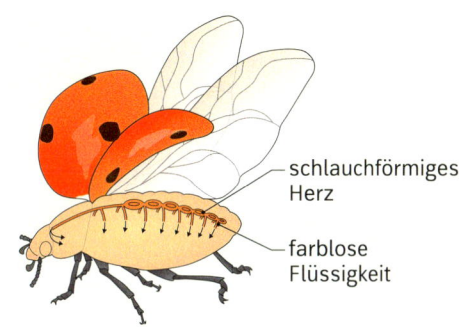

schlauchförmiges Herz

farblose Flüssigkeit

4 Herz und offener Kreislauf

Entwicklung

Nach der **Paarung** legen weibliche Marienkäfer **Eier** auf Blättern ab. Dabei achten sie darauf, dass die Pflanze von Blattläusen befallen ist. Aus den Eiern schlüpfen Larven. Diese sehen ganz anders aus als die erwachsenen Käfer. Sie ernähren sich von Blattläusen. Um wachsen zu können, müssen sich die Larven immer wieder häuten.
Wenn die Larven groß genug sind, entwickeln sie sich zu **Puppen.** In den Puppen findet die vollständige Verwandlung zum Käfer statt. Diese Verwandlung wird als **Metamorphose** bezeichnet. Aus der Puppe schlüpft der fertige Marienkäfer.

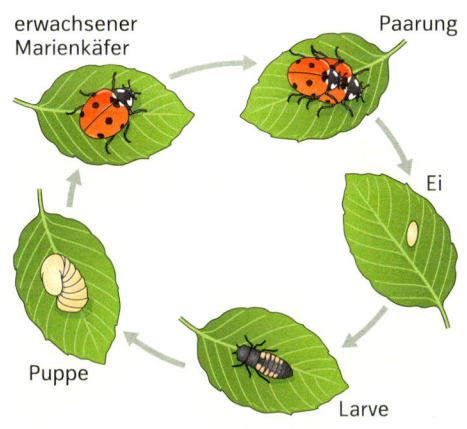

erwachsener Marienkäfer

Paarung

Ei

Larve

Puppe

5 Entwicklung des Marienkäfers

1 Beschreibe den äußeren Bau eines Insektenkörpers am Beispiel des Marienkäfers.

2 Beschreibe, wie der Sauerstoff zu den Körperzellen der Insekten gelangt.

3 Erkläre, warum man den Kreislauf bei Insekten als offenen Kreislauf bezeichnet.

Starthilfe zu 3:
Nutze folgende Begriffe: Flüssigkeiten, keine Adern, frei im Körper

4 Beschreibe die Entwicklung eines Marienkäfers. Nimm Bild 5 zu Hilfe.

5 ❙ Beschreibe die Funktion des Panzers aus Chitin.

6 ❙❙ In großen Gewächshäusern werden Marienkäfer oder deren Larven ausgesetzt. Erläutere, was mit dieser Maßnahme bezweckt wird.

»

A Insektenbeine sind verschieden

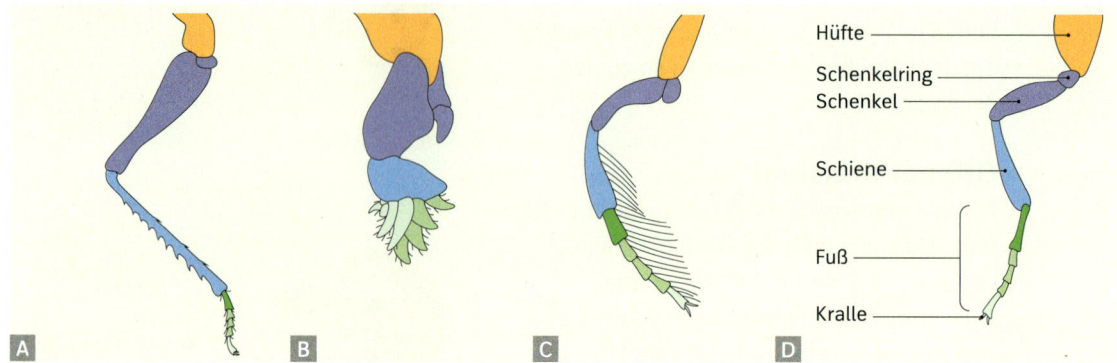

1 Insektenbeine: **A** Sprungbein, **B** Grabbein, **C** Schwimmbein, **D** Grundbauplan

Der Grundbauplan der Beine aller Insekten ist gleich (→ Bild 1 D). Sie sind aber immer an deren Lebensweise angepasst: Heupferde springen mit langen, kräftigen Sprungbeinen. Maulwurfsgrillen graben mit starken, breiten Grabbeinen Gänge in die Erde. Gelbrandkäfer schwimmen mit langen, haarigen Schwimmbeinen.

1 Beschreibe die Unterschiede zwischen einem Sprungbein, einem Grabbein und einem Schwimmbein mithilfe von Bild 1.

2 Erläutere, wie die Insektenbeine aus Bild 1 an die Lebensweise der jeweiligen Tiere angepasst sind.

B Vollständige und unvollständige Verwandlung bei Insekten

2 Entwicklung: **A**. Metamorphose Schmetterling, **B** unvollständige Verwandlung Heuschrecke

Wie der Maienkäfer machen viele andere Insektenarten während ihrer Entwicklung eine vollständige Verwandlung (Metamorphose), durch. Der Schmetterling ist ein weiteres Beispiel. Andere Insektenarten, wie zum Beispiel die Heuschrecke, durchlaufen während ihrer Entwicklung nur eine unvollständige Verwandlung.

1 a) Beschreibe Bild 2 A und 2 B.
b) Vergleiche die Entwicklungstypen und nenne Gemeinsamkeiten und Unterschiede.

2 ❚❚ Im Gegensatz zu den Heuschreckenlarven ernähren sich die Larven der Schmetterlinge und Marienkäfer anders als die erwachsenen Tiere. Erläutere Vorteile, die dadurch entstehen.

Einen Bestimmungsschlüssel verwenden

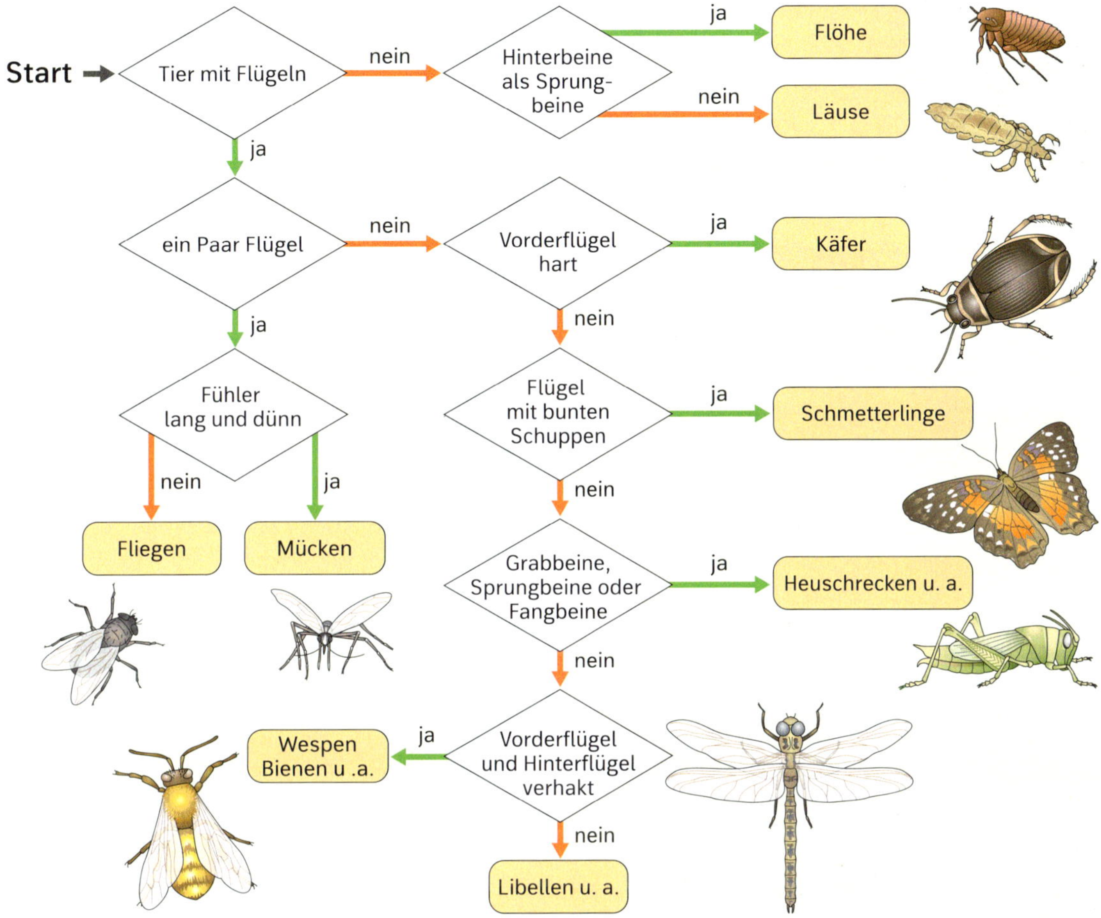

Start → Tier mit Flügeln
- nein → Hinterbeine als Sprungbeine
  - ja → Flöhe
  - nein → Läuse
- ja → ein Paar Flügel
  - nein → Vorderflügel hart
    - ja → Käfer
    - nein → Flügel mit bunten Schuppen
      - ja → Schmetterlinge
      - nein → Grabbeine, Sprungbeine oder Fangbeine
        - ja → Heuschrecken u. a.
        - nein → Vorderflügel und Hinterflügel verhakt
          - ja → Wespen Bienen u .a.
          - nein → Libellen u. a.
  - ja → Fühler lang und dünn
    - nein → Fliegen
    - ja → Mücken

3 Bestimmungsschlüssel für Insekten

Insekten zuordnen

Mithilfe eines Bestimmungsschlüssels kannst du Insekten ihrer jeweiligen Insektengruppe zuordnen. Dazu betrachtest du das Insekt, das du bestimmen möchtest. Beginne mit der ersten Frage beim Startpunkt.

4 Zu bestimmendes Insekt

Bestimmungsweg

Der Bestimmungsweg für das Insekt in Bild 4 ist der folgende:

- Hat das Tier Flügel? → Nein
- Hat es Hinterbeine als Sprungbeine? → Ja
- Es handelt sich um einen Floh.

1 Notiere den Bestimmungsweg für eine Libelle.

Digital+
Film

1 Die Buche ist ein Produzent.

2 Das Reh ist ein Konsument und Pflanzenfresser.

3 Der Wolf ist ein Konsument und Fleischfresser.

4 Der Mistkäfer ist ein Destruent.

Nahrungs-beziehungen im Wald

Die Produzenten

Die Buchen und alle anderen Pflanzen im Buchenmischwald betreiben Fotosynthese. Sie nehmen Wasser aus dem Boden und Kohlenstoffdioxid aus der Luft auf. Mithilfe von Lichtenergie produzieren die Pflanzen aus den aufgenommenen Stoffen Glucose und Sauerstoff. Aus der produzierten Glucose werden weitere Nährstoffe herge-stellt. Diese Nährstoffe benötigen die Pflanzen für ihr Wachstum.
Weil nur Pflanzen die Nährstoffe produzie-ren können, werden sie Erzeuger oder **Produzenten** genannt. Pflanzen benötigen auch Mineralstoffe. Sie nehmen diese mit dem Wasser aus dem Boden auf.

Die Konsumenten

Rehe, Kaninchen und viele andere Tiere fressen Pflanzen. Sie sind **Pflanzenfres-ser.** Die Tiere benötigen die aufgenomme-nen Nährstoffe und Mineralstoffe zum Leben. Sie können die Nährstoffe und Mineralstoffe nicht selber bilden.
Der Wolf und der Luchs ernähren sich von Rehen und anderen Tieren. Sie sind **Fleischfresser.** Tiere, die sich von Pflanzen oder anderen Tieren ernähren, werden Verbraucher oder **Konsumenten** genannt.

Die Destruenten

Der Mistkäfer und andere Bodenlebewesen ernähren sich von Kot und abgestorbenen Pflanzen und Tieren. Bakterien zersetzen anschließend die Reste. Dabei werden Mineralstoffe freigesetzt. Diese Mineral-stoffe können von den Pflanzen wieder aus dem Boden aufgenommen werden. Lebewesen, die Reste von Pflanzen und Tieren zersetzen, werden Zersetzer oder **Destruenten** genannt.

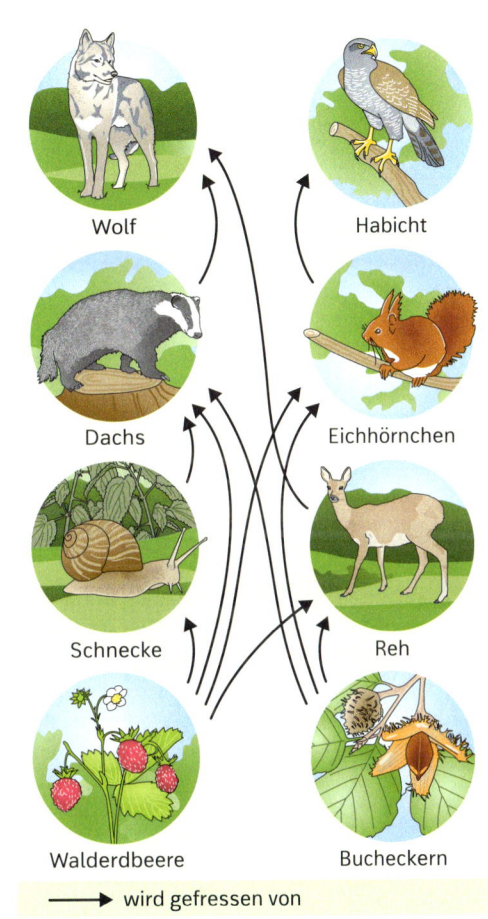

5 Eine Nahrungskette in einem Buchenmischwald

Nahrungskette

Die Früchte der Buche sind die Bucheckern. Sie werden zum Beispiel von Rehen gefressen. Rehe sind Nahrung für Wölfe. Es bildet sich eine **Nahrungskette** (→ Bild 5). Alle Nahrungsketten beginnen mit Pflanzen, den Produzenten. Von ihnen ernähren sich pflanzenfressende Tiere. Diese Tiere werden von Fleischfressern gefressen. Die beteiligten Tiere sind Konsumenten. Im Ökosystem Buchenmischwald gibt es verschiedene Nahrungsketten.

Nahrungsnetz

Die Bucheckern werden nicht nur von Rehen gefressen. Auch andere Tiere wie Eichhörnchen und Mäuse ernähren sich von Bucheckern. Diese Tiere haben ebenfalls Fressfeinde. So bildet sich aus vielen Nahrungsketten im Buchenmischwald ein **Nahrungsnetz** (→ Bild 6).

> Ein Nahrungsnetz zeigt die unterschiedlichen Nahrungsbeziehungen zwischen Lebewesen in einem Ökosystem.

→ wird gefressen von

6 Ein Nahrungsnetz in einem Buchenmischwald

❶ Erkläre die Begriffe Produzent, Konsument und Destruent.

❷ **a)** Erstelle mithilfe von Bild 6 mindestens drei Nahrungsketten.
b) Erkläre, warum Pflanzen immer am Beginn von Nahrungsketten stehen.

❸ Nenne mithilfe von Bild 6 Beutetiere des Wolfes.

❹ Ⅰ Erläutere den Weg der Nährstoffe von den Bucheckern bis zum Wolf.

❺ Ⅱ Beschreibe mögliche Auswirkungen, wenn in einem Jahr sehr wenige Bucheckern gebildet werden.

Starthilfe zu 5:
Nutze dazu Bild 6.

A Nahrungskonkurrenz im Wald

1 Waldtiere: **A** Bussard, **B** Waldohreule, **C** Wolf, **D** Fuchs

Greifvögel wie Bussard und Waldohreule jagen im Wald die gleiche Nahrung. Sie stehen aber nicht in **Konkurrenz** um Nahrung. Die beiden Vögel jagen zu unterschiedlichen Zeiten. Der Bussard jagt am Tag und die Waldohreule nachts. Anders sieht es beim Wolf und beim Fuchs aus. Beide Tierarten jagen zur gleichen Zeit die gleiche Beute.

1 **a)** Erkläre, warum Bussard und Waldohreule keine Nahrungskonkurrenten sind.
b) Begründe, warum Wolf und Fuchs Nahrungskonkurrenten sind.

2 ‖ Stelle Vermutungen an, wie Wolf und Fuchs im gleichen Wald leben können.

B Parasitismus

2 Brutparasitismus: **A** Gelege Teichrohrsänger mit Kuckucksei, **B** junger Kuckuck, **C** Teichrohrsänger füttert jungen Kuckuck

Parasitismus bedeutet, dass zwei Organismen zusammenleben, von denen einer, der Parasit, auf Kosten des anderen, des Wirts, lebt. Der Wirt wird dabei geschädigt.

Ein Beispiel für Brutparasitismus ist der Kuckuck. Er legt ein Ei in ein Nest einer anderen Vogelart, zum Beispiel von Teichrohrsängern. Nach dem Schlüpfen wirft der junge Kuckuck alle anderen Eier aus dem Nest. Die Teichrohrsänger füttern dann nur das Kuckucksjunge.

1 **a)** Beschreibe mithilfe der Bilder 2A bis C die Art der Fortpflanzung des Kuckucks.
b) Erkläre, wer der Parasit und wer Wirt ist.

2 Stelle eine begründete Vermutung an, welche Vorteile der junge Kuckuck von diesem Brutverhalten hat.

3 ‖ Stelle eine begründete Vermutung an, welche Vorteile die Kuckuckseltern von dieser Form der Brutpflege haben.

4 ‖‖ Erläutere, ob sich das Brutverhalten des Kuckucks nach menschlichen Wertvorstellungen beurteilen lässt.

Besondere Nahrungsbeziehungen im Wald

3 Eine Blattlaus

4 Blattlaus wird von Ameise „gemolken"

Blattläuse bilden Honigtau

Blattläuse sind Insekten. Sie saugen aus den Blattadern der Pflanzen Flüssigkeiten. Dadurch werden die Pflanzen geschädigt, weil ihnen lebensnotwendige Stoffe entnommen werden. Die aufgenommenen Flüssigkeiten enthalten Eiweiße und Zucker.
Die Eiweiße verwerten die Blattläuse für sich. Der Zucker wird in gelöster Form als **Honigtau** über den Hinterleib ausgeschieden.

Ameisen „melken" Blattläuse

Ameisen nehmen den ausgeschiedenen Honigtau direkt vom Hinterleib der Blattläuse auf. So bekommen Ameisen eine energiereiche Nahrung. Ameisen vertreiben die Fressfeinde der Blattläuse wie Marienkäfer und ihre Larven. Dadurch sichern die Ameisen ihre Nahrungsquelle.
Ameisen und Blattläuse bilden eine **Symbiose.** Bei dieser Form des Zusammenlebens haben beide Arten einen Vorteil.

5 Honigbiene sammelt Honigtau

Aus Honigtau wird Waldhonig

Auch Honigbienen ernähren sich vom Honigtau, den die Blattläuse ausscheiden. Sie nehmen den Honigtau auf und bilden daraus Waldhonig. Je nach Waldform unterscheiden sich die Farbe und der Geschmack des Waldhonigs.

1 Beschreibe die Bildung von Honigtau.

2 Begründe, wodurch Blattläuse Pflanzen schädigen.

3 Beschreibe die Symbiose zwischen Blattlaus und Ameise.

4 Erkläre, warum Waldhonig kein Blütenhonig ist.

Digital+
Film

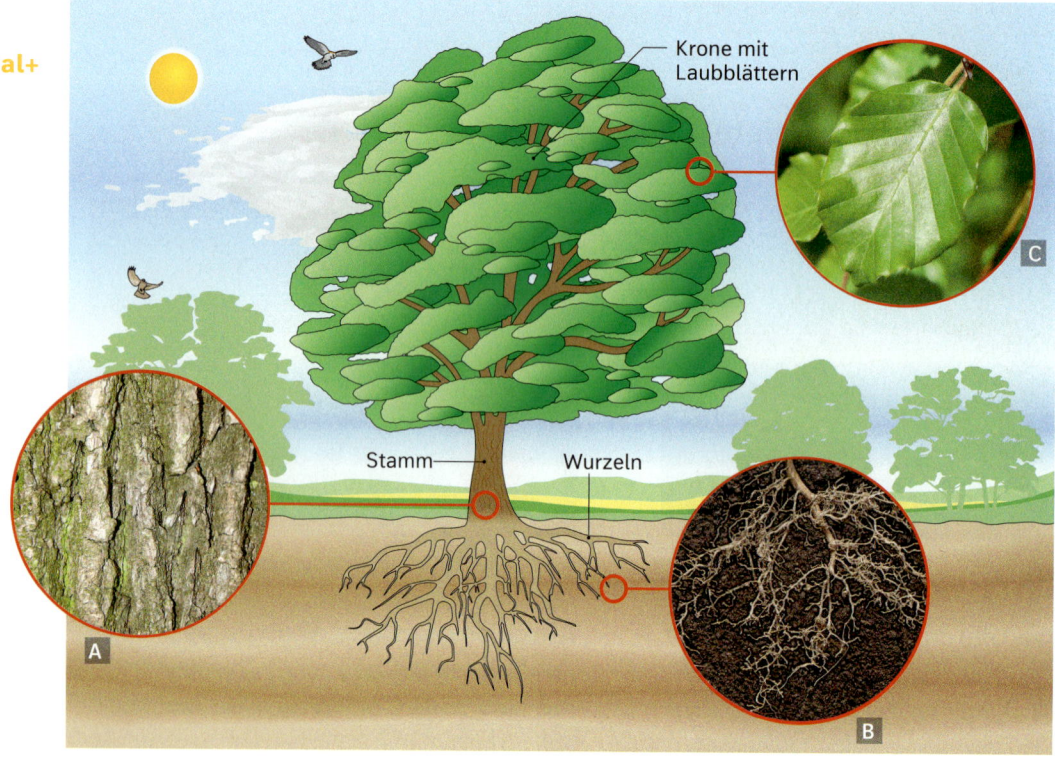

1 Bau eines Baums: **A** Baumstamm mit Borke, **B** Wurzelspitzen, **C** Laubblatt

Pflanzenorgane und ihre Funktion

Bau einer Pflanze

Alle Blütenpflanzen haben einen gemein-
samen Grundbauplan. Sie bestehen aus
den **Wurzeln** im Boden und dem **Spross.**
Bei Bäumen besteht der Spross aus dem
Stamm und der Krone mit den Laubblättern.
Alle Organe einer Pflanze haben bestimmte
Funktionen, an die sie durch ihren Bau
angepasst sind.

Funktionen der Wurzel

Mit ihren Wurzeln ist die Pflanze im Boden
verankert. Außerdem nehmen Pflanzen mit
den Wurzeln Wasser und Mineralstoffe aus
dem Boden auf. Die Wurzeln speichern
auch Nährstoffe. Damit die Wurzeln diese
Funktionen erfüllen können, sind sie weit
verzweigt (→ Bild 1 B). So haben die Wurzeln insgesamt eine große Oberfläche.

Feinbau einer Wurzel

Die zarte Wurzelspitze ist durch eine
Wurzelhaube geschützt. An jeder einzelnen
Wurzel befinden sich feine **Wurzelhaare.**
Durch ihre dünnen Wände können Wasser
und darin gelöste Mineralstoffe in die
Wurzeln aufgenommen werden. Die
Wurzelhaare vergrößern die Oberfläche der
Wurzeln zusätzlich. So können die Wurzeln
viel Wasser aufnehmen.

Die Sprossachse

Die Wurzel geht in die Sprossachse über.
Diese besteht hauptsächlich aus Leitungs-
gewebe, das von einem stabilen Gewebe
geschützt wird. Bei Bäumen wird dieses
Gewebe als **Borke** bezeichnet. Es schützt
die Pflanze vor Regen, Wind, Sonne, Feuer
und Verletzungen. Außerdem dient sie zur
Abwehr von Schädlingen und Krankheiten.

2 Querschnitt durch ein Laubblatt: **A** unter dem Mikroskop, **B** Schema

Funktionen der Laubblätter

In den Laubblättern der Pflanzen läuft die **Fotosynthese** ab. Außerdem findet über die Laubblätter die **Verdunstung** von Wasser statt. An einem Querschnitt durch ein Laubblatt erkennst du, dass ein Blatt aus mehreren Schichten und verschiedenen Zelltypen besteht (→ Bild 2).

Die Epidermis grenzt das Blatt ab

Das Laubblatt wird oben und unten von einer Zellschicht, der **Epidermis,** abgeschlossen. Sie schützt das Blatt vor Verletzungen. Die Epidermis ist von einer wachsähnlichen Schicht, der **Kutikula,** überzogen. Diese schützt das Blatt vor Austrocknung, Beschädigung und Krankheitserregern.
In der unteren Epidermis befinden sich kleine **Spaltöffnungen.** Sie können geöffnet und geschlossen werden.

Innere Blattschichten

Direkt unter der oberen Epidermis liegt ein Gewebe aus vielen länglichen Zellen, das **Palisadengewebe.** Diese Schicht enthält besonders viele Chloroplasten, in denen die Fotosynthese stattfindet.
Zwischen dem Palisadengewebe und der unteren Epidermis liegt das **Schwammgewebe.** Es hat viele Hohlräume, in denen sich die Gase Kohlenstoffdioxid und Sauerstoff sowie Wasserdampf befinden. Über die Spaltöffnungen kann die Pflanze den Wasserdampf an die Umgebung abgeben. Kohlenstoffdioxid und Sauerstoff können ebenfalls über die Spaltöffnungen mit der Umgebungsluft ausgetauscht werden.
Im Schwammgewebe verlaufen auch die **Blattadern.** Sie bestehen aus Gefäßen zur Wasserleitung und Siebröhren zum Transport von Glucose.

1 Beschreibe den Bau eines Baums.

2 Beschreibe den Bau und die Funktionen einer Wurzel.

3 Stelle die Schichten eines Laubblattes und die jeweilige Funktion in einer Tabelle dar.

4 Beschreibe den Aufbau eines Laubblattes von oben nach unten.

5 Erkläre die Struktur der Wurzel in Zusammenhang mit den Funktionen dieses Pflanzenteils.

Starthilfe zu 5:
Beachte beim Bau der Wurzel das Prinzip der Oberflächenvergrößerung.

A Wie ist die Wurzel einer Pflanze gebaut?

Material: Kressesamen, Petrischalen, Filterpapier, Wasser, Pinzette, Binokular

Durchführung:

Schritt 1: Lege eine Petrischale mit feuchtem Filterpapier aus und streue Kressesamen darauf. Lege den Deckel der Petrischale auf.

Schritt 2: Stelle die Petrischale einige Tage bei Zimmertemperatur auf die Fensterbank. Achte darauf, dass das Filterpapier immer feucht ist.

Schritt 3: Betrachte nach einigen Tagen die Wurzeln der Pflanzen mit der Stereolupe und zeichne sie.

1 a) Beantworte die Forscherfrage.
b) Erläutere den Bau der Wurzel.

2 ‖ Erläutere das Prinzip der Oberflächenvergrößerung am Beispiel der Wurzel.

1 Petrischale mit Kressesamen

B Worin unterscheidet sich die obere Epidermis eines Blattes von der unteren Epidermis?

Material: Laubblatt z. B. Flieder, Tulpe oder Alpenveilchen, abgeklebte Rasierklinge, Pinzette, Pipette, Becherglas mit Wasser, Mikroskop, Objektträger, Deckgläschen

Durchführung:

Schritt 1: Schneide mit der Rasierklinge die Epidermis an der Unterseite und an der Oberseite des Blattes ein. Ziehe dann mit der Pinzette jeweils ein kleines Stück Epidermis ab (→ Bild 2).

Schritt 2: Fertige jeweils ein mikroskopisches Präparat an.

Schritt 3: Betrachte die Präparate unter dem Mikroskop.

2 Abziehen der Blatthaut

1 a) Zeichne jeweils einen Ausschnitt aus dem Blattgewebe der oberen und der unteren Epidermis und beschrifte deine Zeichnung.
b) Vergleiche die beiden Gewebe und nenne den wesentlichen Unterschied.

A Die Funktionen der Wurzeln

Bäume wie die Fichte, die Erle oder die Esche bilden flache Wurzeln in der oberen Bodenschicht (→ Bild 3 A). Bäume wie die Eiche, die Kiefer oder die Tanne bilden lange Pfahlwurzeln, die tief in den Boden wachsen (→ Bild 3 B).

1 Stelle eine begründete Vermutung auf, welche Gruppe Bäume besser an Standorten mit trockenen Böden wachsen kann.

2 Stelle eine begründete Vermutung auf, welche Gruppe Bäume bei einem starken Sturm leichter mit der Wurzel ausgerissen werden kann.

3 Wurzelsysteme: **A** Flachwurzler, **B** Tiefwurzler

B Sonnenblätter und Schattenblätter

Bäume wie Buchen haben unterschiedliche Blätter. Ganz oben und außen in der Baumkrone wachsen **Sonnenblätter.** Sie sind fest und haben eine kleinere Blattfläche. Ihr Palisadengewebe ist dick und kann aus mehreren Schichten bestehen. Die obere Epidermis ist von einer wachsartigen Kutikula überzogen. Damit sind die Blätter gut vor Verletzungen und Wasserverlust geschützt.
Im Innern der Baumkrone wachsen **Schattenblätter.** Sie sind größer und zarter als Sonnenblätter. Ihre Epidermis ist dünner als die der Sonnenblätter. Ihr Palisadengewebe besteht aus einer Schicht. Sie können auch bei wenig Licht noch Fotosynthese betreiben.

4 Buchenblätter

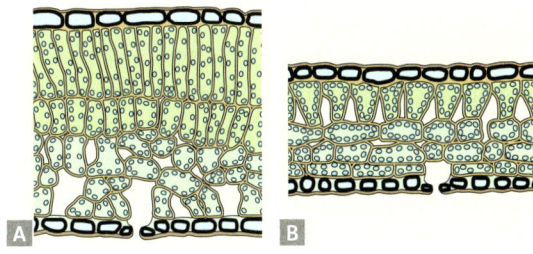

5 Blattquerschnitte Buchenblätter

1 Das Bild 4 zeigt ein Sonnenblatt und ein Schattenblatt einer Buche. Gib an, welches Blatt das Sonnenblatt ist und begründe deine Aussage.

2 Nenne Stellen in einer Baumkrone, an der Sonnenblätter und Schattenblätter jeweils wachsen.

3 ‖ Beschreibe, wie sich die beiden Blattarten in ihrem Bau unterscheiden.

4 ‖ Bild 5 zeigt zwei Blattquerschnitte. Gib an, welcher Blattquerschnitt jeweils ein Sonnenblatt und welcher ein Schattenblatt zeigt. Begründe deine Aussage.

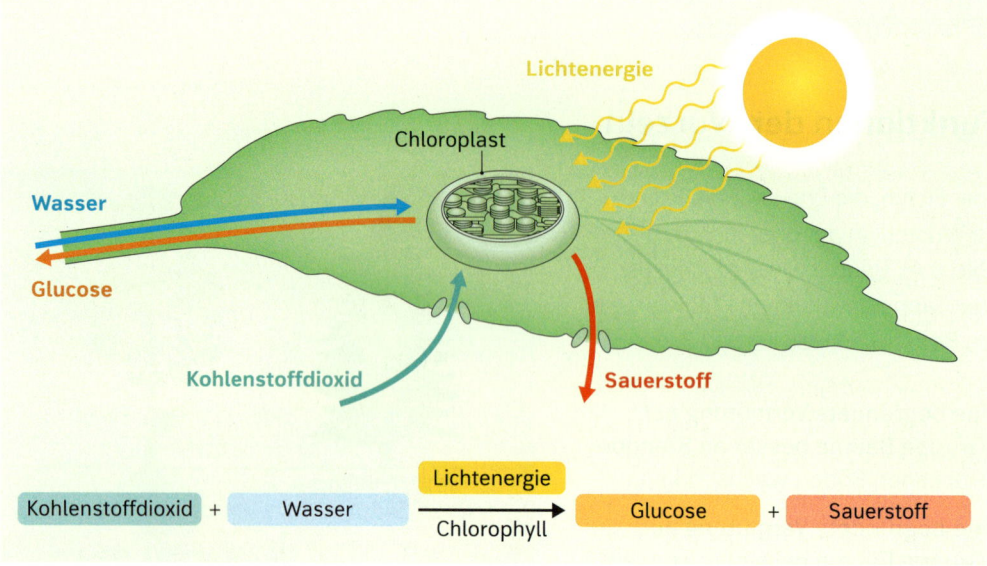

1 Der Vorgang der Fotosynthese

Fotosynthese und Stofftransport

Die Fotosynthese

Durch die Fotosynthese können sich Pflanzen selbst ernähren. In den Pflanzenzellen befinden sich **Chloroplasten.** Sie enthalten den grünen Blattfarbstoff **Chlorophyll.** In den Chloroplasten läuft die Fotosynthese ab.

Bei der Fotosynthese stellt die Pflanze mithilfe des Sonnenlichts aus Kohlenstoffdioxid aus der Luft und Wasser aus dem Boden Glucose her. In der Glucose ist die Energie aus dem Sonnenlicht gespeichert. Aus der Glucose gewinnt die Pflanze beispielsweise Energie zum Wachsen.

Bei der Fotosynthese entsteht auch Sauerstoff. Er gelangt über die Spaltöffnungen der Blätter in die Außenluft. Den Sauerstoff nutzen Pflanzen, Tiere und Menschen zur Atmung.

> Nur wenn die Faktoren Kohlenstoffdioxid, Wasser, Chlorophyll und Sonnenlicht vorhanden sind, kann eine Pflanze Fotosynthese betreiben. Dabei produziert sie Glucose und Sauerstoff.

Die Bildung weiterer Stoffe

Aus vielen Glucoseteilchen bilden Pflanzen **Stärke,** die in Pflanzenorganen gespeichert wird. Die Stärke kann in Saccharose umgewandelt und dann zu allen Teilen einer Pflanze transportiert werden. So wird die Energie aus der Glucose in allen Zellen der Pflanze nutzbar.

Außerdem stellen Pflanzen aus der Glucose und Mineralstoffen aus dem Boden **Fette** und **Proteine** her (→ Bild 2). Die Pflanzen nutzen die hergestellten Stoffe zum Wachsen. Sie vergrößern so ihre Masse. Diese Masse wird **Biomasse** genannt. Von der Biomasse der Pflanzen ernähren sich Tiere und Menschen.

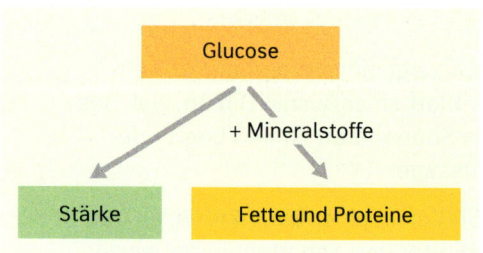

2 Bildung weiterer Stoffe aus Glucose

Transport von Wasser

Über die Wurzelhaare dringt ständig Wasser mit Mineralstoffen in die Wurzeln ein. Es entsteht ein Druck, der das Wasser in den **Gefäßen zur Wasserleitung** in der Sprossachse nach oben drückt. Wichtiger für den Wassertransport ist aber die **Saugwirkung** von oben, die durch die Strahlung der Sonne ausgelöst wird. Pflanzen geben über die Spaltöffnungen der Blätter ständig Wasser in Form von Wasserdampf ab. Dieser Vorgang wird **Verdunstung** genannt. Durch die Verdunstung wird das Wasser mit den Mineralstoffen in sehr dünnen, langen Gefäßen von der Wurzel bis in die Blätter gesaugt. Da sich die Wasserteilchen gegenseitig anziehen, reißt der Wasserstrom in den dünnen Gefäßen nie ab. Über das Öffnen und Schließen der Spaltöffnungen kann die Verdunstung reguliert werden.

Transport von Glucose

Die Glucose wird in ihrer Transportform Saccharose in einem zweiten Transportsystem, den **Siebröhren,** transportiert. In Wasser gelöst, gelangt die Saccharose zu allen Teilen einer Pflanze. Als Stärke kann sie dann zum Beispiel in der Wurzel gespeichert werden. Wenn Pflanzen im Frühjahr Energie zum Austreiben brauchen, kann die Stärke wieder in Glucoseteilchen zerlegt und genutzt werden.

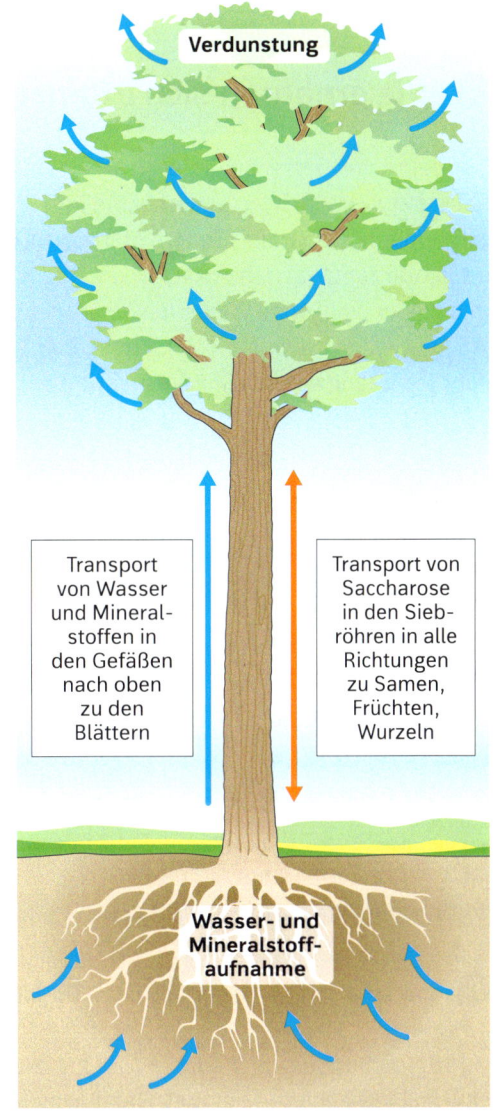

3 Wassertransport und Stofftransport

1. Beschreibe die Fotosynthese.

2. Beschreibe, wie die Glucose in alle Teile einer Pflanze gelangt.

3. Beschreibe die beiden Vorgänge, durch die das Wasser in einer Pflanze entgegen der Schwerkraft bis zu allen Blättern steigen kann.

4. ▌ Nenne weitere Stoffe, die Pflanzen aus Glucose und Mineralstoffen aus dem Boden bilden.

5. ▌ Beurteile die Bedeutung der Fotosynthese für das Leben auf der Erde.

6. ▌▌ Nenne eine Eigenschaft von Wasserteilchen, die den Transport von Wasser in Pflanzen ermöglicht.

Starthilfe zu 1:
Beginne mit den Stoffen, die eine Pflanze für die Fotosynthese benötigt. Gehe dann auf die Funktion der Chloroplasten ein. Zuletzt beschreibst du die Endprodukte.

»

A Wie ernähren sich Pflanzen?

Der belgische Wissenschaftler JOHAN JEAN BAPTISTA VAN HELMONT untersuchte im 17. Jahrhundert, woher die grünen Pflanzen ihre Baustoffe zum Wachsen bekommen. Dazu pflanzte er eine junge Weide mit einer Masse von 2,5 kg in einen Kübel mit 100 kg trockener Erde. Fünf Jahre lang erhielt die Pflanze nur Wasser.

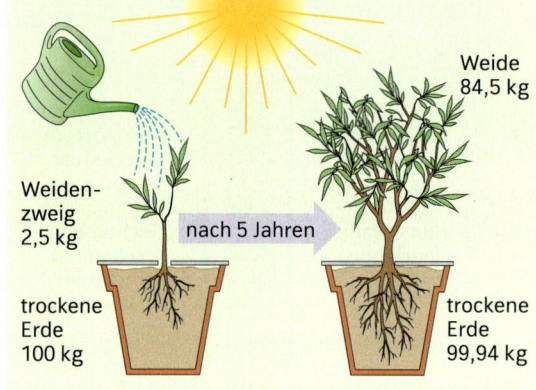

Weide
84,5 kg

Weiden-
zweig
2,5 kg

nach 5 Jahren

trockene
Erde
100 kg

trockene
Erde
99,94 kg

1 Ein VAN-HELMONT-Versuch

1 **a)** Lege eine Tabelle mit den Messwerten zu den Gewichten der Pflanzen und der Erde vor und nach 5 Jahren an. Nutze dazu Bild 1.
b) Beurteile, ob die Gewichtszunahme der Weide nur mit der Nährstoffentnahme aus der Erde zu erklären ist.

2 Nenne mögliche Vermutungen, die VAN HELMONT mit diesem Versuch bestätigen wollte.
> **Starthilfe zu 2:**
> Überlege dabei, woraus die Pflanze ihre Baustoffe bekommen könnte.

3 ❚❚ VAN HELMONT erklärte die Gewichtszunahme der Weide damit, dass die Weide die Nährstoffe hierfür ausschließlich aus dem Regenwasser entnommen hat. Beurteile seine Deutung des Versuchs.

4 Entwickle einen Versuch, mit dem belegbar wäre, dass die Menge der verfügbaren Luft die Gewichtszunahme der Weide beeinflusst.

B Gute Luft und schlechte Luft

Im 18. Jahrhundert untersuchte JOSEPH PRIESTLEY die Eigenschaften der Luft. Dazu nutze er eine bestimmte Menge Luft unter einer luftdichten Glasglocke.

A

B

2 Ein Versuch von PRIESTLEY

1 **a)** Beschreibe die Durchführung der Versuche in Bild 2 A und B.
b) Beschreibe die Ergebnisse.

2 Nenne eine mögliche Forscherfrage zu diesem Versuch.

3 PRIESTLEY erkannte, dass sich die Luft verändert hatte. Er bezeichnete sie entweder als „gute" oder als „schlechte" Luft. Stelle eine begründete Vermutung an, was er mit diesen Begriffen gemeint haben könnte.
> **Starthilfe zu 3:**
> Denke dabei jeweils an den Anteil von Sauerstoff und Kohlenstoffdioxid in der Luft unter der Glasglocke.

4 ❚❚ Erkläre die Ergebnisse der Versuche mit dem heutigen Wissen über Fotosynthese.

● ● ● **ÜBEN UND ANWENDEN**

C Auswertung eines Versuchs zur Fotosynthese

Ein häufig durchgeführter Versuch zur Fotosynthese ist das Abkleben von Blättern mit Alufolie. In Bild 3 siehst du einen solchen Versuchsansatz bei einer Birkenfeige.

1 Nenne den Faktor der Fotosynthese, der mit diesem Versuch untersucht wird.

2 **II** **a)** Stelle eine Vermutung an, wie das Ergebnis des Versuchs aussieht, nachdem mit einem abgeklebten Blatt ein Stärkenachweis durchgeführt wurde.
II **b)** Zeichne deine Vorstellung und begründe sie.

> **Starthilfe zu 2:**
> Beim Stärkenachweis färben sich die Blattflächen, in denen Stärke vorhanden ist, blauschwarz.

3 Versuch zur Fotosynthese

● ● ● **FORSCHEN UND ENTDECKEN**

A Hängt die Fotosynthese von der Lichtmenge ab?

Mit dem Versuch in Bild 4 könnt ihr herausfinden, ob die Fotosynthese vom Licht beeinflusst wird. Die Pflanze ist eine Wasserpest.
Die Bläschen, die am Stängel austreten, werden durch Sauerstoff gebildet. Je mehr Bläschen austreten, desto mehr Fotosynthese findet gerade statt.

Material: Wasserpest, Reagenzglas, Reagenzglasständer, helle Lichtquelle (z. B. Diaprojektor), Papier, Uhr

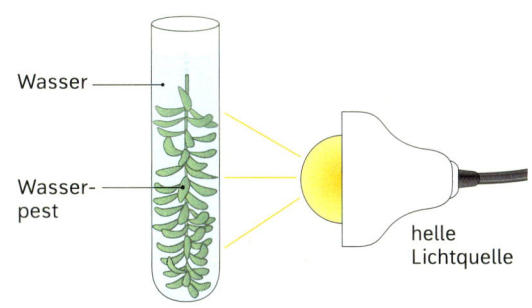

4 Lichtmenge und Produktion von Sauerstoff

Durchführung:

Schritt 1: Baut den Versuch auf. Stellt das Reagenzglas in den Reagenzglasständer.

Schritt 2: Zählt die Bläschen, die aus der Wasserpest in einer Minute austreten.

1 **a)** Verändert die Lichtmenge im Versuch.
b) Untersucht, wie sich dies auf die Produktion von Sauerstoff auswirkt.

2 Schreibt ein Versuchsprotokoll.

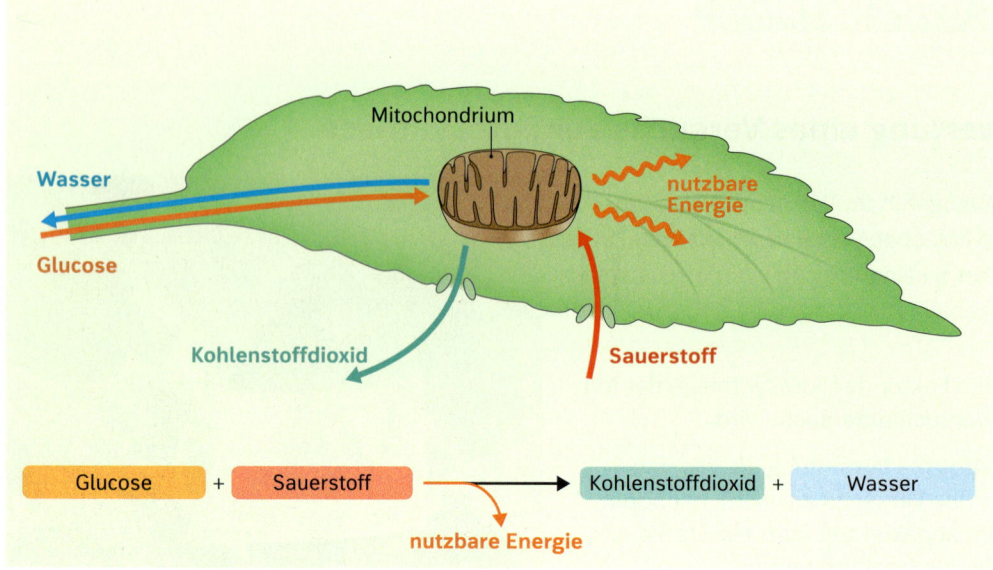

1 Der Vorgang der Zellatmung

Lebewesen benötigen Energie

Glucose als Grundstoff

Bei der Fotosynthese stellen Pflanzen mithilfe der Sonnenenergie Sauerstoff und energiereiche Glucose her. Etwa die Hälfte der Glucose nutzen sie für ihr Wachstum. So bilden sie Biomasse beispielsweise in Form von **Cellulose.** Diese ist der Hauptbestandteil pflanzlicher Zellwände.

2 Fotosynthese und Zellatmung

Wie Pflanzen Energie gewinnen

Die andere Hälfte der Glucose verwenden die Pflanzen zur Energiegewinnung für ihren eigenen Stoffwechsel. Die Glucose wird dazu in den Mitochondrien der Pflanzenzellen mithilfe von Sauerstoff zu Kohlenstoffdioxid und Wasser abgebaut (→ Bild 1). Die in der Glucose gespeicherte Energie des Sonnenlichts wird dabei wieder frei und für die Pflanzen verfügbar. Der Vorgang wird als **Zellatmung** bezeichnet.

Wie Tiere Energie gewinnen

Auch Tiere und Menschen gewinnen die Energie für ihre Lebensvorgänge durch Zellatmung. Sie können jedoch die dafür notwenige Glucose nicht selbst herstellen. Deshalb müssen Menschen und Tiere Nahrung zu sich nehmen, die Glucose enthält. Der für die Zellatmung notwenige Sauerstoff wird der Luft entnommen. Das bei der Zellatmung freiwerdende Kohlenstoffdioxid atmen alle Lebewesen aus. Pflanzen nutzen das Kohlenstoffdioxid wieder für die Fotosynthese.

Energie für Pflanzenfresser

Ein Ökosystem erhält die gesamte benötigte Energie als Lichtenergie von der Sonne. Die Pflanzen speichern diese Energie über die Fotosynthese. Sie wird dann über Nahrungsketten weitergegeben. Pflanzenfressende Tiere sind **Konsumenten 1. Ordnung.** Sie benötigen einen Großteil ihrer aufgenommenen Energie für ihre eigenen Lebensvorgänge wie beispielsweise die Tätigkeit der Muskeln. Dabei geben sie auch Wärme an die Umgebung ab. Nur etwa 10 % der von den Pflanzenfressern aufgenommenen Energie wird in ihrer Biomasse gebunden.

Energie für Fleischfresser

Fleischfresser sind **Konsumenten 2. Ordnung.** Sie fressen die Pflanzenfresser. Von der ursprünglich in den Pflanzen gebunden Energie steht den Konsumenten 2. Ordnung nur noch etwa 10 % zur Verfügung. Von diesem Rest benötigen auch sie wieder 90 % für ihre Lebensvorgänge. Dabei entsteht wieder Wärme.
Die Konsumenten 2. Ordnung werden von größeren Fleischfressern der 3. Ordnung gefressen. Solche Tiere werden als **Endkonsumenten** bezeichnet. Diesen Tieren steht nur noch etwa 1 % der ursprünglich vorhandenen Energie zur Verfügung.
Die Biomasse und auch die Anzahl der Lebewesen nehmen von Stufe zu Stufe der Nahrungspyramide nach oben ab.

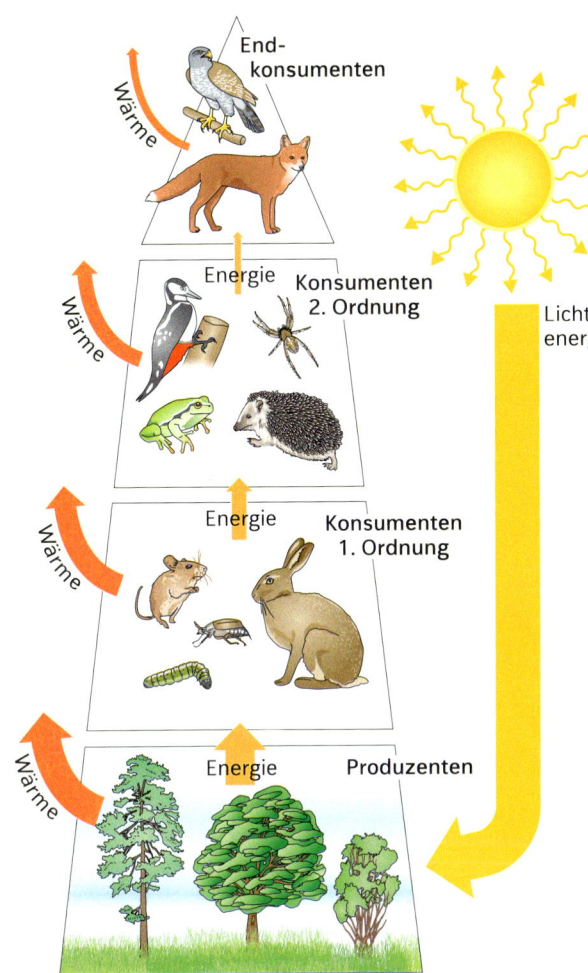

3 Nahrungspyramide mit Energiefluss

Die Energie für alle Lebewesen muss über die Sonne ständig zugeführt werden.
Die Energie fließt nur in einer Richtung.

1 Erkläre, woher Pflanzen ihre Energie erhalten und wofür sie diese verwenden.

2 Erkläre, woher Tiere und Menschen ihre Energie erhalten und wofür sie diese verwenden.

3 Beschreibe den Vorgang der Zellatmung.

4 I Nahrungsbeziehungen lassen sich in einer Nahrungspyramide darstellen. Nenne für jede Stufe drei Lebewesen aus dem Ökosystem Wald.

5 II Erkläre den Zusammenhang zwischen Fotosynthese und Zellatmung.

Starthilfe zu 5:
Nimm Bild 2 zu Hilfe.

6 II Begründe, warum Energie in Ökosystemen ständig neu zugeführt werden muss.

Ⓐ Die Stufen einer Nahrungspyramide

A Brennnesseln und andere Kräuter betreiben Fotosynthese.

B Grasfrösche fressen Wirbellose wie Würmer, Fliegen und andere Insekten.

C Füchse fressen Mäuse, Insekten, Vögel, Hasen, Beeren, Früchte.

D Waldmäuse fressen Beeren, Nüsse, Samen, Knospen.

1 Unterschiedliche Lebewesen im Wald

❶ a) Ordne die einzelnen Lebewesen aus Bild 1 den Stufen einer Nahrungspyramide zu. Fertige dazu eine Skizze an.
b) Begründe, warum sich manche Lebewesen unterschiedlichen Stufen zuordnen lassen.

❷ Begründe, warum auch reine Fleischfresser wie der Mäusebussard auf die Pflanzen angewiesen sind.

❸ ‖ a) Beurteile, auf welcher Stufe der Nahrungspyramide es die meisten Lebewesen gibt. Nutze dazu auch die Basisseite.
‖ b) Erkläre, warum die Anzahl der Lebewesen nach oben abnimmt.

Ⓑ Auswirkungen eines hohen Fleischkonsums

Für die Produktion von Fleisch müssen zunächst Pflanzen als Futtermittel für die Tiere angebaut werden. Würden diese Ackerflächen direkt für den Anbau von Feldfrüchten genutzt, könnten damit mehr Menschen ernährt werden als mit dem Fleisch der Nutztiere.

❶ Erkläre, warum ein hoher Fleischkonsum problematisch ist.

> **Starthilfe zu 1:**
> Vergleiche den Flächenverbrauch bei der Produktion von (1 kg) Kartoffeln und (1 kg) Rindfleisch.

❷ Erkläre an einem Beispiel, warum mehr Ackerflächen für den Anbau von Feldfrüchten für Menschen genutzt werden sollten.

❸ Stelle eine begründete Vermutung auf, warum es trotzdem sinnvoll ist, auch fleischliche Nahrung zu sich zu nehmen.

❹ ‖ Erkläre mithilfe der Nahrungspyramide auf der Basisseite das Bild 2 zum Flächenverbrauch. Bedenke deine Kenntnisse über den Verlust an Biomasse und Energie innerhalb einer Nahrungspyramide.

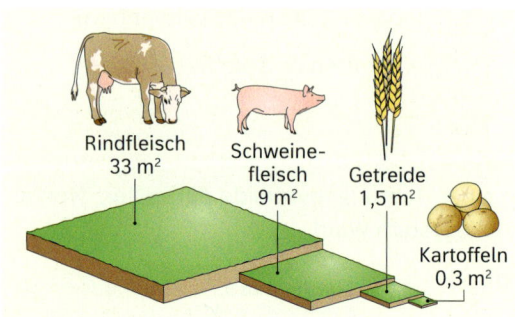

Rindfleisch 33 m²
Schweinefleisch 9 m²
Getreide 1,5 m²
Kartoffeln 0,3 m²

2 Flächenverbrauch pro Kilogramm Nahrungsmittel

Ⓒ Ohne Fotosynthese keine Zellatmung

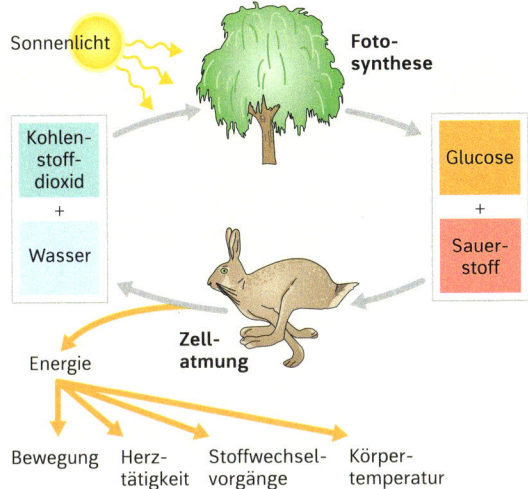

3 Fotosynthese und Zellatmung

❶ a) Nenne mithilfe von Bild 3 die Stoffe, die zur Fotosynthese gebraucht werden und erkläre, woher sie kommen.
b) Nenne die Produkte, die bei der Fotosynthese entstehen.

❷ a) Nenne mithilfe von Bild 3 die Stoffe, die zur Zellatmung gebraucht werden und erkläre, woher sie kommen.
b) Nenne die Produkte, die bei der Zellatmung entstehen.

❸ Erkläre, warum die Fotosynthese und die Zellatmung zwei sich ergänzende Vorgänge sind.

Ⓓ Energie sparen im Winter

Pflanzen und Tiere haben verschiedene Strategien entwickelt, um den Winter zu überstehen.

❶ a) Beschreibe, worüber Pflanzen im Winter nicht oder nur wenig verfügen können.

> **Starthilfe zu 1a:**
> Bedenke dabei, was Pflanzen zum Leben und Wachsen brauchen.

b) Recherchiere, warum ein Laubbaum im Winter keine Blätter benötigt und sie deshalb, auch zum Schutz vor Frost, abwirft.

❷ a) Beschreibe, worüber Tiere im Winter nicht oder nur wenig verfügen können.

> **Starthilfe zu 2a:**
> Bedenke dabei, was Tiere zum Leben und Wachsen brauchen.

b) Erkläre, warum ein Siebenschläfer im Winter mehrere Monate Winterschlaf hält.

❸ ‖ Erläutere mithilfe der Nahrungspyramide den Zusammenhang zwischen der geringen Sonneneinstrahlung im Winter und dem Winterschlaf des Siebenschläfers.

4 Energie sparen: **A** Laubbbaum, **B** Siebenschläfer

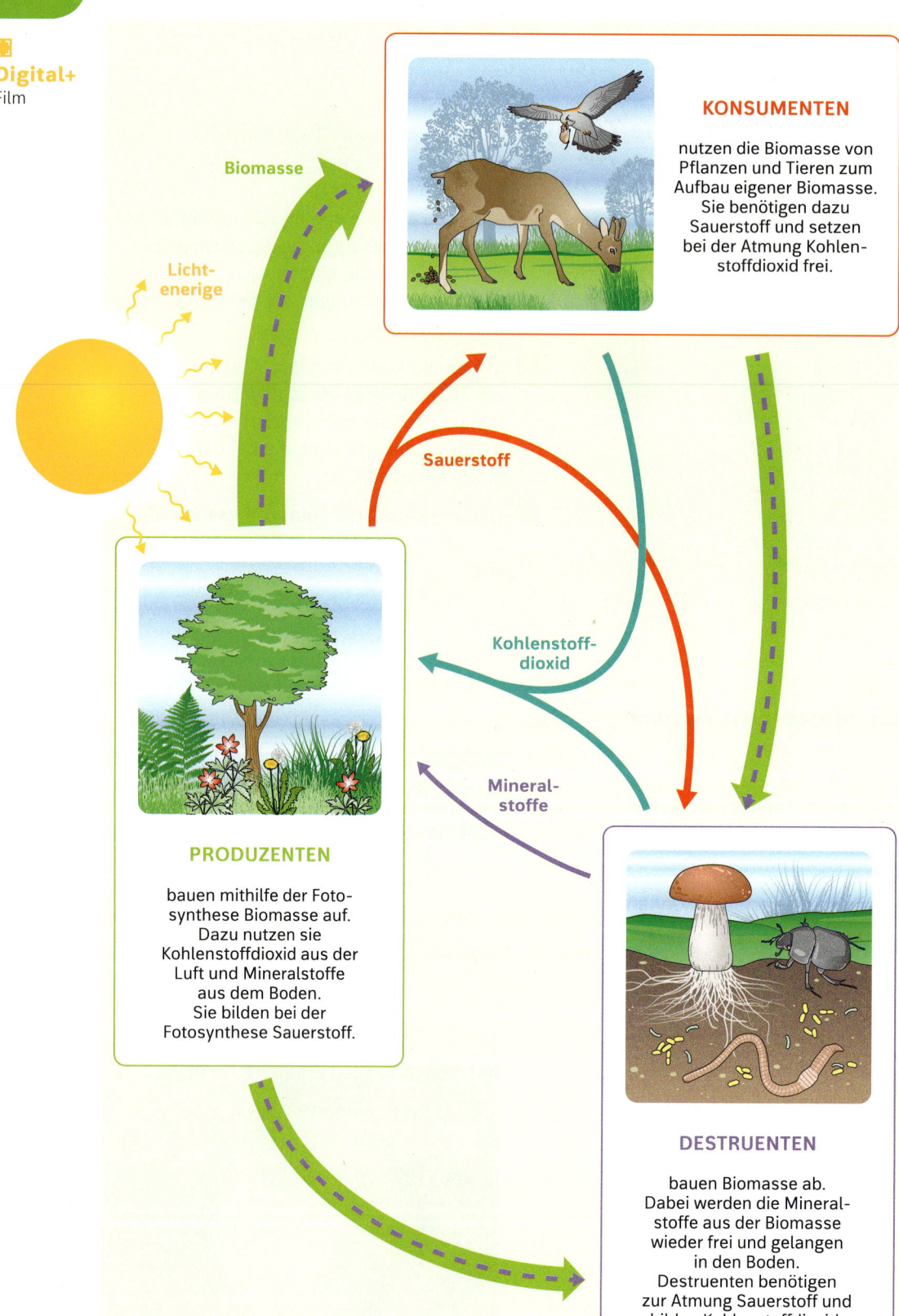

Biomasse

Licht-enerige

KONSUMENTEN

nutzen die Biomasse von Pflanzen und Tieren zum Aufbau eigener Biomasse. Sie benötigen dazu Sauerstoff und setzen bei der Atmung Kohlenstoffdioxid frei.

Sauerstoff

Kohlenstoff-dioxid

Mineral-stoffe

PRODUZENTEN

bauen mithilfe der Fotosynthese Biomasse auf. Dazu nutzen sie Kohlenstoffdioxid aus der Luft und Mineralstoffe aus dem Boden. Sie bilden bei der Fotosynthese Sauerstoff.

DESTRUENTEN

bauen Biomasse ab. Dabei werden die Mineralstoffe aus der Biomasse wieder frei und gelangen in den Boden. Destruenten benötigen zur Atmung Sauerstoff und bilden Kohlenstoffdioxid.

1 Stoffkreisläufe im Ökosystem Wald

In Ökosystemen geht kein Stoff verloren

Stoffkreisläufe

Kohlenstoff, Sauerstoff und Mineralstoffe bewegen sich in Stoffkreisläufen.

> In Stoffkreisläufen geht kein Stoff verloren. Die Stoffe werden weitergegeben und dabei in andere Formen umgewandelt.

Bild 1 zeigt die Rolle, die die Produzenten, Konsumenten und Destruenten in diesen Kreisläufen einnehmen. Außerdem kannst du damit auch den Aufbau und den Abbau der Biomasse nachvollziehen.

Der Kohlenstoffkreislauf

Die Tiere atmen Kohlenstoffdioxid aus. Mithilfe der Fotosynthese speichern die Pflanzen den Kohlenstoff aus dem Kohlenstoffdioxid. Sie nutzen ihn als Baustoff beim Wachsen. So bauen sie Biomasse auf. Die Pflanzen werden von Tieren gefressen. Auf diesem Weg gelangt der Kohlenstoff wieder in die Tiere. Sie nutzen den Kohlenstoff zur Energiegewinnung und zum Aufbau ihres Körpers. Ein Teil der Biomasse der Pflanzen wird so an die Tiere weitergegeben. Wenn die Tiere den Kohlenstoff bei der Atmung wieder als Kohlenstoffdioxid ausatmen, schließt sich der Kohlenstoffkreislauf.

Der Sauerstoffkreislauf

Beim Aufbau von Biomasse mithilfe der Fotosynthese nutzen die Pflanzen Kohlenstoffdioxid und Wasser. Dabei entsteht als Produkt auch Sauerstoff. Der Sauerstoff stellt für die Pflanzen ein Abfallprodukt dar. Sie geben ihn an die Luft ab.
Tiere atmen diesen Sauerstoff ein und nutzen ihn bei der Zellatmung zur Energiegewinnung. Als Abfallprodukt der Zellatmung entsteht wiederum Kohlenstoffdioxid. Kohlenstoffdioxid ist eine Verbindung aus Kohlenstoff und Sauerstoff.
Wenn die Tiere das Kohlenstoffdioxid ausatmen, geben sie also auch wieder Sauerstoff an die Luft ab. Der Sauerstoffkreislauf ist somit geschlossen.

Der Mineralstoffkreislauf

Die Pflanzen nehmen lebensnotwendige Mineralstoffe aus dem Boden auf und bauen diese in ihre Biomasse ein. Wenn Tiere die Pflanzen fressen, nehmen sie damit auch die Mineralstoffe auf und bauen sie in ihre eigenen Körper ein.
Sterben die Pflanzen oder die Tiere, bauen die Destruenten die Reste wieder ab. Dabei gelangen die Mineralstoffe wieder in den Boden. Der Kreislauf schließt sich.

1. Erkläre, wie der Kohlenstoff in die Tiere gelangt und in welcher Form er wieder abgegeben wird.
2. Nenne ein Abfallprodukt, das bei der Fotosynthese entsteht.
3. Pflanzen nehmen Mineralstoffe aus dem Boden auf. Erkläre, wie sie wieder in den Boden gelangen.
4. I Begründe, warum grüne Pflanzen für alle Lebewesen lebensnotwendig sind.
5. II Erläutere die Bedeutung der Sonne in Bild 1.
6. II Eine Maus frisst in einem Wald Bucheckern. Erkläre, wieso sie damit Teil verschiedener Stoffkreisläufe ist.

»

Ⓐ Bäume pflanzen für die Umwelt

Unter dem Motto **#Einheitsbuddeln** hat das Bundesland Schleswig-Holstein zum Pflanzen von Bäumen aufgerufen. Anlässlich der Feierlichkeiten zum 3. Oktober sollte dazu jeder Deutsche einen Baum pflanzen. Die Bäume werden unter anderem deshalb gepflanzt, weil laut der Veranstalter „Aufforstungen eines der wirksamsten Mittel gegen den Klimawandel überhaupt und einer der entscheidenden Schlüssel zum Erreichen der Klimaziele sind".

1 Aktion „Einheitsbuddeln"

Neben der Aktion „Einheitsbuddeln" (→ Bild 1) gibt es jedes Jahr viele weitere Aufrufe zu ähnlichen Baumpflanzaktionen.
Das Ziel dabei ist, dass gerodete Wälder wieder aufgeforstet werden. Damit soll überschüssiges Kohlenstoffdioxid aus der Atmosphäre in den Bäumen gebunden werden.

❶ Nenne zwei Gründe, warum laut der Veranstalter in Deutschland Bäume gepflanzt werden müssen.

❷ Bewerte den Nutzen von Baumpflanzaktionen.

❸ Nenne Argumente, die für die aktive Teilnahme an einer Baumpflanzaktion sprechen.

❹ **a)** Recherchiere weitere Projekte, die es in Deutschland und weltweit zur Wiederaufforstung von Wäldern gibt.
b) Präsentiere deine Ergebnisse.

Ⓑ Das Holz und die Biomasse

2 Ein Lagerfeuer

Beim Verbrennen von Holz wird der Kohlenstoff aus der Biomasse des Baumes wieder frei.
Der Kohlenstoff wird als Kohlenstoffdioxid an die Luft abgegeben. Zu viel Kohlenstoffdioxid in der Luft trägt zur Klimaerwärmung bei.

❶ Erkläre, was mit dem Kohlenstoffdioxid geschieht, das beim Verbrennen frei wird.

> **Starthilfe zu 1:**
> Nutze Bild 1 auf der Basisseite. Überlege, wie das freie Kohlenstoffdioxid genutzt wird.

❷ ‖ **a)** Recherchiere, wodurch der Anteil an Kohlenstoffdioxid in unserer Luft steigt.
‖ **b)** Erkläre auch den Zusammenhang zwischen Kohlenstoffdioxid und der Klimaerwärmung.

C Auswertung eines Versuchs zur Fotosynthese

Ein häufig durchgeführter Versuch zur Fotosynthese ist das Abkleben von Blättern mit Alufolie. In Bild 3 siehst du einen solchen Versuchsansatz bei einer Birkenfeige.

1 Nenne den Faktor der Fotosynthese, der mit diesem Versuch untersucht wird.

2 **II** **a)** Stelle eine Vermutung an, wie das Ergebnis des Versuchs aussieht, nachdem mit einem abgeklebten Blatt ein Stärkenachweis durchgeführt wurde.
II **b)** Zeichne deine Vorstellung und begründe sie.

> **Starthilfe zu 2:**
> Beim Stärkenachweis färben sich die Blattflächen, in denen Stärke vorhanden ist, blauschwarz.

3 Versuch zur Fotosynthese

A Hängt die Fotosynthese von der Lichtmenge ab?

Mit dem Versuch in Bild 4 könnt ihr herausfinden, ob die Fotosynthese vom Licht beeinflusst wird. Die Pflanze ist eine Wasserpest.
Die Bläschen, die am Stängel austreten, werden durch Sauerstoff gebildet. Je mehr Bläschen austreten, desto mehr Fotosynthese findet gerade statt.

Material: Wasserpest, Reagenzglas, Reagenzglasständer, helle Lichtquelle (z. B. Diaprojektor), Papier, Uhr

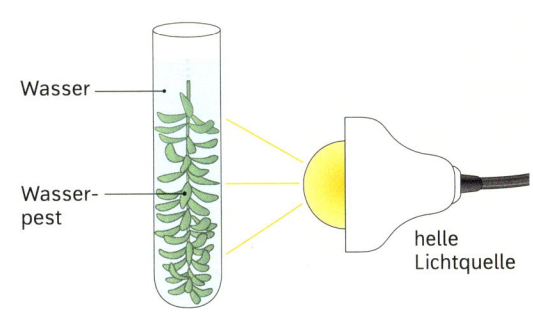

4 Lichtmenge und Produktion von Sauerstoff

Durchführung:

Schritt 1: Baut den Versuch auf. Stellt das Reagenzglas in den Reagenzglasständer.

Schritt 2: Zählt die Bläschen, die aus der Wasserpest in einer Minute austreten.

1 **a)** Verändert die Lichtmenge im Versuch.
b) Untersucht, wie sich dies auf die Produktion von Sauerstoff auswirkt.

2 Schreibt ein Versuchsprotokoll.

Digital+
Film

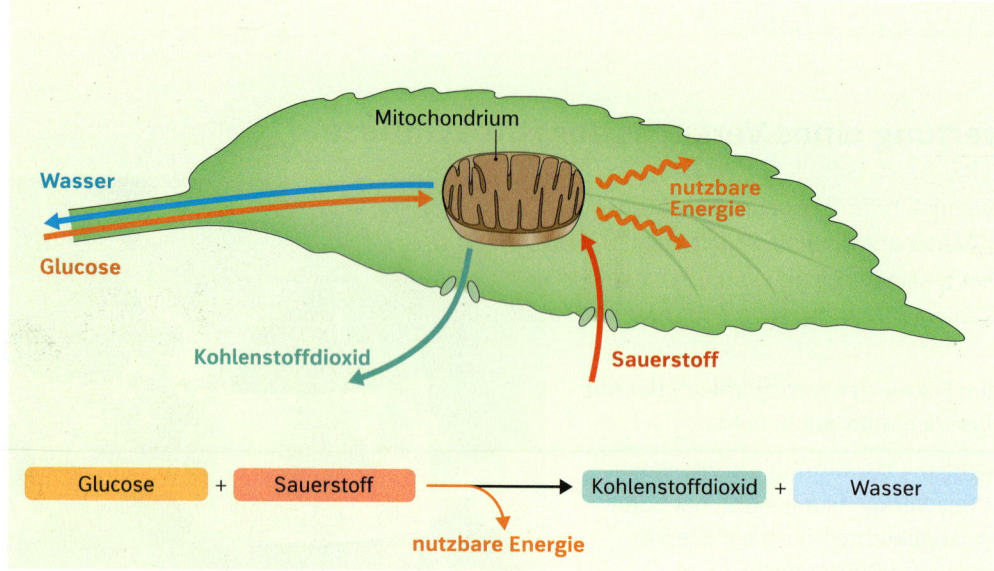

1 Der Vorgang der Zellatmung

Lebewesen benötigen Energie

Glucose als Grundstoff

Bei der Fotosynthese stellen Pflanzen mithilfe der Sonnenenergie Sauerstoff und energiereiche Glucose her. Etwa die Hälfte der Glucose nutzen sie für ihr Wachstum. So bilden sie Biomasse beispielsweise in Form von **Cellulose.** Diese ist der Hauptbestandteil pflanzlicher Zellwände.

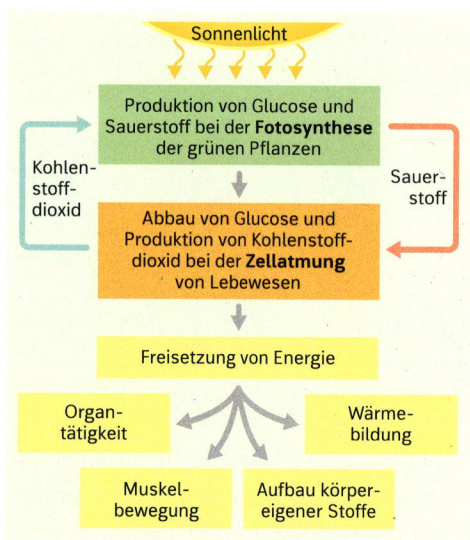

2 Fotosynthese und Zellatmung

Wie Pflanzen Energie gewinnen

Die andere Hälfte der Glucose verwenden die Pflanzen zur Energiegewinnung für ihren eigenen Stoffwechsel. Die Glucose wird dazu in den Mitochondrien der Pflanzenzellen mithilfe von Sauerstoff zu Kohlenstoffdioxid und Wasser abgebaut (→ Bild 1). Die in der Glucose gespeicherte Energie des Sonnenlichts wird dabei wieder frei und für die Pflanzen verfügbar. Der Vorgang wird als **Zellatmung** bezeichnet.

Wie Tiere Energie gewinnen

Auch Tiere und Menschen gewinnen die Energie für ihre Lebensvorgänge durch Zellatmung. Sie können jedoch die dafür notwenige Glucose nicht selbst herstellen. Deshalb müssen Menschen und Tiere Nahrung zu sich nehmen, die Glucose enthält. Der für die Zellatmung notwenige Sauerstoff wird der Luft entnommen. Das bei der Zellatmung freiwerdende Kohlenstoffdioxid atmen alle Lebewesen aus. Pflanzen nutzen das Kohlenstoffdioxid wieder für die Fotosynthese.

●● ● **FORSCHEN UND ENTDECKEN**

A Nachweis von Kohlenstoff in Biomasse

Mit diesem Versuch kannst du Kohlenstoff in Biomasse nachweisen.

> Wird die Stoffprobe beim Versuch schwarz, ist in dem getesteten Stoff Kohlenstoff und damit Biomasse enthalten.

Material: Schutzbrille, feuerfeste Reagenzgläser, Reagenzglasständer, Reagenzglashalter, Gasbrenner, feuerfeste Unterlage, Stoffproben (z. B. Laubblätter, Sand, Wasser, Eiklar, Holzstückchen, Salz, Getreidekörner, Nudeln)

3 Materialien für den Versuch

Durchführung:

Schritt 1: Fülle die Reagenzgläser mit jeweils einer Stoffprobe ca. 0,5 cm. Stelle die Reagenzgläser in den Reagenzglasständer.

Schritt 2: Halte jeweils ein Reagenzglas mit der Stoffprobe mithilfe des Reagenzglashalters schräg in die Flamme des Gasbrenners (→ Bild 4).
Wichtig: Achte dabei darauf, dass die Öffnung des Reagenzglases nicht in deine Richtung oder in Richtung einer Mitschülerin oder eines Mitschülers zeigt.

Schritt 3: Erhitze die Stoffproben vorsichtig, bis sich die Stoffproben nicht mehr verändern.

Schritt 4: Erstelle zur Auswertung des Versuchs eine Tabelle wie in Bild 5.

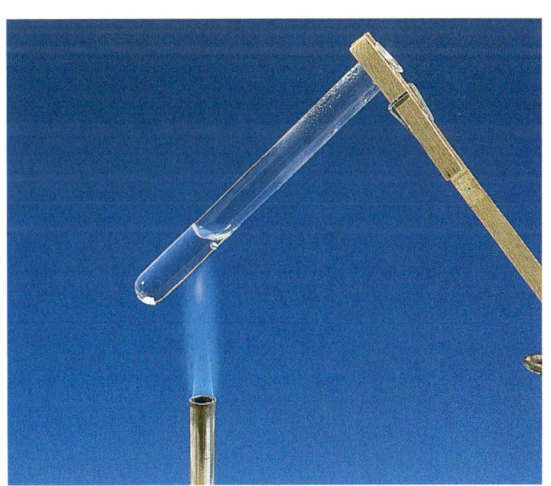

4 Versuchsdurchführung

1 Bestimme, in welchen Stoffproben Kohlenstoff und damit Biomasse enthalten ist.

2 ❚❚ Erkläre, was mit dem Kohlenstoff in der Stoffprobe passiert ist, wenn diese schwarz geworden ist.

> **Starthilfe zu 2:**
> Nutze dazu den Text zum Verbrennen von Holz in Material B auf der gegenüberliegenden Seite.

Stoffprobe	Beobachtung	Kohlenstoff enthalten	Biomasse enthalten
Holz	färbt sich dunkelbraun bis schwarz	ja	ja
...	...	...	...

5 Beobachtungsprotokoll

Funktionen des Waldes

1 Spaziergang im Wald

Lebensraum

Ein naturnaher Mischwald ist ein Lebensraum für viele Tiere, Pflanzen und Pilze. Der Erhalt von Wäldern ist deshalb besonders wichtig. Försterinnen und Förster kümmern sich um den Pflanzenbestand der Wälder. Jägerinnen und Jäger sorgen dafür, dass sich Tiere wie Wildschweine nicht zu stark vermehren.

Erholung

Viele Menschen gehen in ihrer Freizeit gern in den Wald. Einige treiben dort Sport, andere gehen spazieren. Manche Menschen beobachten Tiere. Dabei atmen sie die frische, saubere Luft. In stadtnahen Wäldern nutzen viele Menschen den Wald. Deshalb müssen alle aufeinander Rücksicht nehmen.

2 Holzproduktion

Holzproduktion

Der Wald ist ein wichtiger Rohstofflieferant. Holz ist ein nachwachsender Rohstoff. Viele Gegenstände des täglichen Lebens wie Möbel bestehen aus Holz. Holz ist auch ein wichtiger Baustoff. Er wird für Dachkonstruktionen, Treppen oder Böden verwendet. Außerdem wird Holz als Brennstoff und zur Papierherstellung genutzt.

Schutzfunktion

Wälder halten mit den Wurzeln der Pflanzen den Boden fest. So verhindern sie den Abtrag von Erde durch Wasser oder Wind. Bergwälder schützen Siedlungen in den Tälern vor Lawinen aus Schlamm oder Geröll. Außerdem halten die Baumstämme Schneemassen fest, so dass keine Schneelawinen entstehen. Entlang von Eisenbahnlinien oder Autobahnen schützen Bäume die Anwohner vor Lärm und Feinstaub. Häufig werden Büsche und Bäume auch als Windschutz angepflanzt.

3 Schutzfunktion

Wasserspeicher

Am Waldboden speichern Humus und Moose die Niederschläge. Das Wasser versickert deshalb nur langsam und wird dabei gefiltert. Ein Teil des Wassers gelangt in das Grundwasser und steht Menschen und Tieren für die Wasserversorgung zur Verfügung. Einen anderen Teil des Wassers nehmen Pflanzen über ihre Wurzeln wieder auf. Bei der Verdunstung über die Laubblätter geben die Pflanzen das Wasser wieder an die Luft ab und feuchten sie an.

Kohlenstoffspeicher

Zur Fotosynthese benötigen Pflanzen Kohlenstoffdioxid. Pflanzen wie Bäume bauen den Kohlenstoff aus dem Kohlenstoffdioxid beim Wachsen in ihre Biomasse ein, zum Beispiel in Holz. Wenn Pflanzen wachsen, entziehen sie der Erdatmosphäre auf diese Weise Kohlenstoff. Kohlenstoffdioxid ist ein Gas, das zur Erwärmung der Erdatmosphäre beiträgt. Je weniger Kohlenstoffdioxid in der Luft ist, desto weniger wird die Erdatmosphäre aufgeheizt.

Klimaverbesserung

Über Städten steigt warme Luft auf, die Staub und Abgase enthält. In der Höhe kühlt die Luft ab. Sie strömt in das Umland und sinkt wieder ab. Wenn sich dort ein Wald befindet, werden Staub und Abgase von den Bäumen aus der Luft gefiltert. Außerdem wird die Luft angefeuchtet. Die kühle, feuchte Luft strömt dann wieder in die Stadt zurück. So tragen Wälder zur Luftverbesserung in Städten bei.

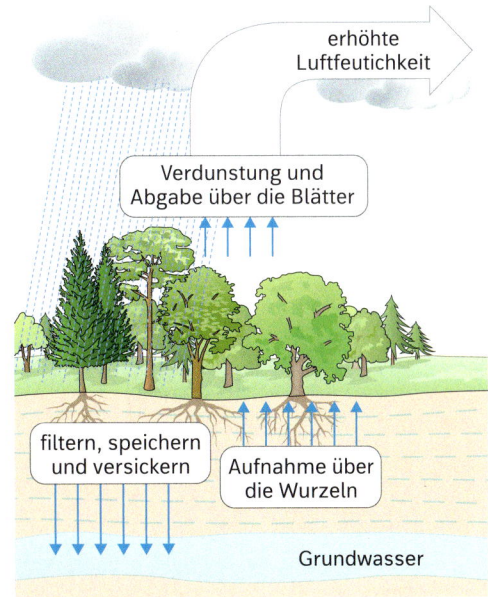

4 Wasserspeicher

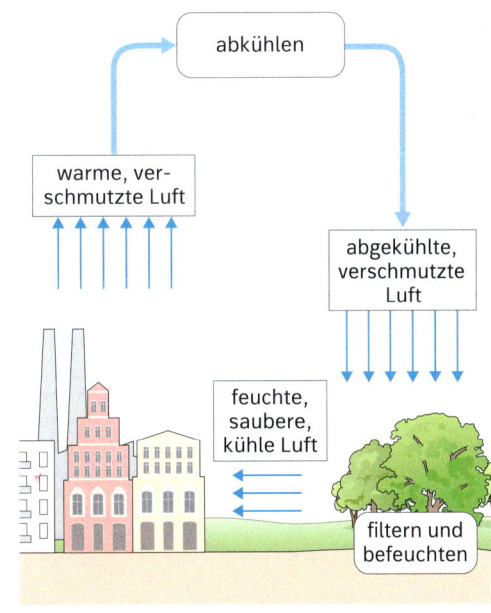

5 Klimaverbesserung

---

1 **a)** Nenne die Funktionen des Waldes.
b) Beschreibe zwei der Funktionen genauer.

2 Begründe, warum es wichtig ist, dass Menschen im Wald besonders rücksichtsvoll mit der Natur und mit anderen Menschen umgehen.

3 ‖ Nenne drei Beispiele, wie Wälder Menschen vor Gefahren oder Wettereinflüssen schützen können.

4 ‖ Erkläre, warum Wälder als Kohlenstoffspeicher bezeichnet werden.

Ⓐ Menschen im Wald

1 Situationen im Wald

1 Beschreibe die einzelnen Situationen in Bild 1 und was die Menschen in diesen Situationen jeweils tun.

2 **a)** Bewerte das Verhalten der Menschen.
b) Mache Verbesserungsvorschläge, wenn du denkst, dass das Verhalten nicht in Ordnung ist. Begründe deine Aussagen mit den Funktionen des Waldes.

Ⓑ Wälder und Städte

2 Waldlandschaften

Die beiden Bilder zeigen Landschaften, bei denen jeweils eine Funktion des Waldes besonders im Vordergrund steht.

1 Beschreibe die Landschaften.

2 **a)** Nenne die Funktion des Waldes, die jeweils im Vordergrund steht.
b) Beschreibe, was passieren könnte, wenn die Wälder nicht mehr da wären.

 **METHODE**

Expertendiskussion

Ein Thema - viele Meinungen

Das Fahren mit dem Mountainbike ist sehr beliebt. In einem Waldgebiet in der Nähe einer Großstadt soll ein Trail eingerichtet werden. Viele Menschen sind dafür, andere sind dagegen. Nach einer öffentlichen Expertendiskussion will die Stadtverwaltung entscheiden, ob der Trail eingerichtet werden soll.

3 Trail ja oder nein?

So könnt ihr vorgehen:

- Das Problem wird formuliert.
- Die Interessengruppen werden festgelegt. Jeweils 2 – 3 Schülerinnen und Schüler teilen sich den einzelnen Positionen zu. Die anderen sind Zuhörer.
- In Gruppen werden Argumente zu den einzelnen Positionen gesammelt und auf Karten geschrieben.
- In jeder Gruppe wird eine Sprecherin oder ein Sprecher als Expertin oder Experte bestimmt.
- Alle Expertinnen und Experten tragen in der Diskussion ihre Argumente vor. Dabei gehen sie auch auf die Argumente der anderen Gruppen ein.
- Eine Diskussionsleiterin oder ein Diskussionsleiter achtet darauf, dass die Gesprächsregeln eingehalten werden. Vielleicht lassen sich Kompromisse finden.
- Die Zuhörerinnen und Zuhörer entscheiden am Ende über die Lösung des Problems. Außerdem geben sie den Expertinnen und Experten Rückmeldung zu ihrem Diskussionsverhalten.

In einer **Expertendiskussion** bringen die unterschiedlichen Interessengruppen ihre Argumente vor.
Eine Expertendiskussion zu einem Thema, zu dem es unterschiedliche Meinungen gibt, kann in einem Rollenspiel geübt werden.

4 Experten stellen die Argumente vor.

Für die Rückmeldung können folgende Fragen helfen:

- Welche Rolle hat mich am meisten, wer hat mich am wenigsten überzeugt?
- Welche Argumente waren für mich besonders wichtig?
- Wer hat dazu beigetragen, einen Kompromiss zu finden?

1 Bereitet eine Expertendiskussion zu folgendem Thema vor: Soll im Waldgebiet neben unserem Wohnort ein Mountainbike-Trail eingerichtet werden?

2 Führt die Expertendiskussion durch.

3 Wertet die Expertendiskussion aus.

1 Fichten werden braun und verlieren ihre Nadeln.

Der Wald ist in Gefahr

Der Wald in Deutschland

Etwa ein Drittel der Fläche Deutschlands besteht aus Wald. Die häufigsten Baumarten sind die Nadelbäume Fichte und Kiefer, und die Laubbäume Buche und Eiche. Ein Spaziergang durch den Wald zeigt, dass in den Kronen vieler Laubbäume schon im Sommer Blätter vertrocknen. Bei Nadelbäumen werden die Nadeln gelb oder fallen teilweise ganz ab. Nur etwa jeder vierte Baum in unseren Wäldern ist gesund.

2 Buchen verlieren im Sommer die Blätter.

Luftschadstoffe

Häufige Ursachen für Waldschäden sind Luftschadstoffe wie Stickstoffoxide oder Schwefeldioxid aus Verkehr, Industrie, Landwirtschaft und Haushalten. Die Luftschadstoffe bilden zusammen mit Niederschlägen und Wasserdampf in der Luft giftige Säuren.

Schäden an Blättern und Nadeln

Die Säuren greifen die Blätter und Nadeln der Bäume an. Die Spaltöffnungen können sich dann nicht mehr richtig schließen. Dadurch verdunsten die Bäume mehr Wasser, als sie aus dem Boden aufnehmen können. Die Blätter und Nadeln werden langsam braun und vertrocknen.

Schäden an den Wurzeln

Wenn die Schadstoffe mit dem Wasser in den Boden kommen, sterben die feinen Wurzeln der Bäume ab. Betroffene Bäume können dann nur noch wenig Wasser mit Mineralstoffen aufnehmen. Viele Bodenlebewesen sterben. Die Bildung von Humus wird gestört.

Wetter und Klima

Forscher haben festgestellt, dass sich das Klima auf der Erde in den letzten Jahrzehnten stark verändert hat. Es ist sehr schnell immer wärmer geworden. Dieser Klimawandel wird durch die Lebensweise von uns Menschen erheblich verstärkt. Wir verbrennen Kohle oder Erdöl, um Energie zu gewinnen. Dabei entstehen Gase wie Kohlenstoffdioxid. Solche Gase verursachen Klimaveränderungen.

Durch die Erderwärmung kommt es immer häufiger zu extremen Wetterereignissen wie langen, trockenen Sommern, Starkregen oder Orkanen. Wenn Bäume bereits durch Luftschadstoffe geschädigt sind, können solche extremen Wetterlagen dem Wald zusätzlich Schaden zufügen.

3 Sturmschäden

Schäden durch Insekten

In Wäldern, die durch Trockenheit oder Stürme geschädigt sind, können Insekten große Schäden anrichten. Der Fichtenborkenkäfer lebt zum Beispiel unter der Rinde von Fichten. Er kann sich in geschwächten Bäumen in einem reinen Fichtenwald stark vermehren. Der Käfer hat dort nur wenige Fressfeinde wie Buntspechte oder Fledermäuse. Stark befallene Bäume sterben ab.

Hilfe für den Wald

Die Reduzierung von Luftschadstoffen und die Begrenzung der Erderwärmung sind wichtige Ziele, um Wälder gesund zu erhalten. Eine Maßnahme dazu ist beispielsweise, durch unsere Lebensweise weniger Erdöl und Kohle zu verbrauchen.

4 Fichtenborkenkäfer

1 **a)** Nenne Beispiele für Luftschadstoffe, die Bäume schädigen.
b) Beschreibe, wie sich die Schadstoffe auf die Funktion der Blätter, Nadeln und Wurzeln auswirken.

2 **a)** Beschreibe, wie sich der Klimawandel auf Wälder auswirkt.
b) Erkläre, wie es zu einem Massenbefall von Fichtenborkenkäfern kommen kann.

3 ❙ Nenne Merkmale geschädigter Bäume.

4 ❙❙ Erkläre, warum ein geschädigter Baum die Blätter oder Nadeln abwirft.

»

Ⓐ Monokultur oder Mischwald?

1 Verschiedene Wälder

Die beiden Bilder zeigen zwei verschiedene Waldarten. In einer **Monokultur** wie einem Fichtenwald gibt es nur schnellwachsende Fichten. Solche Wälder wurden früher angepflanzt, um nach einigen Jahren möglichst einfach viel Holz ernten zu können.

In einem **Buchenmischwald** wachsen unterschiedliche Baumarten. Die Bäume sind unterschiedlich alt. Solche Wälder sind ein Lebensraum für viele Tiere und Pflanzen. Die Baumarten sind an ihrem Standort angepasst. Damit sind Buchenmischwälder besser gegen extreme Umwelteinflüsse geschützt.

1 Ordne die beiden Bilder den beiden Waldarten zu.

2 Beschreibe die beiden unterschiedlichen Waldtypen.

3 Beurteile, in welcher Waldart sich Waldschädlinge wie der Fichtenborkenkäfer besser vermehren können.

4 Begründe, warum eine der beiden Waldarten besser gegen extreme Umwelteinflüsse geschützt ist.

Ⓑ Gesund oder geschädigt?

2 Zweige einer Buche: **A** gesund, **B** geschädigt

Die Bilder 2 A und 2 B zeigen zwei verschiedene Buchenzweige.

1 Beschreibe mithilfe der beiden Abbildungen die Unterschiede zwischen gesunden und geschädigten Zweigen einer Buche.

2 ▮▮ Stelle eine Vermutung auf, warum die Blätter der geschädigten Buche braun werden. Begründe deine Vermutung.

● ● ● **ÜBEN UND ANWENDEN**

ⓒ Nachhaltige Waldbewirtschaftung

Neben der Reduktion von Luftschadstoffen ist für das Überleben unserer Wälder eine nachhaltige Bewirtschaftung notwendig. Das Konzept der Nachhaltigkeit bedeutet, dass wir bei allem was wir tun, die langfristigen Folgen mitbedenken müssen. Auch unsere Kinder und Enkelkinder wollen in Zukunft in einer unzerstörten Umwelt leben.

3 Nachhaltigkeit

Totholz und Holzabfall bleiben im Wald und dienen Tieren als Nahrung und Lebensraum.

Bäume werden einzeln geerntet, wenn sie dick genug sind.

Wenn möglichst viele gleiche Bäume einer Art gleichzeitig gepflanzt werden, können sie nach einigen Jahren gleichzeitig geerntet werden. Damit spart man Zeit.

In Wäldern sollen möglichst viele verschiedene Baumarten angepflanzt werden

In Wäldern sollen möglichst wenig verschiedene Baumarten angepflanzt werden.

Die Bäume im Wald müssen gut an ihren Standort angepasst sein. So sollen zum Beispiel an trockenen Standorten möglichst Bäume angepflanzt werden, die Trockenheit vertragen.

Um naturnahe Wälder zu erhalten, sollen Wälder als Naturschutzgebiete ausgewiesen werden.

Um Wälder besser bewirtschaften zu können, sollen möglichst breite Wege für den Holztransport angelegt werden.

Im Wald sollen möglichst keine chemischen Pflanzenschutzmittel oder Düngemittel angewendet werden.

Beim Kauf von Möbeln aus Holz sollte darauf geachtet werden, dass das Holz möglichst aus nachhaltiger Waldwirtschaft stammt.

❶ a) Bewerte die Aussagen im Hinblick darauf, ob sie zu einem nachhaltigen Umgang mit unseren Wäldern beitragen.
b) Mache Vorschläge für alternatives Handeln, wenn du eine Aussage für nicht nachhaltig hältst.

1 Ein Waldsee

Der See ist ein Ökosystem

Seen sind unterschiedlich

Ein naturbelassener **Waldsee** im Tiefland hat oft flache Ufer mit Schilf und Seerosen. Milde Temperaturen und genügend Mineralstoffe ermöglichen ein kräftiges Pflanzenwachstum. Hier finden Wasservögel und andere Tiere viel Nahrung.

Ein **Bergsee** mit steilen oder felsigen Ufern wirkt dagegen kahl. Es gibt kaum Pflanzen und das Wasser ist sehr klar. Die Temperaturen sind im Winter eisig und im Sommer kühl. Für das Pflanzenwachstum fehlen außerdem oft die Mineralstoffe. Hier finden nur wenige Tiere einen Lebensraum. Bachforellen allerdings bevorzugen das kalte, sauerstoffreiche Wasser.

2 Ein Bergsee

Lebensraum See

Welche Pflanzen und Tiere in einem See leben, hängt von den dort vorherrschenden Bedingungen ab. Dazu gehören beispielsweise die Temperaturen in den verschiedenen Jahreszeiten. Zudem beeinflussen der Wind, der Boden und die Form der Ufer, welche Pflanzen dort wachsen können. Pflanzen sind bei der Fotosynthese auf Licht angewiesen. Licht fehlt in zu großer Wassertiefe oder bei zu trübem Wasser. Der Mineralstoffgehalt des Wassers wirkt als „Dünger" für das Pflanzenwachstum. Für die Atmung der Tiere ist der Sauerstoffgehalt des Wassers ausschlaggebend. An der Wasseroberfläche und dort, wo Wasserpflanzen Fotosynthese betreiben, ist der Sauerstoffgehalt hoch. Kaltes Wasser kann außerdem mehr Sauerstoff lösen als warmes Wasser.

> Diese Einflüsse der unbelebten Natur, die **abiotischen Faktoren**, bestimmen einen Lebensraum.
> In jedem Lebensraum können nur die Pflanzen und Tiere leben, die an diese Faktoren angepasst sind.

Lebensgemeinschaften im See

Das Ufer, das freie Wasser und der Boden sind verschiedene Lebensräume in einem See. Hier bilden sich unterschiedliche Lebensgemeinschaften von Pflanzen und Tieren aus. Diese Lebensgemeinschaften sind durch die Wechselwirkungen zwischen den Lebewesen gekennzeichnet.

> Die Einflüsse der Lebewesen aufeinander heißen **biotische Faktoren.**

In den **Uferzonen** ist das Wasser flach. Hier wachsen Schilf und Rohrkolben. Teichrohrsänger bauen ihre Nester zwischen den Schilfstängeln. Der Hecht findet zwischen den Stängeln Deckung. Er jagt kleine Fische. Im **freien Wasser** schwimmen Haubentaucher. Sie tauchen mehrere Meter tief nach kleinen Fischen.
Am **Boden** leben Würmer und Muscheln. Der Wels spürt sie in dunkler Tiefe mit seinen Tastorganen, den Barteln, auf.

Ökosystem See

Die verschiedenen Lebensräume mit ihren besonderen Lebensgemeinschaften bilden zusammen das **Ökosystem** See.
Jede Pflanzenart und jede Tierart ist an bestimmte abiotische und biotische Faktoren angepasst. Alle diese Faktoren bilden die **ökologische Nische** dieser Art. Jede Art nutzt eine etwas andere ökologische Nische. So können viele Arten nebeneinander leben, ohne sich **Konkurrenz** zu machen.

3 Schilf mit dem Nest eines Teichrohrsängers

4 Haubentaucher

5 Europäischer Wels mit Barteln

1 a) Nenne abiotische Faktoren, die einen Bergsee von einem Waldsee unterscheiden.
b) Erkläre, warum am Ufer eines Bergsees nur wenige Pflanzen wachsen.

2 Beschreibe eine Lebensgemeinschaft im Uferbereich eines Waldsees. Beschreibe dabei auch biotische Faktoren in dieser Lebensgemeinschaft.

3 I Nenne zwei abiotische Faktoren, die die Uferzone eines Waldsees kennzeichnen.

4 I Erkläre, welche unterschiedlichen Lebensräume Hecht und Wels nutzen.

5 II Beschreibe, wie der Teichrohrsänger einen biotischen Faktor für seine Fortpflanzung nutzt.

A Was lebt in einem Teich oder einem See?

1 Gewässeruntersuchung

Material: Kescher oder Küchensieb, flache Kunststoffschale, Schnappgläser, Lupe, Stereolupe, Bestimmungsbuch oder Bestimmungs-App, Smartphone, Zeichenmaterial

> **ACHTUNG**
> Haltet gefangene Wassertiere immer im Wasser. Die Tiere dürfen nicht lange in der Sonne stehen. Setzt die Tiere nach kurzer Zeit in den See zurück.

Durchführung:

Schritt 1: Erstellt eine Übersichtszeichnung von dem See oder Teich. Tragt dort ein:
- Uferformen wie Sandstrand, sumpfiges Ufer, Steilufer usw.
– Hauptpflanzenzonen (→ Basisseite)
– Besonderheiten wie Stege, Müll am Ufer oder anderes

Schritt 2: Fotografiert die Pflanzenzonen. Fotografiert oder zeichnet einzelne Pflanzen und Tiere. Notiert, wo ihr die Tiere beobachtet habt.

Schritt 3: Fischt mit dem Kescher oder Sieb kleine Tiere aus dem Wasser. Zieht den Kescher vorsichtig durch das Wasser oder über den Boden. Wirbelt dabei nicht zu viel Schlamm auf und beschädigt keine Pflanzen.

Schritt 4: Leert den Kescher vorsichtig in die mit Wasser gefüllte Schale aus. Gebt einzelne Tiere zur Beobachtung in ein Schnappglas.

Schritt 5: Findet die Namen einiger Tierarten und Pflanzenarten heraus.

1 Vergleicht und präsentiert eure Ergebnisse.

B Wie verhalten sich Wassertiere?

2 Ein Wasserläufer

Material: Smartphone, Behälter mit Abdeckung

Durchführung:
Beobachtet Wassertiere und filmt sie mit der Handykamera. Ihr könnt die Tiere dazu auch in ein Glas oder in ein kleines Aquarium setzen. Achtet zum Beispiel auf die Fortbewegung, auf das Fluchtverhalten oder die Nahrungsaufnahme.

1 Sprecht zu euren Kurzvideos später Texte ein, die das Verhalten der Tiere erläutern.

● ● ● ▸ ÜBEN UND ANWENDEN

A Abiotische Faktoren in einem See

Wichtige Umweltfaktoren in einem See hängen von der Wassertiefe ab.

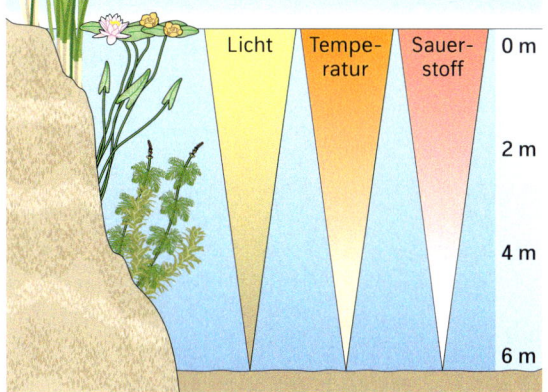

1 Beschreibe, wie sich Lichtmenge, Temperatur und Sauerstoffgehalt mit zunehmender Wassertiefe verändern.

2 ‖ **a)** Erkläre die Möglichkeiten für die Fotosynthese und für das Pflanzenwachstum in unterschiedlichen Wassertiefen.
‖ **b)** Erkläre Möglichkeiten für die Atmung von Fischen in unterschiedlichen Wassertiefen.

3 Abiotische Faktoren im See

B Wasservögel nutzen verschiedene ökologische Nischen

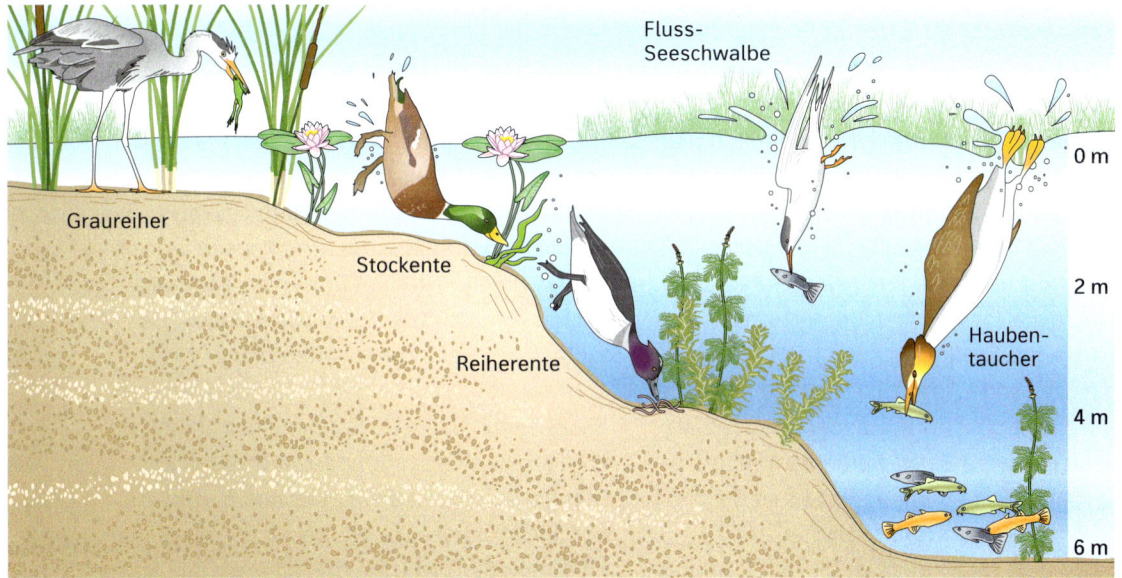

4 Vögel im See

Verschiedene Vögel leben im Ökosystem See, ohne sich Konkurrenz zu machen.

1 **a)** Nenne die Bereiche des Sees, auf die die Wasservögel spezialisiert sind.
b) Nenne Beispiele für die Nahrung der Vögel in Bild 4.

2 Erkläre, warum sich die Vögel bei ihrer Nahrungssuche im See keine Konkurrenz machen.

3 ‖ Erkläre den Begriff der ökologischen Nische in Bezug auf die Ernährung der Vögel im See.

Digital+
Film

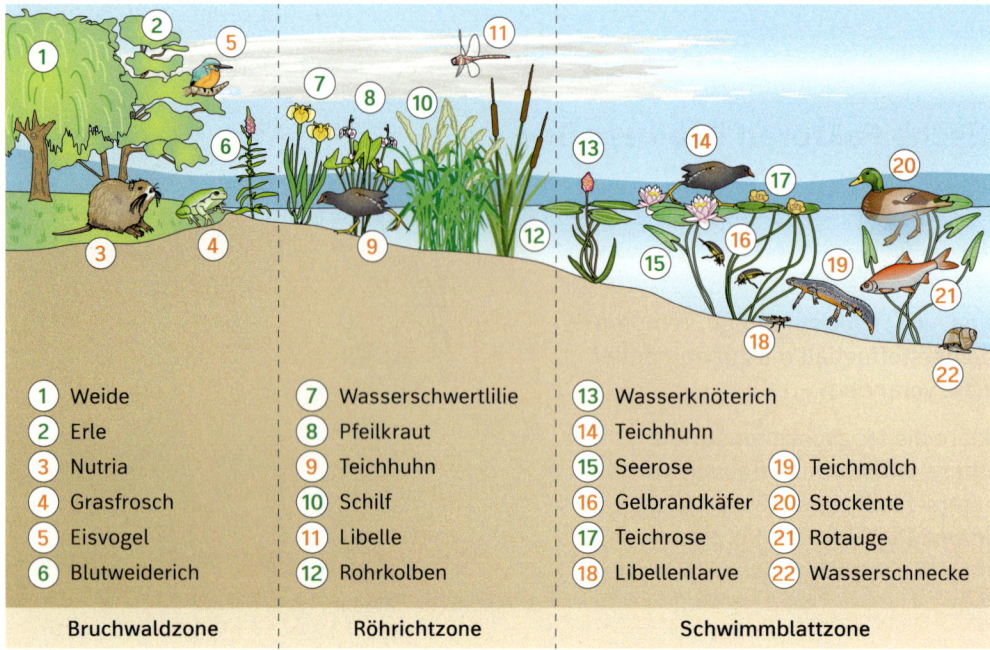

① Weide	⑦ Wasserschwertlilie	⑬ Wasserknöterich	
② Erle	⑧ Pfeilkraut	⑭ Teichhuhn	
③ Nutria	⑨ Teichhuhn	⑮ Seerose	⑲ Teichmolch
④ Grasfrosch	⑩ Schilf	⑯ Gelbrandkäfer	⑳ Stockente
⑤ Eisvogel	⑪ Libelle	⑰ Teichrose	㉑ Rotauge
⑥ Blutweiderich	⑫ Rohrkolben	⑱ Libellenlarve	㉒ Wasserschnecke

Bruchwaldzone   **Röhrichtzone**   **Schwimmblattzone**

1 Gewässerzonen im See: Bruchwaldzone, Röhrichtzone und Schwimmblattzone

Pflanzen und Tiere am und im See

Bruchwaldzone

In der sumpfigen **Bruchwaldzone** am Ufer wachsen Erlen und Weiden. Sie vertragen einen hohen Grundwasserstand und gelegentliche Überschwemmungen. Grasfrösche finden hier geeignete Laichplätze. Eisvögel nutzen über das Wasser hängende Zweige als Ansitz. Zum Wasser hin wächst der rot blühende Blutweiderich. Die Nutria baut im Uferbereich ihre Schilfnester. Das große Nagetier stammt ursprünglich aus Südamerika. Es ist bei uns aber inzwischen weit verbreitet.

Röhrichtzone

Im flachen Wasser bilden Schilf, Rohrkolben und andere Pflanzen die **Röhrichtzone.** Hier wächst auch das Pfeilkraut mit seinen pfeilförmigen Blättern. Gelb blühende Wasserschwertlilien locken Insekten an. Libellen paaren sich und legen ihre Eier ins Wasser ab. Viele Vögel wie das Teichhuhn bauen im dichten Röhricht ihre Nester.

Schwimmblattzone

In der **Schwimmblattzone** ist das Wasser schon etwas tiefer. An der Wasseroberfläche liegen große Schwimmblätter. Seerosen blühen weiß-violett, Teichrosen blühen gelb. Auch der Wasserknöterich mit seinen kleinen rosa Blüten wächst hier. Luftgefüllte Hohlräume halten die Schwimmblätter an der Wasseroberfläche. Sie nutzen die direkte Sonneneinstrahlung zur Fotosynthese. Meterlange, biegsame Stängel verbinden die Blätter und Blüten mit den Wurzeln. Die Wurzeln bilden kräftige Erdstängel, die die Pflanzen im schlammigen Untergrund verankern. In der Schwimmblattzone finden viele Tiere Nahrung. Die großen Gelbrandkäfer erbeuten hier Teichmolche, Insektenlarven und Jungfische. Fische wie Rotaugen ernähren sich von Pflanzenteilen, Plankton, kleinen Insekten und Schnecken. Stockenten schwimmen zwischen Seerosenblättern und fressen Wasserpflanzen.

2 Gewässerzonen im See: Tauchblattzone, Tiefalgenzone, Freiwasserzone und Bodenzone

Tauchblattzone und Tiefalgenzone

Wasserpest und Laichkraut wachsen untergetaucht in der **Tauchblattzone.** Die Pflanzen nutzen das ins Wasser eindringende Sonnenlicht. Der Gasaustausch und die Aufnahme von Mineralstoffen erfolgt direkt aus dem Wasser über die schmalen Blätter. Reiherenten tauchen nach Muscheln und Schnecken.

Mit zunehmender Wassertiefe nimmt die Lichtmenge ab. In der **Tiefalgenzone** klarer Seen wachsen Armleuchteralgen. Fische und Schnecken weiden Wasserpflanzen ab. Teichmuscheln filtrieren Kleinstlebewesen aus dem Wasser.

Freiwasserzone und Bodenzone

Im freien Wasser schweben mikroskopisch kleine Lebewesen. Sie werden als **Plankton** bezeichnet. Dazu gehören kleine Algen und blaugrüne Bakterien. Sie betreiben Fotosynthese. Im Plankton leben auch tierische Einzeller wie beispielsweise Wimperntierchen und Rädertiere.

Am **Boden** im tiefen Wasser ist es häufig zu dunkel für ein Pflanzenwachstum. Von oben sinkt abgestorbenes Plankton nach unten. Wenn Sauerstoff fehlt, bildet sich **Faulschlamm.** An diese besonderen Bedingungen sind einige Bakterien und Würmer angepasst.

1 **a)** Erstelle eine Tabelle zu den Pflanzenzonen eines Sees. Ergänze die Wassertiefen sowie vorkommende Pflanzen und Tiere.
b) Begründe, warum sich Tiere nicht immer nur einer Zone zuordnen lassen.

Starthilfe zu 1a:

	Wassertiefe in m	Pflanzen	Tiere
Bruchwald	0	Erlen...	Nutria
Röhricht	1,5	...	...

2 Beschreibe Angepasstheiten der Seerosen an ihren Lebensraum.

3 ❙ Beschreibe an zwei Beispielen, wie Tiere die Schwimmblattzone nutzen.

4 ❙❙❙ Erkläre, wie Lichtmenge und Sauerstoffgehalt das Leben in der Freiwasserzone und in der Bodenzone beeinflussen.

A Libellen sind Flugkünstler

1 Blaugrüne Mosaikjungfer

Die Blaugrüne Mosaikjungfer lässt sich in den Sommermonaten häufig beobachten. Diese Großlibellen leben einen Sommer lang. Sie sind wahre Flugkünstler. Sie jagen Insekten im Flug. Bei der Paarung bilden Männchen und Weibchen ein Paarungsrad. Danach legt das Weibchen mit einem Legestachel Eier in Pflanzenteile dicht über dem Wasser. Aus den Eiern schlüpfen flügellose Larven. Die Libellenlarven leben räuberisch unter Wasser. Sie fressen Würmer, Kaulquappen und Jungfische. Sie häuten sich mehrfach. Am Ende ihrer zweijährigen Entwicklung klettert die Larve aus dem Wasser. Wenige Stunden später schlüpft die voll entwickelte Libelle.

1 a) Gib den Bildern 1 A bis D treffende Titel.
b) Ordne die vier Bilder zu einem Entwicklungskreislauf.

2 ▍▍▍ a) Beschreibe die beiden Lebenräume von der Larve und dem voll entwickelten Insekt.
▍▍▍ b) Entscheide, wo die Libelle länger lebt.

B Angepasstheiten von Wasserpflanzen

2 Wasserhahnenfuß mit Schwimmblättern und Tauchblättern

Der Wasserhahnenfuß wächst in der Schwimmblattzone von Seen und langsam fließenden Gewässern. An ein und derselben Pflanze wachsen Schwimmblätter und unter Wasser auch anders geformte Tauchblätter.

1 a) Beschreibe die unterschiedlichen Blattformen des Wasserhahnenfußes.
b) Erkläre die Vorteile, die diese Blattformen als Angepasstheiten an den Lebensraum haben.

2 ▍▍▍ Schwimmblätter haben Spaltöffnungen nur an der Blattoberseite, Tauchblätter haben gar keine Spaltöffnungen. Erkläre, warum dies sinnvoll ist.

●● ÜBEN UND ANWENDEN

C Atmen mit allen Tricks

3 Wassertiere müssen atmen.

Wasserskorpion
Diese Wasserwanze legt zwei lange Fortsätze an ihrem Hinterleib zu einer Röhre zusammen. Diese streckt sie aus dem Wasser und holt damit Luft.

Kleinlibellenlarve
Am Hinterleib hat sie drei blattförmige Ausstülpungen. Mit diesen Kiemen nimmt die Larve Sauerstoff aus dem Wasser auf.

Wasserspinne
Sie spinnt unter Wasser ein dichtes Netz. Mit ihren acht Beinen und einer ruckartigen Bewegung transportiert sie Luftblasen in ihre Taucherglocke.

Ruderwanze
Sie lebt meist am Gewässergrund. Ab und zu taucht sie auf. Nach einem Luftsprung bleibt Luft in ihrem Haarpelz hängen.

Stechmückenlarven
Die winzigen Larven der Stechmücken hängen zu Hunderten unter der Wasseroberfläche und strecken ihre Atemröhren am Hinterteil in die Luft.

Rückenschwimmer
Diese Wanze schwimmt auch unter Wasser immer mit dem Bauch nach oben, da sie dort Luftbläschen zwischen feinen Härchen mitnimmt.

1 Ordne die sechs Beschreibungen den Bildern A bis F zu.

2 Ordne die Atmung der Tiere nach den Prinzipien: Luftvorrat mitnehmen, Schnorchel, Kiemen.

3 ‖ Eines der Tiere ist kein Insekt. Nenne das Tier und begründe deine Entscheidung.

Digital+
Film

Algen im Plankton

↓ wird gefressen von

Wasserflöhe

↓ wird gefressen von

Libellenlarve

↓ wird gefressen von

Rotauge

↓ wird gefressen von

Hecht

1 Eine Nahrungskette im See

Nahrungs-beziehungen im See

Pflanzen sind Produzenten

Pflanzen wie Seerosen, Wasserpest oder mikroskopisch kleine Algen bilden die Nahrungsgrundlage für die Lebewesen im See. Pflanzen beziehen ihre Energie zum Leben aus dem Sonnenlicht. Bei der Fotosynthese produzieren sie mithilfe der Sonnenenergie Glucose und andere energiereiche Nährstoffe. Dazu brauchen sie Kohlenstoffdioxid. Sie geben Sauerstoff ins Wasser ab. Um zu wachsen nehmen die Pflanzen zusätzlich Mineralstoffe aus dem Wasser auf. Pflanzen heißen Erzeuger oder auch **Produzenten,** weil sie bei der Fotosynthese energiereiche Nährstoffe produzieren.

Tiere sind Konsumenten

Tiere ernähren sich von Pflanzen oder anderen Tieren. Sie sind Verbraucher und werden **Konsumenten** genannt. Beim Abbau von Nährstoffen erhalten sie die Energie für ihre Lebensvorgänge. Bei der Atmung nehmen die Konsumenten Sauerstoff auf und bauen Nährstoffe zu Kohlenstoffdioxid und Wasser ab. Beim Abbau werden auch Mineralstoffe frei. Diese werden mit den Ausscheidungen ins Wasser abgegeben.
Die Tiere nehmen die Nährstoffe und die Mineralstoffe aus den Pflanzen und Tieren auf, die sie fressen. Sie verwenden diese Stoffe auch um selbst zu wachsen.

Nahrungsketten im See

Nährstoffe, die die Pflanzen produzieren, werden in vielen **Nahrungsketten** weitergegeben. Zum Beispiel werden Algen von Wasserflöhen gefressen. Wasserflöhe werden von Libellenlarven gefressen. Diese werden von Rotaugen gefressen. Rotaugen werden von Hechten gefressen. Da große Hechte keine Fressfeinde haben, sind sie die **Endkonsumenten** dieser Nahrungskette.

2 Ein Nahrungsnetz im See

Nahrungsnetz im See

Rotaugen fressen nicht nur Libellenlarven, sondern auch Kaulquappen oder Schlammschnecken. Rotaugen werden nicht nur von Hechten, sondern auch von Graureihern gefressen. So gibt es viele verzweigte Nahrungsketten in einem See. Sie bilden zusammen ein **Nahrungsnetz.**

Destruenten zersetzen Reste

Sterben Pflanzen oder Tiere, wird das tote Material von Muscheln, anderen kleinen Tieren und Bakterien zersetzt. Diese Zersetzer heißen auch **Destruenten.** Destruenten beziehen ihre Energie aus dem Abbau der Nährstoffe. Dabei bleiben Mineralstoffe übrig, die den Pflanzen wieder für ihr Wachstum zur Verfügung stehen.

Stoffkreisläufe

Produzenten brauchen für die Fotosynthese Kohlenstoffdioxid und bilden Sauerstoff. Konsumenten und Destruenten brauchen zur Atmung Sauerstoff und bilden Kohlenstoffdioxid. So entsteht ein Kreislauf. Auch die Mineralstoffe befinden sich in einem Kreislauf. Aus dem Wasser gelangen sie in die Pflanzen, dann weiter zu den Tieren und über die Destruenten wieder ins Wasser.

Energiefluss

Energie wird in einer Nahrungskette von Lebewesen zu Lebewesen weitergegeben (→ Bild 1). Den größten Teil der aufgenommenen Nahrungsenergie nutzt das Lebewesen für sich. Daher wird immer nur wenig Nahrungsenergie an das nächste Lebewesen weitergegeben.

1. a) Nenne je zwei Beispiele für Produzenten, Konsumenten und Destruenten.
   b) Erkläre, woher diese Lebewesen die Energie für ihre Lebensvorgänge erhalten.

2. a) Erstelle mithilfe von Bild 2 zwei Nahrungsketten.
   b) Erkläre, warum Nahrungsketten immer mit Pflanzen oder Algen beginnen.
   c) Erkläre den Begriff Nahrungsnetz.

3. Erkläre die Bedeutung der Destruenten für den Mineralstoffkreislauf im See.

4. Benenne Nahrung und Fressfeinde von Rotaugen.

5. a) Beschreibe den Energiefluss in einer Nahrungskette.
   b) Erkläre, warum ein Hecht etwa 10 kg Rotaugen fressen muss, um 1 kg zuzunehmen.

Ⓐ Stoffkreisläufe im See

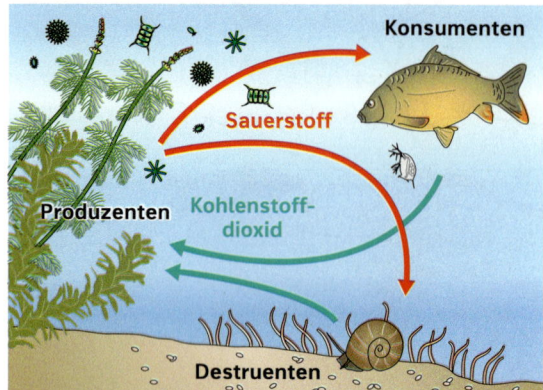

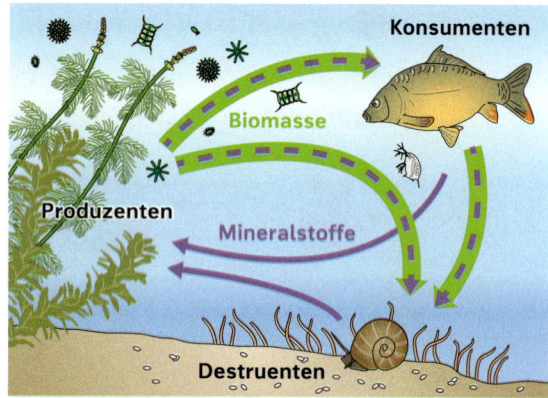

1 Kreislauf von Sauerstoff und Kohlenstoffdioxid

2 Kreislauf der Mineralstoffe

Produzenten brauchen Sonnenlicht, Konsumenten und Destruenten können überall leben. Die verschiedenen Stoffe befinden sich daher nicht überall in gleichen Mengen im Wasser.

❶ a) Beschreibe die beiden Stoffkreisläufe, die in Bild 1 und Bild 2 gezeigt sind.
b) Gib an, wo sich Sauerstoff und Kohlenstoffdioxid befinden.

c) Gib an, wo sich die Mineralstoffe befinden, die die Produzenten aufnehmen und wo sich die Mineralstoffe befinden, die Konsumenten und Destruenten aufnehmen.

❷ ‖ a) Erkläre, warum sich Sauerstoff eher in den oberen Wasserschichten, Kohlenstoffdioxid vermehrt in den unteren befindet.
‖ b) Begründe, warum Algen manchmal unter Mineralstoffmangel leiden.

Ⓑ Plankton

Im Sommer entwickelt sich im Seewasser ein reiches Leben mit teilweise mikroskopisch kleinen Organismen. Sie schwimmen und schweben im Wasser und bilden das Plankton. Viele Algen des Planktons haben Formen, die das Schweben im Wasser erleichtern. Andere schwimmen mit Geißeln.

❶ a) Erkläre, warum es für Algen im Plankton wichtig ist, das Herabsinken im Wasser möglichst lange Zeit hinauszuzögern.
b) Stelle eine Vermutung auf, ob dies auch für Tiere des Planktons von Bedeutung ist, und begründe deine Vermutung.

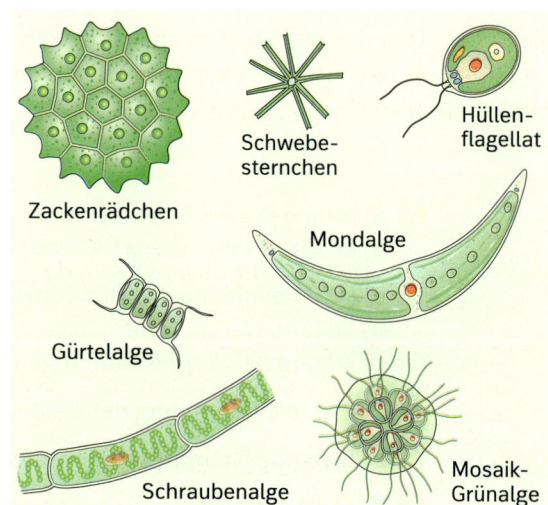

3 Algen des Planktons

C Nahrungspyramide und Energiefluss im See

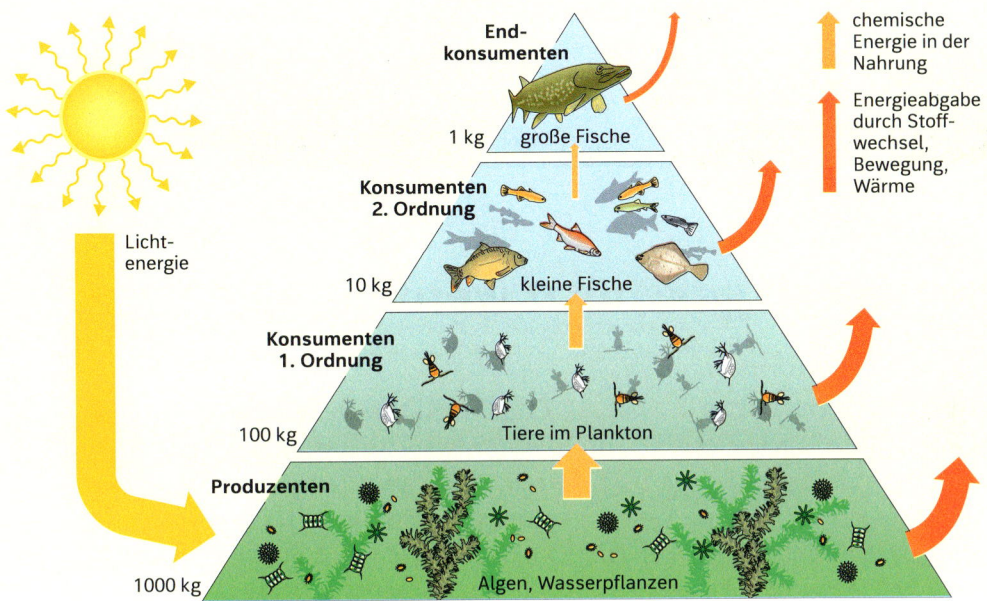

4 Nahrungspyramide und Energiefluss

Die Nahrungspyramide

Bild 4 zeigt eine Nahrungspyramide in einem See. Ganz unten befindet sich die große Masse der Produzenten. Darüber sind die Pflanzenfresser, die Konsumenten 1. Ordnung. Dann kommen die Konsumenten 2. Ordnung, die Tiere fressen. An der Spitze der Nahrungspyramide stehen die Endkonsumenten.

Die Biomasse nimmt von Stufe zu Stufe etwa auf ein Zehntel ab. Das hängt damit zusammen, dass für die Konsumenten höherer Ordnung immer weniger Nahrungsenergie zur Verfügung steht.

Der Energiefluss

In Bild 4 zeigen die farbigen Pfeile den Energiefluss im Ökosystem.

Das Ökosystem erhält seine gesamte Energie als Lichtenergie von der Sonne. Produzenten binden die Lichtenergie durch die Fotosynthese und stellen energiereiche Nährstoffe her. Beim Fressen wird die chemische Energie an die Konsumenten der folgenden Stufe weitergegeben. Ein Teil der Energie wird von den Lebewesen jeder Stufe aber an die Umwelt abgegeben. Dies geschieht durch den Stoffwechsel, die Bewegung und die Wärmeabgabe der Lebewesen.

1 Beschreibe die Nahrungsbeziehungen, die in Bild 4 dargestellt sind.

2 Beschreibe den Energiefluss im Ökosystem See. Gliedere deine Beschreibung durch die Farben der Pfeile.

3 Erkläre, was die unterschiedliche Breite der Pfeile in Bild 4 darstellen soll.

4 ‖ Erkläre, warum die Biomasse von Stufe zu Stufe abnimmt.

5 ‖ Erkläre, warum die Tiere in der Nahrungskette von Stufe zu Stufe größer werden, ihre Anzahl aber abnimmt.

6 ‖‖ Mit Krebsen und kleinen Fischen lassen sich mehr Menschen ernähren als mit der Fischerei nur großer Fische. Erkläre dies.

1 Freizeit am See

Seen müssen geschützt werden

Gefährdete Lebensräume

Menschen gefährden Seen und ihre Lebensgemeinschaften auf vielfältige Weise. Manche kleinere Gewässer werden trocken gelegt, wenn dort gebaut werden soll. Bei größeren Seen sind die Uferzonen im Bereich der Städte oft durch Mauern und Bootsanleger befestigt.

Rasenflächen und Spazierwege grenzen oftmals direkt ans Wasser. Natürliche Uferzonen fehlen dort. Dadurch kann starker Wellenschlag am Ufer entstehen. Dieser kann Boden wegschwemmen und den Uferverlauf ändern. Viele Seen werden für Freizeitaktivitäten genutzt. Boote stören Wasservögel und Fische. Im Sommer sorgen Badegäste für Unruhe. Wenn sie noch Müll hinterlassen, werden Ufer und Wasser verschmutzt.

Empfindliche Bereiche

Viele Wasservögel brüten in ungestörten, dicht bewachsenen Uferzonen. Sie ziehen dort ihre Küken auf. Auch viele Fische, Amphibien und Insekten sind auf geschützte Flächen wie Röhrichte oder Bruchwälder angewiesen.

Wasserqualität

Aus falsch verstandener Tierliebe füttern manche Menschen Wasservögel. Sie locken viele Stockenten und Gänse an. Nicht gefressenes Futter und der Vogelkot belasten das Wasser.

Abwässer aus Haushalten und Industrie werden heute durch Kläranlagen weitgehend gereinigt. Allerdings wird die Wasserqualität durch Dünger und Pestizide aus der Landwirtschaft verschlechtert.

2 Seeufer in der Stadt

3 Seen und Landwirtschaft

4 Umkippen eines Sees: **A** Überdüngung, **B** Algenblüte, **C** Fischsterben

Wie kann ein See umkippen?

Werden Wiesen und Felder in der Landwirtschaft zu stark gedüngt, schwemmt der Regen den Dünger weg. Er kann das Grundwasser belasten. Der Dünger gelangt aber auch in Bäche, Flüsse und Seen. Dort führt der Dünger zu starkem Algenwachstum, vor allem in den warmen und sonnigen Sommermonaten. Es kommt dann zu einer so genannten **Algenblüte** vor allem von Blaualgen. Dies sind eigentlich keine Pflanzen, sondern blaugrüne Bakterien. Sie bilden dichte Massen und können Giftstoffe ausscheiden. Das trübe Wasser lässt kaum noch Licht durch. Die Produzenten sterben ab. Die Destruenten vermehren sich, verbrauchen den Sauerstoff und schaffen es dennoch nicht, die Biomasse zu zersetzen. Diese sinkt nach unten und führt zu Fäulnis. **Fäulnisbakterien** bilden stinkende Faulgase. Fische und andere Wassertiere sterben. Man sagt: „Der See ist umgekippt".

Gewässer schützen

Das Problem der Überdüngung von Gewässern ist noch nicht ausreichend gelöst. Aber die Lebensbedingungen in vielen Gewässern konnten durch den Natur- und Umweltschutz deutlich verbessert werden. In den letzten Jahrzehnten lassen sich wieder mehr Eisvögel beobachten und Biber breiten sich wieder aus. Das zeigt, dass sich Umweltschutz lohnt. Heute müssen bei Bauprojekten und Verkehrsprojekten ökologische Richtlinien beachtet werden. Freizeitaktivitäten werden eingeschränkt. Motorboote sind auf vielen Gewässern verboten. Paddler und Surfer dürfen nicht in Schwimmblattzonen oder Röhrichte fahren. Das Baden ist nur in begrenzten Bereichen erlaubt. Angler müssen sich an Schonzeiten für Fische halten. So können die verschiedenen Interessen der Menschen mit dem Naturschutz in Einklang gebracht werden.

1 Betrachte die Bilder 1 bis 4. Beschreibe für jedes Bild, welche Beeinträchtigungen für das Ökosystem See dort erkennbar sind.

2 **a)** Erkläre, warum gerade die Uferzonen wie Röhrichte besonderen Schutz brauchen.
b) Beschreibe zwei Maßnahmen zum Schutz von Uferzonen.

3 Erstelle ein Flussdiagramm, das den Ablauf beim Umkippen eines Sees darstellt.

Starthilfe zu 3:
Nutze folgende Stichworte:
Gülle ausbringen · Fische sterben · Algenblüte · Sonne und Wärme · Sauerstoffmangel · Destruenten vermehren sich · Fäulnis

4 ▎ Beurteile das Füttern von Enten aus ökologischer Sicht.

5 ▎▎ Teiche und Seen werden manchmal zur Fischzucht genutzt. Finde Argumente für und gegen eine solche Nutzung. Diskutiert in der Klasse darüber.

»

A Gezielt schützen

J	F	M	A	M	J	J	A	S	O	N	D
					Brasse						
	Hecht										
			Rotfeder								
			Bläss-huhn								
			Krick-ente								
					Wasser-frosch						
		Kammmolch									

1 Störungsempfindliche Zeiten bei Wassertieren

2 Nest eines Blässhuhns

Fische, Amphibien und Wasservögel reagieren in der Fortpflanzungszeit besonders empfindlich auf Störungen. Der Wassersport sollte auf diese Zeiten besondere Rücksicht nehmen.

❶ **a)** Nenne die Monate, in denen sich viele Wassertiere fortpflanzen.
b) Entwickelt in Arbeitsgruppen sinnvolle Regeln für Wassersportler auf einem See. Diskutiert eure Vorschläge.
c) Entwerft ein Hinweisschild mit Verhaltensregeln für Wassersportler.

B Umweltfaktoren im See ändern sich

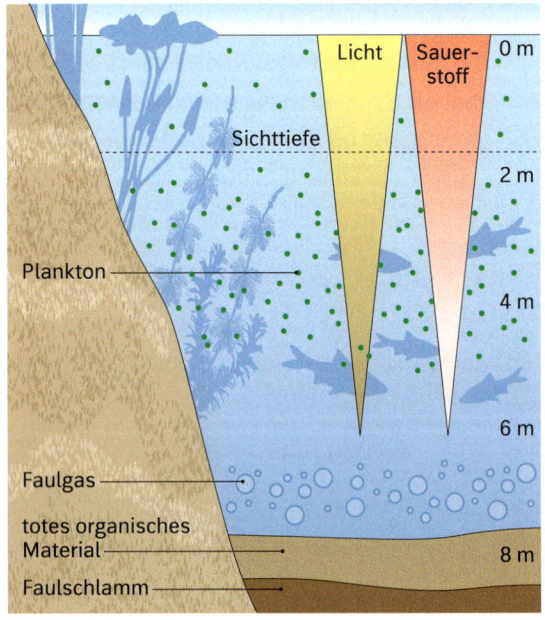

3 Umweltverhältnisse in einem natürlichen See

In einem naturnahen See ist das Wasser klar. Das Licht dringt einige Meter tief ein. Wasserpflanzen, Algen und blaugrüne Bakterien (Blaualgen) produzieren Sauerstoff. Er ist für die Atmung von Fischen und anderen Wassertieren lebenswichtig. Nur am Boden des Sees fehlt der Sauerstoff. Hier sammelt sich Biomasse. Aus dieser Biomasse bildet sich Faulschlamm.

❶ Beschreibe Bild 3.

❷ ‖ Zeichne in dein Heft eine ähnliche Skizze (Größe mindestens eine halbe Seite) wie in Bild 3. Sie soll jedoch die Verhältnisse nach dem Umkippen eines Sees zeigen.

Starthilfe zu 2:
Berücksichtige: Plankton mit blaugrünen Algen · Sichttiefe · Licht · Sauerstoffgehalt · tote Biomasse und Faulschlamm · Faulgas · Fische

IM ALLTAG

Seen nutzen und schützen

4 Campingplatz am Badesee

Freizeit und Naturschutz

Ein Campingplatz direkt am Seeufer ist für viele ein verlockendes Ziel für das Wochenende oder den Urlaub. Am Ufer ist aber viel Betrieb. Lärm und Bewegung vertreiben die Wildtiere. Die Ufer haben wenig Bewuchs und Wassertiere sind hier kaum zu finden. Abfälle können das Wasser verunreinigen.

5 Schwimmendes Kraftwerk auf einem See

Wasserflächen nutzen?

Auf einem See wurde eine schwimmende Fotovoltaikanlage errichtet. Sie bedeckt nur einen Teil der Wasserfläche und liefert Strom. Die Anlage könnte viele Haushalte mit Solarstrom versorgen.

1 An einem See soll ein neuer Campingplatz eingerichtet werden.
Entwickle einige Vorschläge, wie dies möglichst umweltverträglich umgesetzt werden könnte.

2 Sind Solarkraftwerke auf Seen ein sinnvoller Beitrag zur Versorgung mit erneuerbarer Energie oder eine Beeinträchtigung des Ökosystems See?
a) Bildet Gruppen, die jeweils für eine der beiden Positionen mindestens drei Argumente notieren. Diskutiert eure Argumente in der Klasse.
b) Finde und begründe am Ende deine eigene Bewertung.

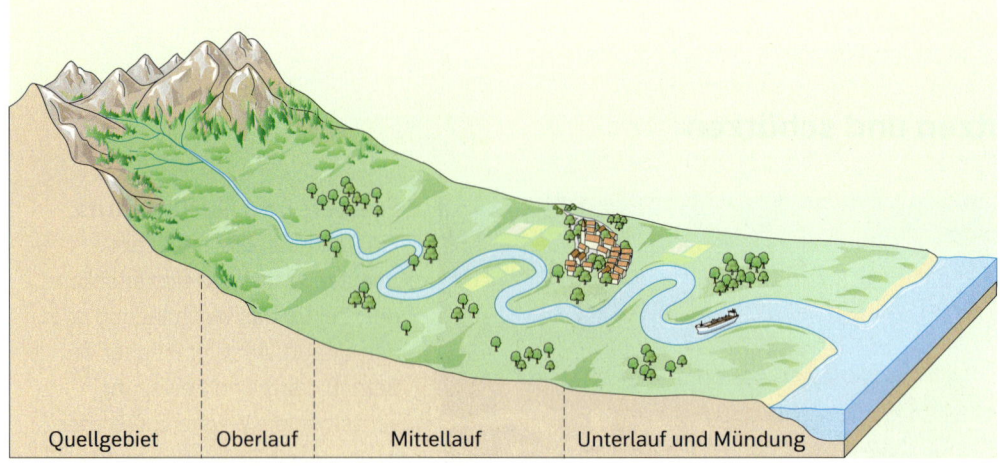

Quellgebiet | Oberlauf | Mittellauf | Unterlauf und Mündung

1 Zonen eines Fließgewässers

Quelle, Bach und Fluss

2 Quelle und Quellschnecke

Das Quellgebiet

Wenn du in den Bergen unterwegs bist, kannst du manchmal entdecken, wo ein Fluss entsteht. An manchen Stellen tritt das Grundwasser aus dem Boden an die Oberfläche. So entsteht eine **Quelle,** die zu einem kleinen Bach oder einem großen Fluss wird. Das Wasser ist an der Quelle sehr kalt und enthält wenig Sauerstoff. Deshalb gibt es dort keine Fische und nur wenige andere Tiere im Wasser. Meistens sind es Insektenlarven oder kleine Schnecken, die sich unter Steinen aufhalten. Sie sind an die niedrige Temperatur angepasst und kommen mit wenig Sauerstoff aus.

Der Oberlauf

In der Nähe der Quelle ist der **Oberlauf.** Das Wasser ist noch sauber, sehr kalt und nicht tief. Es fließt oft schnell und wird stark aufgewirbelt, wenn es über Steine fließt. So gelangt viel Sauerstoff ins Wasser. Hier können Forellen leben. Insekten und kleine Krebse halten sich unter Steinen fest. Die seltene Wasseramsel ist auf solche Gebiete angewiesen. Hier taucht sie ins Wasser und sucht nach Insekten, kleinen Krebsen und Fischen.

3 Oberlauf und Wasseramsel

Der Mittellauf

Im **Mittellauf** ist die Strömung des Fließge-
wässers schwächer. Das Wasser ist
wärmer. Am Ufer wachsen Erlen und
Weiden. Diese Bäume sind an feuchte
Böden angepasst. Typische Fische für den
Mittellauf sind Barben, Rotaugen und
Rotfedern.
Ein natürlicher Fluss ändert ständig seinen
Verlauf. So entstehen viele Lebensräume,
die von Wasser umgeben sind. Es gibt
Überflutungsgebiete, in denen Biber ihre
Burgen bauen. Zahlreiche Vogelarten
finden hier Nistplätze und Nahrung.
Allerdings wurden viele Flüsse für die
Schifffahrt und die Landwirtschaft begra-
digt. Deshalb sind diese Überflutungsge-
biete selten geworden.

4 Mittellauf und Biber

Der Unterlauf und die Mündung

In Richtung Meer wird der Fluss breiter.
Hier ist das Land sehr flach. Daher fließt
der Fluss in seinem **Unterlauf** nur sehr
langsam. Manchmal teilt sich der Fluss in
viele Flussarme auf.
Ein solches Flussdelta bietet vielen selte-
nen Tieren einen Lebensraum. Nahe der
Mündung vermischen sich Salzwasser und
Süßwasser. Nur wenige Fische wie beispielsweise die Flunder, der Stör oder der
Aal können mit dem wechselnden Salzge-
halt des Wassers umgehen.

5 Mündungsgebiet und Flunder

1 **a)** Nenne die vier Zonen eines Fließgewässers.
  b) Ordne ihnen typische Merkmale und Lebewesen
  zu. Erstelle dazu eine Tabelle.

2 ❙ Stelle eine begründete Vermutung an, warum
sich Insektenlarven im Quellgebiet und im
Oberlauf unter Steinen festklammern.

3 ❙ Nenne Gründe, warum der Biber selten geworden ist.

4 ❙ Begründe, warum im Mündungsbereich eines Flusses nur wenige Fischarten
vorkommen.

5 ❙❙ Erläutere, wie und warum sich die Fließgeschwindigkeit des Wassers im Verlauf
eines Flusses verändert.

Starthilfe zu 1:

	Merkmale	Lebewesen
Quelle	– sehr kaltes Wasser – ...	– Insekten-larven – ...
...	...	...

Ⓐ Kleintiere im Bach fangen und untersuchen

1 Untersuchungen am Bach

2 Tiere werden in Kunststoffschalen getan

3 Einzelne Tiere in Gläsern zur Bestimmung

Material: Kescher, Haarpinsel, Gläser, Kunststoffschale, Lupe, Bestimmungsliteratur

Beachte, bevor du beginnst:
- Die Tiere müssen immer im Wasser sein.
- Die Tiere dürfen nicht zu lange gemeinsam in der Kunststoffschale bleiben. Sie könnten einander fressen.
- Die Tiere dürfen nicht lange in der Sonne stehen.
- Es soll nur ein Tier in einer Petrischale sein.
- Die Tiere müssen schnell wieder in den Bach zurück.

Durchführung:

Schritt 1: Fülle die Kunststoffschale und die Gläser mit etwas Wasser.

Schritt 2: Fange mit dem Kescher im flachen Wasser Tiere. Leere den Kescher vorsichtig in die Kunststoffschale aus.

Schritt 3: Gehe vorsichtig mit dem Kescher über den Boden des Baches. So fängst du Tiere ein, die sich im Boden vergraben. Leere den Kescher wieder in die Plastikschale aus.

Schritt 4: Suche unter Steinen nach Tieren. Streiche die Tiere vorsichtig mit dem Pinsel von den Steinen in die Schale.

Schritt 5: Suche in der Kunststoffschale die verschiedenen Tiere heraus und setze sie vorsichtig einzeln in die Gläser.

Schritt 6: Betrachte die Tiere mit einer Lupe.

1 **a)** Bestimme die Tiere, die du gefangen hast mit der Bestimmungsliteratur. Notiere deine Funde. Mache dabei für jede Tierart Angaben zu Funddatum und Fundort.
b) Notiere für jede Tierart, ob du die Tiere nur vereinzelt entdeckt hast oder ob es viele davon im Bachabschnitt gibt.

Starthilfe zu 1:

Tierart	Funddatum	Fundort	Anzahl vereinzelt/ viele
Wasserassel	22.06.2019	Bachboden (Schlamm)	viele

B Kleine Tiere im Bach zeigen die Wasserqualität an

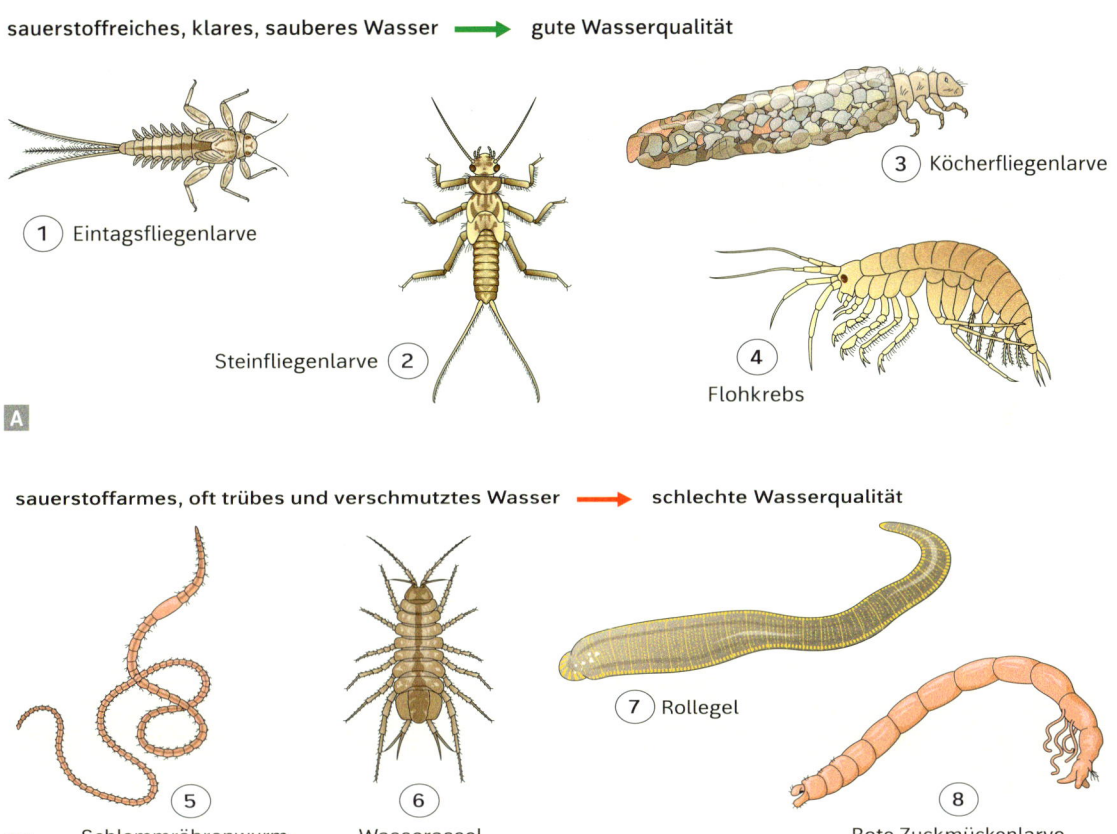

sauerstoffreiches, klares, sauberes Wasser ⟶ gute Wasserqualität

① Eintagsfliegenlarve

Steinfliegenlarve ②

③ Köcherfliegenlarve

④ Flohkrebs

A

sauerstoffarmes, oft trübes und verschmutztes Wasser ⟶ schlechte Wasserqualität

⑦ Rollegel

⑤ Schlammröhrenwurm   ⑥ Wasserassel   ⑧ Rote Zuckmückenlarve

B

4 Tiere im Bach: **A** bei guter Wasserqualität, **B** bei schlechter Wasserqualität

Manche Tiere kommen nur in Bächen mit guter Wasserqualität vor. Sie sind auf sauerstoffreiches und sauberes Wasser angewiesen. Andere Tiere leben auch in Bachabschnitten mit schlechter Wasserqualität. So zeigen die Tierarten die Wasserqualität an.

Material und Durchführung:
Siehe Material A „Kleintiere im Bach fangen und untersuchen" auf der vorherigen Seite.

1 **a)** Bestimme die Tiere, die du gefangen hast, mit der Bestimmungsliteratur oder mithilfe von Bild 4.
b) Beurteile anhand der Tiere, welche Wasserqualität der untersuchte Bachabschnitt hat.
c) Untersuche einen anderen Abschnitt auf die gleiche Weise. Vergleiche deine Ergebnisse.

2 ‖ Manchmal lässt sich die Wasserqualität nicht eindeutig bestimmen. Stelle eine begründete Vermutung auf, warum das so ist.

3 ‖ Suche dir ein Tier aus und zeichne es. Achte genau auf die Körpergliederung, die Körperanhänge, die Anzahl der Beine und die Länge der Fühler. Nutze dazu die Methode „Eine Sachzeichnung anfertigen".

1 Luftaufnahme einer Stadt

Die Stadt ist ein besonderes Ökosystem

Lebensraum Stadt

Wer in eine Stadt kommt, bemerkt sofort den starken Verkehr und den Lärm. Große Flächen sind bebaut oder von Straßen und Plätzen bedeckt. Solche Umweltbedingungen in einem Lebensraum werden als **abiotische Faktoren** bezeichnet. Sie prägen den **Lebensraum Stadt.**
Weitere abiotische Faktoren in der Stadt sind zum Beispiel die besonderen Lichtverhältnisse. In Städten wird es selbst nachts nie richtig dunkel. Auch die Temperaturen, der Wind und die Belastung der Luft durch Abgase und Staub gehören zu den abiotischen Faktoren.

Lebensgemeinschaft Stadt

Millionen Menschen leben in Städten oder pendeln jeden Tag in die Stadt, um dort zu arbeiten oder einzukaufen.
Tierarten wie Tauben oder Ratten fühlen sich in der Stadt sehr wohl. Auch Pflanzenarten wie Rosskastanien oder Linden sind an die Umweltbedingungen in der Stadt gut angepasst. Die Menschen, Tiere und Pflanzen im Lebensraum Stadt beeinflussen sich gegenseitig. Bäume spenden Schatten und Tauben picken Essenreste auf (→ Bild 2). Solche Einflüsse auf ein Lebewesen werden **biotische Faktoren** genannt. Alle Lebewesen eines Lebensraums bilden eine **Lebensgemeinschaft.**

Ökosystem Stadt

Der Lebensraum und die Lebensgemeinschaft bilden zusammen das **Ökosystem Stadt.**

> Städte sind künstliche, vom Menschen geschaffene Ökosysteme.
> Hier leben, neben den Menschen, bestimmte Pflanzen und Tiere. Sie sind an die besonderen Bedingungen in der Stadt angepasst.

2 Menschen und Tiere in der Stadt

Sonneneinstrahlung

D u n s t g l o c k e
warme Luft,
Staub, Abgase

feuchte, kühle, schadstoffarme Luft

feuchte, kühle, schadstoffarme Luft

| Umland | offene Bebauung | geschlossene Bebauung | offene Bebauung | Umland |

3 Das Klima in einer Stadt

Die Temperatur

Die Bedeckung des Bodens durch Gebäude, Straßen oder Plätze wird **Versiegelung** genannt. Steine und Beton heizen sich durch Sonneneinstrahlung am Tag stark auf. Nachts kühlen sie nur langsam wieder ab. Oft fehlt in Innenstädten frische, kühlende Luft. Diese entsteht normalerweise durch Bodenfeuchte und Verdunstung von Wasser über Pflanzen.

Luft

Die warme Luft über Städten steigt auf (→ Bild 3). Dadurch wird kühle Luft vom Stadtrand angesaugt. Die Luftströmungen nehmen auf ihrem Weg Staub und Abgase auf. Wenn kein Wind weht, kann sich so über der Stadt eine **Dunstglocke** aus Staub und Abgasen bilden.

Wasserhaushalt

Die Versiegelung des Bodens führt dazu, dass Regen nicht so leicht im Boden versickern kann. Das Wasser muss schnell über die Kanalisation abgeführt werden, damit es nicht zu Überschwemmungen kommt. Daher ist der Boden in der Stadt unter der Versiegelung sehr trocken. Pflanzen wie Bäume können deshalb nur wenig Wasser aus dem Boden aufnehmen.

4 Überschwemmte Straße nach Starkregen

1 Nenne mindestens drei abiotische Faktoren, die den Lebensraum Stadt bestimmen.

2 Erkläre, warum die Temperaturen in Städten meist höher sind als im Umland.

3 Erkläre, warum es bei sehr starken Regenfällen zu Überschwemmungen in einer Stadt kommen kann.

4 ▌ Beschreibe die besonderen Lichtverhältnisse in der Stadt.

5 ▌▌ Erkläre, warum der Boden in Städten oft sehr trocken ist.

Starthilfe zu 5:
Beginne so: Wenn Regen auf eine versiegelte Fläche fällt, ...

A Leben in der Stadt

Manche Menschen leben gern in der Stadt. Andere können sich ein Leben dort nicht vorstellen. Bild 1 zeigt typische Aspekte des Lebens in der Stadt.

1 **a)** Beschreibe die Situationen, die in Bild 1 A – D dargestellt sind.
b) Bewerte, ob die Situationen aus deiner Sicht für das Leben in der Stadt sprechen oder eher dagegen. Begründe deine Meinung.
c) Nenne weitere Gründe, die aus deiner Sicht für oder gegen das Leben in einer Stadt sprechen.

2 ‖ Es wird viel unternommen, um das Leben von Menschen in Städten zu verbessern. Nenne Beispiele für solche Maßnahmen. Denke dabei an die Verbesserung des Klimas, den Anbau von Pflanzen, die Fortbewegung der Menschen oder den Bau von Wohnflächen.

1 Leben in der Stadt

B Klima in der Stadt

2 Klima in der Stadt

Das Klima in einer Stadt unterscheidet sich von dem Klima des Umlands. Städte werden auch als Wärmeinseln bezeichnet.

1 Erkläre, wie eine Dunstglocke über einer Stadt wie in Bild 2 entstehen kann.

2 ‖ Beschreibe mithilfe der Basisseite, wie sich das Leben in einer Stadt auf das Klima und die Luft dort auswirkt.

 METHODE

Eine Folie für eine Präsentation erstellen

Erstellen von Folien

Zum Präsentieren von Inhalten zu einem Thema eignen sich Folien mit Bildern und kurzen Texten. Du kannst Folien zur Präsentation selbst zeichnen oder mit einem Computerprogramm erstellen.

Wenn du mit dem PC präsentieren willst, werden selbst gezeichnete Folien in ein Präsentationsprogramm eingefügt. Wenn du die Folien direkt im Präsentationsprogramm erstellst, kannst du sie unmittelbar für deinen Vortrag nutzen.

Bei der Präsentation am PC hast du außerdem die Möglichkeit, Filmausschnitte oder Soundeffekte einzubauen. Zur Projektion benötigst du einen Beamer.

Tipps zur Gestaltung einer Folie

- Verwende nur kurze Sätze oder einzelne Wörter.
- Schreibe groß und deutlich, sodass deine Folien auch von hinten im Klassenraum gut lesbar sind.
- Wähle wenige, aber aussagekräftige Bilder aus.
- Schaubilder und Diagramme verdeutlichen komplizierte Zusammenhänge.
- Verwende Symbole wie Pfeile, um Zusammenhänge aufzuzeigen.
- Nutze ein einheitliches Layout für alle Folien.

3 Beispiel für eine Folie

 a) Stellt Kriterien zur Bewertung von Folien zusammen. Betrachtet dabei nur die Gestaltung der Folien.
b) Bewertet verschiedene Folien mithilfe der Kriterien.

Starthilfe zu 1a:

Kriterium	Bewertung
Schriftgröße	☺☺☺☹☹

1 Stadtpark mit Teich

2 Kleingartenanlage in der Stadt

Tiere und Pflanzen in der Stadt

Lebensräume in Städten

Eine Stadt besteht aus vielen verschiedenen kleinen Lebensräumen. Es gibt zum Beispiel Fußgängerzonen, Parks mit Teichen, verwilderte Flächen, Kleingartenanlagen oder Wohnviertel mit Gärten. Überall siedeln sich für diese Lebensräume typische Tierarten und Pflanzenarten an.

Vögel in der Stadt

Amseln und Haustauben kommen fast überall in Städten vor. In Stadtparks mit Teichen gibt es auch zahlreiche Wasservögel wie Stockenten oder Blässhühner. Sie finden in der Nähe von Menschen viel zu fressen und haben kaum natürliche Feinde. Im warmen Stadtklima können sich Vögel stark vermehren.

Säugetiere in der Stadt

Auch viele Säugetiere finden in Städten passende Lebensräume. Ratten sind zum Beispiel anspruchslos und sehr lernfähig. Sie leben in Abwasserkanälen und ernähren sich von Abfall. Wildkaninchen oder Eichhörnchen finden in Grünanlagen geeignete Lebensbedingungen. Steinmarder leben gern auf Dachböden. Sie ernähren sich von Ratten, Mäusen und Vögeln. Igel leben in Gärten zwischen Häusern oder in Kleingartenanlagen. Sie fressen Gartenschädlinge wie Schnecken. Auch Wildschweine kommen zunehmend in die Städte, da sie als Allesfresser hier ein gutes Nahrungsangebot vorfinden. Die größte Gefahr für die meisten dieser Tierarten ist der Autoverkehr.

3 Stockenten am Stadtteich

4 Wildschweine im Stadtpark

5 Pflanzen in Pflasterritzen

6 Verwilderte Fläche mit Birken

Pflanzen in der Stadt

In den unterschiedlichen Lebensräumen der Städte leben auch unterschiedliche Pflanzenarten. Am Straßenrand oder in den Pflasterritzen wachsen Pflanzen wie Löwenzahn oder Breitwegerich. Sie vertragen verdichtete und trockene Böden. Auch auf verwilderten Grundstücken oder an Bahndämmen wachsen unterschiedliche Pflanzen wie Weidenröschen oder Birken. In den Parks, Stadtwäldern oder auf Friedhöfen gibt es oft hohe alte Bäume und Sträucher. Die Bäume dämpfen den Verkehrslärm und erhöhen die Luftfeuchtigkeit. Sie filtern Staub aus der Luft und spenden Schatten.

Nutzung von Stadtflächen

Beim **„Urban Farming"** nutzen Menschen öffentliche Flächen oder Hausdächer. Sie bauen dort Pflanzen wie Salat, Kräuter oder Tomaten an. Forscherinnen und Forscher auf der ganzen Welt beschäftigen sich damit, wie die wachsende Bevölkerung in Städten auch in Zukunft ausreichend mit frischen Lebensmitteln versorgt werden kann.

7 „Urban Farming"

---

1 a) Nenne vier Beispiele für unterschiedliche Lebensräume in der Stadt.
   b) Ordne jedem Lebensraum eine dort vorkommende Tierart zu.

2 ‖ Erkläre, warum es an Stadtteichen meist viele Wasservögel gibt.

3 ‖ a) Beschreibe, was „Urban Farming" bedeutet.
   ‖ b) Bewerte die Bedeutung von „Urban Farming" für die Menschen in Städten.

A Bäume und Sträucher in der Stadt

Bäume und Sträucher verbessern die Wohnqualität und die Lebensqualität von Menschen in der Stadt.
1. Sie dämpfen den Verkehrslärm.
2. Sie bilden einen Lebensraum für Tiere.
3. Sie heizen das Klima in der Stadt auf.
4. Sie filtern Staub aus der Luft.
5. Sie produzieren Kohlenstoffdioxid.
6. Sie erhöhen die Luftfeuchtigkeit.
7. Sie wirken sich positiv auf die Stimmung der Menschen aus.

1 a) Beurteile, welche der Aussagen richtig sind und begründe dein Urteil.
b) Korrigiere die falschen Aussagen.

2 a) Beschreibe, wie Menschen Grünanlagen in Städten nutzen.
b) Nenne mindestens eine Tierart, die sich in dem Lebensraum auf Bild 1 wohlfühlen könnte. Begründe deine Vermutung.

1 Rosskastanien im Stadtpark

3 ‖ Bewerte die Bedeutung von Grünanlagen für Menschen in der Stadt.

B Tiere in der Stadt

2 Verschiedene Tiere in der Stadt

Hier sind sechs Tierarten abgebildet, die in der Stadt anzutreffen sind. Es handelt sich um das Blässhuhn, die Amsel, die Stockente, den Steinmarder, die Wanderratte und den Igel. Alle Tierarten sind auf der Basisseite „Tiere und Pflanzen in der Stadt" genannt.

1 a) Ordne jeder Tierart in Bild 2 den richtigen Namen zu.
b) Erkläre, warum diese Tierarten gut in dicht besiedelten Lebensräumen leben können.

Tiere und Menschen

Wildtiere und Menschen

Viele Wildtiere wie Füchse oder Waschbären leben in Städten. Im Umfeld der Menschen finden sie geeignete Lebensbedingungen. Solche Wildtiere sind in der Regel Allesfresser. Ursprünglich fressen sie Kleintiere und Pflanzen. In Städten werden die Tiere oft gefüttert und suchen nach Nahrungsresten im Hausmüll. Sie durchwühlen auch Gärten und Kompost. Solche Tierarten gewöhnen sich schnell an Menschen. Sie haben keine natürlichen Feinde. Außerdem gibt es in Städten viele Verstecke. Die Wildtiere in Städten können Konflikte auslösen, wenn sie sich zu stark vermehren.

Der Rotfuchs

Rotfüchse sind weit verbreitet. Sie leben in Wäldern und auf Feldern in Europa, Asien und Noramerika. Durch den Kot der Füchse können Krankheiten auf Menschen und Haustiere übertragen werden.

Die Nilgans

Nilgänse stammen ursprünglich aus feuchten Gebieten in Afrika. Wenn sie sich in Städten an Gewässern ansiedeln, verteidigen sie ihre Lebensräume aggressiv. Die Tiere verunreinigen mit ihrem Kot die Wiesen in Freibädern oder in Grünanlagen.

Der Waschbär

Waschbären stammen ursprünglich aus Wäldern in Nordamerika. In Städten leben Waschbären in verlassenen Gebäuden oder auf Dachböden. Dort zerstören sie oft die Dachisolierung oder verschmutzen den Dachboden mit Kot und Urin.

1 Nenne für jede vorgestellte Wildtierart ihren ursprünglichen Lebensraum.

2 **a)** Erkläre, warum die Wildtierarten im Umfeld der Menschen gut leben können.
b) Beschreibe Konflikte, die durch das Leben der Wildtiere im Umfeld der Menschen entstehen können.

3 ‖ Beschreibe, wie wir dazu beitragen können, dass sich Wildtiere in Städten weniger stark vermehren.

1 Eine Nahrungskette in einer Stadt

Nahrungsbeziehungen in der Stadt

Nahrungsketten

Nur Pflanzen können mithilfe der Fotosynthese energiereiche Nährstoffe erzeugen. Sie werden zum Beispiel in Samen gespeichert. Pflanzen werden deshalb als Erzeuger oder **Produzenten** bezeichnet.

Tiere wie die Hausmaus fressen Pflanzensamen, da sie die Nährstoffe zum Leben brauchen. Mäuse dienen wiederum größeren Tieren wie dem Turmfalken als Nahrung.

Alle Tiere werden deshalb als Verbraucher oder **Konsumenten** bezeichnet. Solche Nahrungsbeziehungen lassen sich als **Nahrungsketten** darstellen (→ Bild 1).

Nahrungsnetz

Neben Getreidesamen fressen Hausmäuse auch noch Beeren, Früchte und Kräuter. Hausmäuse werden nicht nur von Turmfalken gefressen. Sie werden auch von Steinmardern und Rotfüchsen gejagt. So hat jede Tierart verschiedene Nahrungsquellen und verschiedene Fressfeinde.

Das Fressen und Gefressen werden lässt sich als **Nahrungsnetz** darstellen (→ Bild 2). In einem Nahrungsnetz sind viele Nahrungsketten miteinander verbunden. Grüne Pflanzen sind die Nahrungsgrundlage vieler Konsumenten. Daher beginnen Nahrungsketten bei grünen Pflanzen.

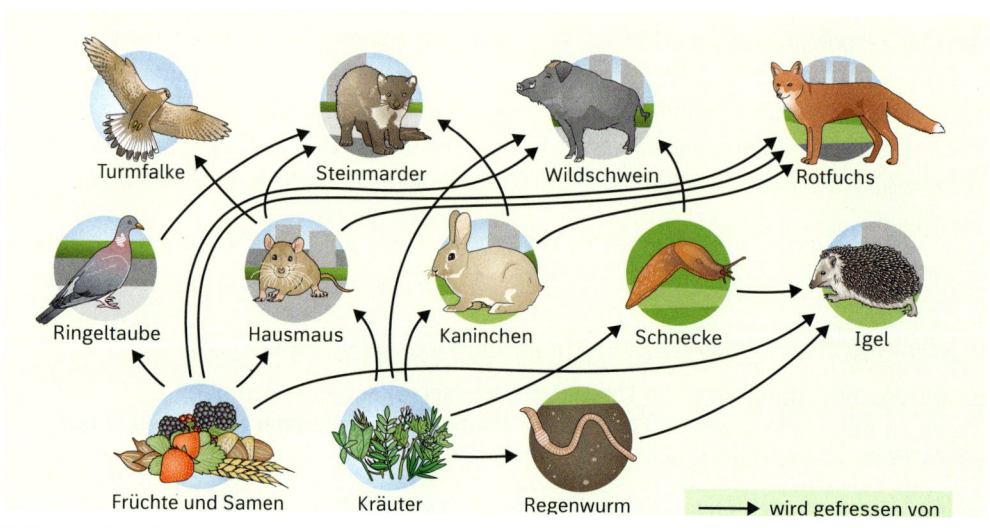

2 Naturnahes Nahrungsnetz in der Stadt

Ein geschlossener Kreislauf

Kleine Bodenorganismen wie der Regenwurm ernähren sich von Überresten von Pflanzen und Tieren. Solche Organismen werden als Zersetzer oder **Destruenten** bezeichnet. Bei ihrer Tätigkeit werden die Mineralstoffe, die in den Pflanzen und Tieren enthalten waren, wieder frei. Durch die Tätigkeit der Produzenten, Konsumenten und Destruenten ist also ein Stoffkreislauf entstanden (→ Bild 3).

Künstliches Ökosystem Stadt

In einem natürlichen Ökosystem wie einem Wald sind alle Stoffe, die Pflanzen und Tiere zum Leben brauchen, vorhanden. In verschiedenen **Kreisläufen** gelangen sie von den Produzenten zu den Konsumenten und wieder zurück. Um die Kreisläufe in Gang zu halten, wird ständig neue Energie der Sonne benötigt. In einem künstlichen Ökosystem wie einer Stadt werden alle Nahrungsbeziehungen und die Stoffkreisläufe stark vom Menschen beeinflusst.

Energie und Abfall

Alle Güter des täglichen Verbrauchs müssen über weite Strecken in die Stadt transportiert werden. Beim Transport und der Nutzung dieser Güter wird viel Energie verbraucht. Außerdem entsteht Abfall, der nicht wie in einem natürlichen Ökosystem von Destruenten „recycelt" werden kann.

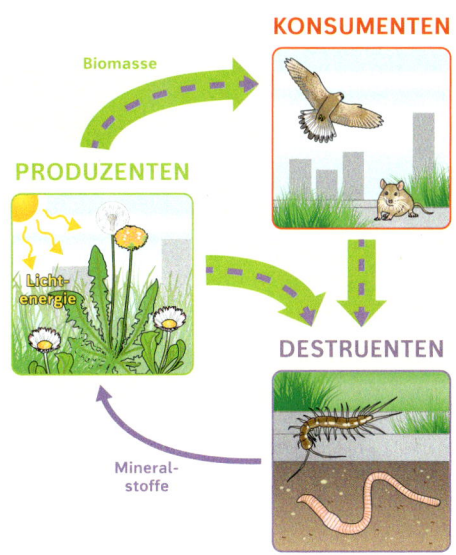

3 Stoffkreislauf

Schutz der Umwelt

Die Abfallbeseitigung und die Wiederaufbereitung von Gütern wie Wasser verursachen hohe Kosten. Abfallvermeidung und gewissenhafte Mülltrennung sind wichtige Beiträge jedes Menschen zu einer sauberen Umwelt. Auch ein sparsamer Umgang mit Energie ist wichtig. Dazu gehört, öffentliche Verkehrsmittel zu benutzen oder mit dem Rad zu fahren. Außerdem können viele Gebrauchsgüter wie Autos oder Elektrogräte gemeinsam genutzt werden. Dies trägt zur Abfallvermeidung und zum nachhaltigen Umgang mit der Natur bei.

1. **a)** Beschreibe die Nahrungskette in Bild 1. Benutze die Begriffe „Produzenten" und „Konsumenten".
   b) Erkläre, warum am Anfang jeder Nahrungskette grüne Pflanzen stehen.

2. **a)** Erstelle mithilfe von Bild 2 mindestens zwei Nahrungsketten, die miteinander verknüpft sind.
   b) Erläutere, wie durch Nahrungsketten ein Nahrungsnetz entsteht.

3. Nenne Beispiele für nachhaltiges Verhalten in der Stadt.

4. Beschreibe den Unterschied zwischen einem natürlichen und einem künstlichen Ökosystem.

5. Menschen greifen in die Stoffkreisläufe von Städten ein. Nenne Beispiele.

Starthilfe zu 3:
Dazu gehört alles, was die Menschen tun können, um die Umwelt zu schützen.

A Nahrungsbeziehungen und Stoffkreisläufe im Stadtpark

1 Lebewesen im Stadtpark: **A** Steinmarder, **B** Gänseblümchen, **C** Wildkaninchen, **D** Regenwurm

1 **a)** Ordne jedes Lebewesen einer der folgenden Gruppen zu:
– Produzenten
– Konsumenten
– Destruenten
b) Erkläre die Begriffe.

2 Zeichne einen Stoffkreislauf aus Produzenten, Konsumenten und Destruenten. Verbinde dazu die drei Gruppen mit entsprechenden Pfeilen.

3 **a)** Um den Stoffkreislauf in Gang zu halten, wird ständig neue Energie benötigt. Beschreibe, woher die Energie kommt.
b) Nenne den Prozess, durch den die Energie für die Konsumenten verfügbar gemacht wird.

4 Nenne ein Beispiel dafür, wie der Mensch in den Stoffkreislauf eingreift.

B Nahrungspyramide

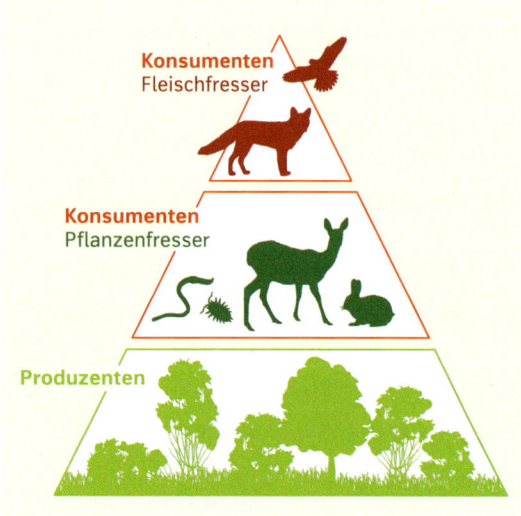

2 Nahrungspyramide

Nahrungsbeziehungen von Lebewesen in einem Lebensraum lassen sich auch in einer Pyramide darstellen.

1 Beschreibe die Nahrungsbeziehungen, die in der Nahrungspyramide in Bild 2 dargestellt sind.

2 Nenne für jede Stufe der Nahrungspyramide zwei Lebewesen aus dem Ökosystem Stadt.

3 ▮▮ Erläutere, welche Aspekte der Nahrungsbeziehungen diese Nahrungspyramide deutlicher darstellt als ein Nahrungsnetz.

4 ▮▮▮ Erkläre den Energiefluss in der Nahrungspyramide. Beginne damit, woher die Produzenten ihre Energie bekommen.

C Abfallmenge pro Einwohner und Jahr in Deutschland

Im Durchschnitt verursacht jeder Einwohner in Deutschland etwa 450 Kilogramm Müll pro Jahr. Davon sind etwa 170 Kilogramm Restmüll, 30 Kilogramm Sperrmüll und 100 Kilogramm biologisch abbaubare Gartenabfälle. Glas, Verpackungen, Papier, Metalle und Holz werden getrennt gesammelt. Sie machen insgesamt etwa 150 Kilogramm aus.

1 Stelle in einem Diagramm dar, wie sich die Müllmenge eines Einwohners auf die einzelnen Müllsorten verteilt.

2 Nenne Möglichkeiten, wie du dazu beitragen kannst, Müll zu vermeiden.

3 Müllabfuhr in der Stadt

D Umweltfreundliches Verhalten – oder nicht?

Ich finde es super, wenn meine Mutter mich mit dem Auto zur Schule bringt.

Meine Familie und meine Großeltern – wir teilen uns ein Auto.

Ich fahre nicht gern mit Bus und Bahn, weil ich mich dort nicht sicher fühle.

Letzte Woche war unser Föhn kaputt, da haben wir uns sofort einen neuen gekauft.

Lastenfahrräder sehen einfach uncool aus. Und sie brauchen viel Platz.

Die Parkhäuser in der Innenstadt sind viel zu teuer. Meine Mutter hat deshalb keine Lust mehr, mit dem Auto in die Stadt zu fahren.

Wir kochen nur noch selten selbst. Meistens lassen wir uns etwas vom Lieferservice bringen.

Ich bestelle alles im Internet und lasse es mir zuschicken. Dann brauche ich nicht in die Stadt zum Einkaufen. Und wenn etwas nicht passt, schicke ich es eben wieder zurück und bestelle mir was Neues.

Ich finde Fahrradkuriere in der Stadt ziemlich lästig, weil sie immer so schnell unterwegs sind und durch die Fußgängerzone fahren.

Mein Vater fährt mit dem Fahrrad zur Arbeit, weil er so mehr Bewegung hat.

4 Aussagen zum Verhalten von Menschen in der Stadt

Im Interesse aller muss sich jeder einzelne Gedanken über die Zukunft und die Umwelt machen. Dazu gehört, das eigene Verhalten zu hinterfragen und zu ändern.

1 **a)** Bewerte die Aussagen im Hinblick auf umweltfreundliches Verhalten in der Stadt.
b) Mache Vorschläge für alternatives Verhalten, wenn du eine Aussage für nicht umweltfreundlich hältst.

Auf einen Blick: Ökosysteme vor unserer Haustür

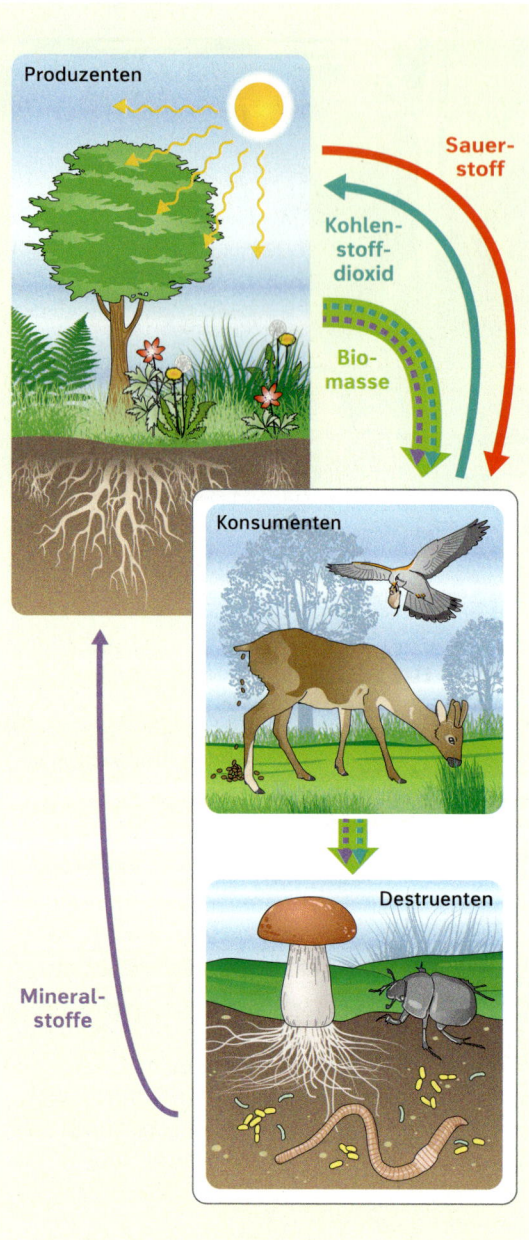

Ökosysteme

Ökosysteme bestehen aus einem Lebensraum und einer Lebensgemeinschaft aus Pflanzen und Tieren. Abiotische Faktoren wie die Temperatur, die Niederschläge, die Lichtmenge oder die Bodenbeschaffenheit bestimmen die Lebensbedingungen in einem Lebensraum.

Alle Lebewesen in einem Ökosystem sind an die unterschiedlichen Lebensbedingungen angepasst. Über Nahrungsketten und Nahrungsnetze sind die Lebewesen in einem Lebensraum miteinander verbunden.

Wir Menschen verändern durch unser Verhalten die Lebensbedingungen in Ökosystemen. Dadurch sind viele Lebewesen in ihrem Bestand bedroht.

Stoffkreisläufe und Energiefluss

Bei der Fotosynthese produzieren die Pflanzen Sauerstoff und energiereiche Glucose, die in der Biomasse gespeichert ist. Pflanzen werden deshalb Produzenten genannt. Die in der Biomasse gespeicherte Energie und die Nährstoffe werden über Nahrungsketten weitergegeben. Tiere und Menschen werden deshalb Konsumenten genannt.

Bei der Nutzung der Biomasse durch Konsumenten entsteht Kohlenstoffdioxid. Durch die Zersetzung von Biomasse durch Destruenten werden die Mineralstoffe wieder frei, die in der Biomasse enthalten waren. So entstehen Stoffkreisläufe in Ökosystemen.

Energie muss in Ökosystemen über die Sonne ständig neu zugeführt werden.

WICHTIGE BEGRIFFE
- Ökosystem
- Lebensraum, Lebensgemeinschaft
- abiotische und biotische Faktoren
- Nahrungskette, Nahrungsnetz

WICHTIGE BEGRIFFE
- Räuber-Beute-Beziehung
- Biomasse, Mineralstoffe, Energie
- Produzenten, Konsumenten, Destruenten
- Stoffkreislauf, Energiefluss

Ökosystem Wald

Wälder sind natürliche Ökosysteme und bieten Lebensraum für viele Pflanzen und Tiere. Die Pflanzen in den Wäldern produzieren Sauerstoff und speichern Kohlenstoffdioxid. So tragen Wälder zur Klimaverbesserung bei. Mit ihren Wurzeln halten die Bäume den Boden fest. Wälder an Hängen verhindern so Erdrutsche und Schneelawinen.
Wir Menschen nutzen die Wälder zur Gewinnung von Holz und zur Erholung.

Ökosystem See

Seen sind wie Wälder natürliche Ökosysteme. Am Seeufer gibt es verschiedene Gewässerzonen mit unterschiedlichen Tieren und Pflanzen. Jede Art nutzt eine etwas andere ökologische Nische.
Die Lebensgemeinschaft in einem See wird durch die Besiedlung, Wassersport oder andere menschliche Aktivitäten beeinflusst. Durch Überdüngung kann es zu Sauerstoffmangel in einem See kommen.

Ökosystem Stadt

Städte sind künstliche, von Menschen geschaffene Lebensräume. In Städten gibt es viele kleine Lebensräume wie Parks oder Fußgängerzonen. Hier leben jeweils unterschiedliche Pflanzen und Tiere.
In Städten sind alle Nahrungsbeziehungen von Menschen beeinflusst. Artenschutzmaßnahmen, Abfallvermeidung, Luftreinhaltung und die sparsame Nutzung von Energie sind in Städten besonders wichtig.

Auf einen Blick

WICHTIGE BEGRIFFE

- natürliches Ökosystem
- künstliches Ökosystem
- ökologische Nische

WICHTIGE BEGRIFFE

- Funktionen des Waldes
- Gewässerzonen
- Artenschutzmaßnahmen
- nachhaltiges Verhalten

Lerncheck: Ökosysteme vor unserer Haustür

Ökosystem Wald

1 Ordne die folgenden Begriff nach abiotischen oder biotischen Faktoren: Wildschwein, Schnee, Buche, Bodenfeuchtigkeit, Reh, Hitze, Moos, Sand, Regenwurm, Farn.

2 Beschreibe, wozu du ein Luxmeter bei der Untersuchung eines Laubwaldes einsetzen würdest.

3 Erläutere am Beispiel des Waldes die Begriffe Lebensraum, Lebensgemeinschaft und Ökosystem.

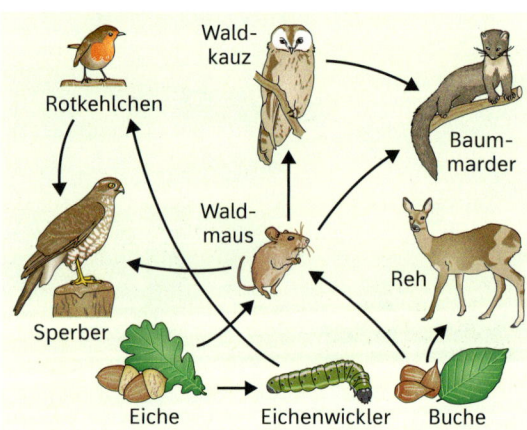

4 Schreibe aus dem Nahrungsnetz zwei Nahrungsketten heraus und kennzeichne die Lebewesen als Produzenten oder Konsumenten.

5 Nenne Beispiele dafür, wie wir durch unsere Lebensweise zum Schutz der Wälder beitragen können.

Ökosystem See

6 **a)** Erläutere am Beispiel eines Sees die Begriffe Lebensraum, Lebensgemeinschaft und Ökosystem.
b) Begründe, warum auf dem Grund sehr tiefer Seen keine Pflanzen wachsen können.

7 Erkläre den Begriff ökologische Nische am Beispiel von Vögeln, die am Wasser leben.

8 **a)** Erstelle aus den vier dargestellten Lebewesen eine Nahrungskette.
b) Ergänze weitere Lebewesen eines Sees und erstelle ein kleines Nahrungsnetz.
c) Gib für jedes Lebewesen an, ob es zu den Produzenten oder zu den Konsumenten gehört.

9 **a)** Nenne Beispiele, wie Menschen in das Ökosystem See eingreifen.
b) Beschreibe mögliche Folgen.

DU KANNST JETZT ...

- ... abiotische und biotische Faktoren beschreiben, die das Leben im Ökosystem Wald prägen.
- ... Nahrungsbeziehungen im Wald erläutern.
- ... Beispiele für Verhaltensweisen darstellen, die zum Schutz des Waldes beitragen.

DU KANNST JETZT ...

- ... abiotische und biotische Faktoren beschreiben, die das Leben in einem See prägen.
- ... Nahrungsbeziehungen in einem See erläutern.
- ... Beispiele für Verhaltensweisen darstellen, die zum Schutz von Seen beitragen.

Ökosystem Stadt

10 Begründe, warum Städte im Gegensatz zu Wäldern oder Seen als künstliche Ökosysteme bezeichnet werden.

11 Nenne Beispiele für unterschiedliche Lebensräume in einer Stadt und bewerte ihre Bedeutung.

12 Die Abbildung oben zeigt ein Wildtier.
a) Nenne den Namen des Wildtiers.
b) Begründe, warum das Wildtier auch in der Stadt vorkommt.

13 **a)** Beschreibe eine Nahrungskette aus dem Ökosystem Stadt.
b) Erläutere für die Glieder der Nahrungskette, ob es sich jeweils um Produzenten oder Konsumenten handelt.

14 Beschreibe Verhaltensweisen von Menschen, die zum nachhaltigen Umgang mit der Natur in der Stadt beitragen.

Stoffkreislauf und Energiefluss

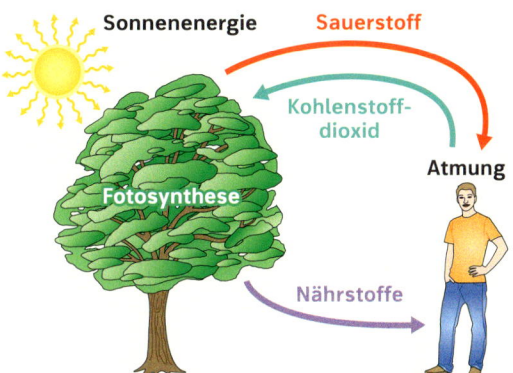

15 Stelle mithilfe des Bildes den Zusammenhang zwischen dem Kohlenstoffkreislauf und dem Sauerstoffkreislauf dar.

16 Der Weg der Energie in einem Ökosystem wird als „Einbahnstraße" bezeichnet.
a) Erläutere diese Aussage mithilfe der Abbildung.
b) Erkläre, warum Produzenten und Konsumenten in einer Pyramide angeordnet sind.

Endkonsumenten

Konsumenten 2. Ordnung

Konsumenten 1. Ordnung

Produzenten

DU KANNST JETZT …

- … abiotische Faktoren beschreiben, die das Ökosystem Stadt prägen.
- … Nahrungsbeziehungen in der Stadt erläutern.
- … Beispiele für Verhaltensweisen darstellen, die zum nachhaltigen Umgang mit der Natur in der Stadt beitragen.

DU KANNST JETZT …

- … den Zusammenhang zwischen Kohlenstoffkreislauf und Sauerstoffkreislauf beschreiben.
- … die Rolle von Produzenten, Konsumenten und Destruenten in den Stoffkreisläufen erläutern.
- … den Energiefluss in einem Ökosystem beschreiben.

Lerncheck

Ökosysteme hängen weltweit zusammen

Was sind die Ursachen des Klimawandels? Welche Folgen haben diese für uns?

Welche Folgen können Schadstoffe in der Luft, im Boden und im Wasser haben?

Was bedeutet es, nachhaltig zu handeln?

1 Ökosysteme in verschiedenen Klimazonen: **A** Arktis, **B** Regenwald, **C** Laubmischwald

Ökosysteme sind in Gefahr

Ökosysteme sind unterschiedlich

Auf der Welt gibt es viele verschiedene Ökosysteme in unterschiedlichen Klimazonen. Deutschland gehört zur gemäßigten Klimazone. Hier gibt es Ökosysteme wie Seen oder Laubmischwälder. Diese Ökosysteme sind durch wechselnde Jahreszeiten geprägt.

Andere Klimazonen sind die Tropen oder die Polarregionen. In den Tropen gibt es keine Jahreszeiten. Es ist dort immer feucht-warm. Die Polarregionen wie die Arktis haben nur zwei Jahreszeiten: den Sommer und den Winter.

Alle Ökosysteme zusammen bilden die **Biosphäre.** Die Ökosysteme sind durch Stoffkreisläufe und den Energiefluss miteinander verbunden.

Ökosysteme verändern sich

Durch Eingriffe des Menschen verändern sich alle Ökosysteme. Vom Jahr 1800 bis heute stieg die Weltbevölkerung von etwa einer Milliarde Menschen auf fast acht Milliarden.

Durch unsere Lebensweise nimmt der Energiebedarf ständig zu. Um den Energiebedarf zu decken, verbrennen wir fossile Brennstoffe wie Erdöl, Erdgas und Kohle. Dabei entstehen Gase wie Kohlenstoffdioxid. Diese Gase führen dazu, dass es auf der Erde immer wärmer wird.

Auch durch die zunehmende Bebauung, den Abbau von Rohstoffen, durch die Landwirtschaft, die Rodung von Wäldern für Plantagen und den hohen Wasserverbrauch werden Ökosysteme verändert.

Klimawandel bei uns

Durch die Klimaerwärmung kommt es immer häufiger zu extremen Wetterereignissen wie fehlenden Niederschlägen, Starkregen oder Orkanen. Lange Dürren, Wassermangel, Waldbrände oder Überschwemmungen können die Folgen sein. Dadurch verändern sich auch die Lebensbedingungen für Pflanzen und Tiere. In den Wäldern wachsen beispielsweise weniger Fichten, die viel Wasser benötigen. Da die Winter bei uns immer wärmer und kürzer werden, beginnen heimische Sträucher und Bäume im Frühling immer früher zu blühen. Viele Zugvögel kommen deutlich früher aus ihren Winterquartieren zurück oder bleiben sogar den ganzen Winter über bei uns (→ Bild 2).

2 Zugvögel ziehen im Winter nicht weg.

Klimawandel in der Arktis

Die Klimaerwärmung wirkt sich auch in den Polarregionen wie der Arktis aus. Wenn große Gletscher wie beispielsweise in Grönland schmelzen, steigt der Meeresspiegel überall auf der Welt. Dies hat Auswirkungen für tief liegende Regionen wie Bangladesch oder flache tropische Inseln wie die Malediven, die langsam überflutet werden. Die dort lebenden Menschen fliehen dann in andere Länder. Durch das Schmelzen des Eises in der Arktis sind auch Tiere wie die Eisbären bedroht. Sie finden immer weniger Nahrung, weil sie nicht mehr vom Eis aus Robben jagen können (→ Bild 3).

3 Eisbär auf der Suche nach Nahrung

Die Vielfalt ist bedroht

Wir Menschen zerstören zunehmend unsere eigenen Lebensgrundlagen. Die massiven Eingriffe des Menschen in die verschiedenen Ökosysteme tragen auch dazu bei, dass viele Pflanzen und Tiere vom Aussterben bedroht sind. So nimmt die Vielfalt des Lebens, die **Biodiversität,** immer weiter ab.

1 Nenne drei Ökosysteme in verschiedenen Klimazonen.

2 Beschreibe, wie wir durch unsere Lebensweise zur Veränderung von Ökosystemen beitragen.

3 Erläutere, wie wir die Veränderung des Klimas bei uns beobachten können.

Starthilfe zu 3:
Erläutere dies an einzelnen Pflanzenarten und Tierarten.

4 ▮▮ Nenne Beispiele für extreme Wetterereignisse bei uns und beschreibe mögliche Folgen.

5 ▮▮ Beschreibe die Folgen der Klimaerwärmung in der Arktis, für die Menschen auf den Malediven oder in Bangladesch.

A Tropischer Regenwald und Buchenmischwald

1 Verschiedene Waldarten

Tropische Regenwälder gibt es auf beiden Seiten des Äquators. Hier scheint die Sonne das ganze Jahr etwa 12 Stunden am Tag. Jeden Tag fällt Regen. Es ist immer feuchtwarm und es gibt keine Jahreszeiten. Hier wachsen riesige Bäume und unzählige andere Pflanzenarten. Die Pflanzen bilden die Grundlage für viele Tierarten.
Buchenmischwälder wachsen beispielsweise in Deutschland. Hier gibt es kalte Winter und warme Sommer. Im Winter sind die Tage kurz. Im Sommer sind die Tage lang. Der Boden ist feucht. Hier leben viele Tierarten und Pflanzenarten.

1 Ordne die beiden Bilder den beiden Waldarten zu.

2 **a)** Beschreibe die beiden unterschiedlichen Waldarten.
b) Beschreibe die abiotischen Faktoren, die die beiden Ökosysteme beeinflussen.

3 ‖ Stelle eine Vermutung auf, in welchem Ökosystem mehr unterschiedliche Tierarten und Pflanzenarten leben. Begründe deine Vermutung.

4 ‖ Recherchiere, wodurch die Biodiversität in den beiden Ökosystemen jeweils bedroht ist.

B Pflanzen reagieren auf den Klimawandel

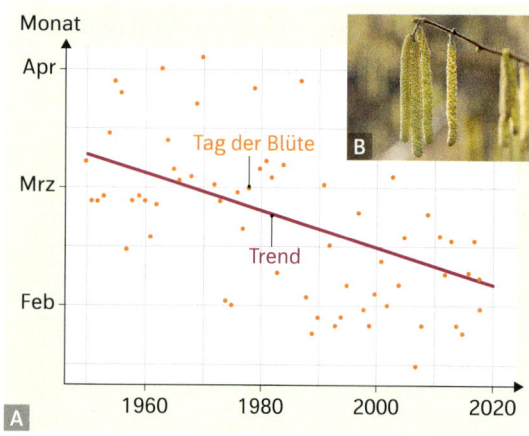

2 Blüten der Haselnuss: **A** Start der Haselblüte in Norddeutschland, **B** Blütenstände

1 Erläutere das Diagramm in Bild 2 A.
a) Beschreibe, was die waagrechte und die senkrechte Achse jeweils angibt.
b) Beschreibe, was die orangen Punkte bedeuten.
c) Beschreibe, was die violette Linie aussagt.
d) Fasse die Aussage des Diagramms in wenigen Sätzen zusammen.

2 ‖ Auch wenn der Frühling immer früher beginnt, kann es im April und Mai noch zu kalten Frostnächten kommen. Erläutere, welche Folgen diese Entwicklung für Obstbäume haben kann.

C Eingriffe des Menschen

3 Autobahnkreuz

4 Grünbrücke

Ein gut ausgebautes Verkehrsnetz bietet viele Vorteile. Es gibt aber auch Nachteile für die Menschen und die betroffenen Ökosysteme.

1 Beschreibe mindestens zwei Vorteile und zwei Nachteile, die durch den Eingriff in das Ökosystem in Bild 3 entstanden sind.

2 **a)** Recherchiere, was unter den Begriffen „Ausgleichsmaßnahme" und „Grünbrücke" (→ Bild 4) verstanden wird.
b) Erläutere deine Ergebnisse.

Starthilfe zu 1:
Denke dabei an Menschen und Tiere.

D Artensterben

„Der Niedergang der Natur vollzieht sich in einem nie dagewesenen Tempo." Dies sagte die Direktorin der Weltnaturschutzunion (IUCN) bei der Präsentation der neuesten Fassung der roten Liste für gefährdete Arten im Jahr 2019.

1 In der Grafik ist das Artensterben bei den Wirbeltieren dargestellt. Nenne die Tierklasse, die jeweils am stärksten und am wenigsten vom Artensterben betroffen ist.

2 Erläutere, warum das Sterben von Tierarten in den letzten 200 Jahren stark angestiegen ist. Nutze dazu auch die Basisseite.

3 ‖ Stelle Vermutungen auf, warum die Amphibien besonders stark vom Aussterben bedroht sind. Begründe deine Vermutungen.

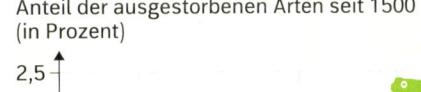

Anteil der ausgestorbenen Arten seit 1500 (in Prozent)

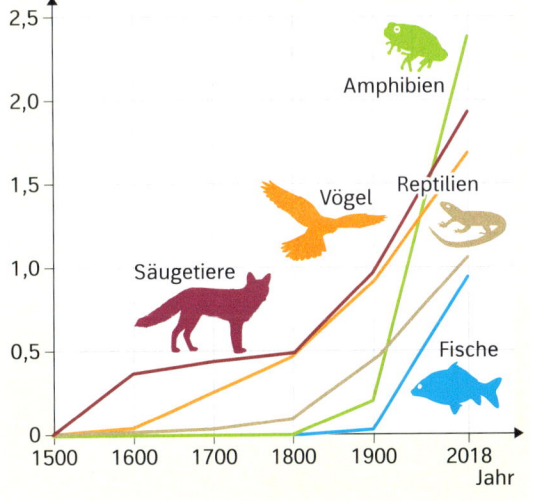

5 Entwicklung des Artensterbens

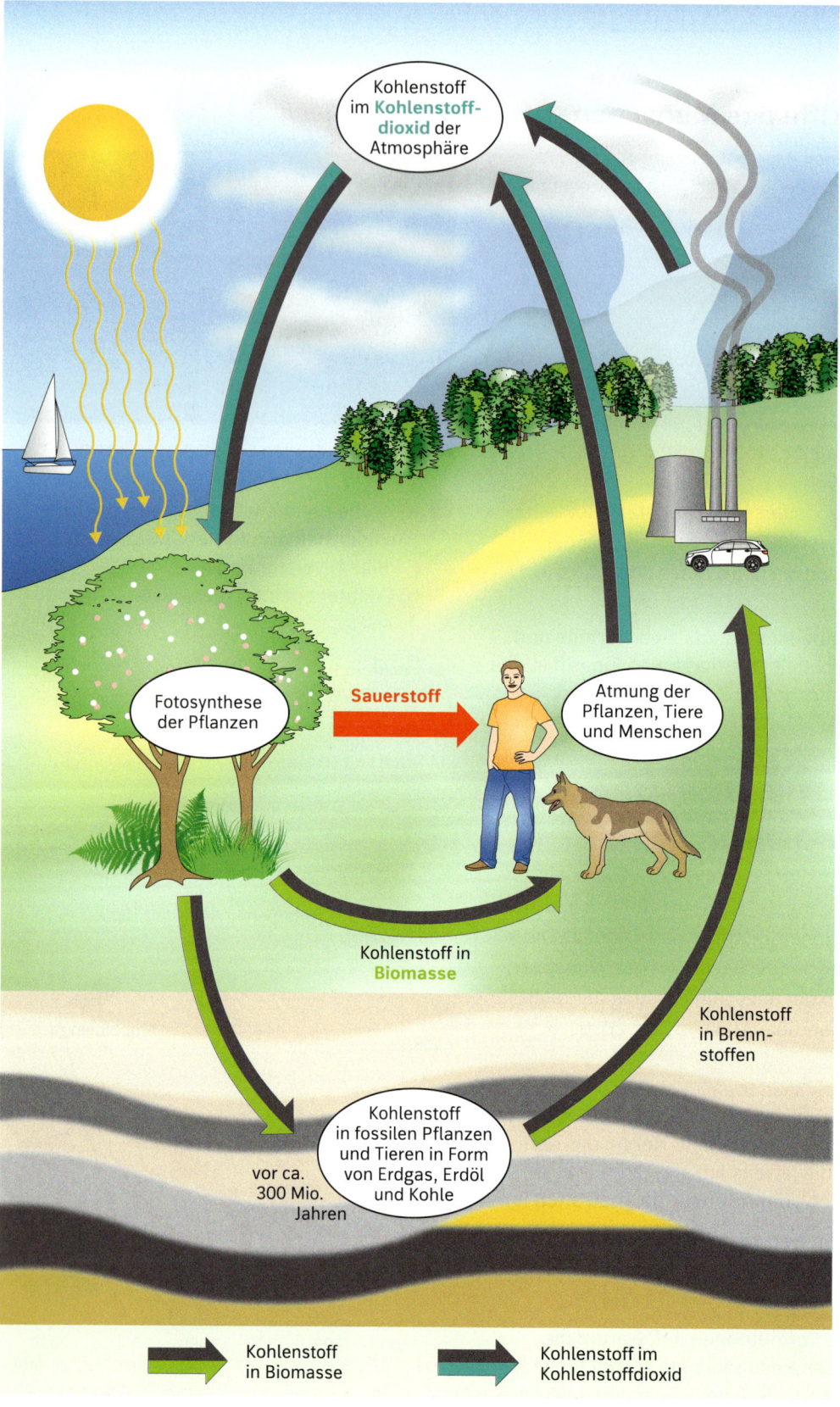

Kohlenstoff im **Kohlenstoffdioxid** der Atmosphäre

Fotosynthese der Pflanzen

Sauerstoff

Atmung der Pflanzen, Tiere und Menschen

Kohlenstoff in **Biomasse**

Kohlenstoff in Brennstoffen

vor ca. 300 Mio. Jahren

Kohlenstoff in fossilen Pflanzen und Tieren in Form von Erdgas, Erdöl und Kohle

Kohlenstoff in Biomasse

Kohlenstoff im Kohlenstoffdioxid

1 Kohlenstoffkreislauf auf der Erde

Der Kohlenstoffkreislauf

Ökosysteme sind vernetzt

In allen Ökosystemen sind die Lebewesen voneinander abhängig.

> Durch **Stoffkreisläufe** wie den Kohlenstoffkreislauf sind auch die Ökosysteme weltweit untereinander verbunden.

Natürlicher Kohlenstoffkreislauf

Alle Pflanzen der Erde verwerten bei der Fotosynthese den **Kohlenstoff** aus dem Kohlenstoffdioxid der Luft. Sie verwenden den Kohlenstoff beim Wachsen als Baustoff und bilden energiereiche Biomasse wie Blätter oder Früchte.

Lebewesen wie Tiere nehmen beim Fressen der energiereichen Biomasse Kohlenstoff auf. Einen Teil davon bauen sie in ihren eigenen Körper ein. Der andere Teil dient zur Gewinnung von Energie für ihre Lebensvorgänge. Dazu wird der Kohlenstoff aus der Nahrung in den Körperzellen der Tiere mit dem Sauerstoff aus der Luft verbunden. Bei diesem Prozess, der Zellatmung genannt wird, entsteht im Körper der Tiere das Gas Kohlenstoffdioxid. Es wird von den Tieren ausgeatmet. So gelangt ein Teil des Kohlenstoffs zurück in die Luft. Er kann von den Pflanzen bei der Fotosynthese wiederverwendet werden.

Globaler Kohlenstoffkreislauf

Der Kohlenstoff bewegt sich so immer zwischen der Luft, den Pflanzen und den Tieren in einem Kreislauf. Da alle Ökosysteme der Erde zum Kohlenstoffkreislauf beitragen, wird der Prozess auch als **globaler Kohlenstoffkreislauf** bezeichnet. Ein Teil des Kohlenstoffs befindet sich in der Lufthülle der Erde, der Atmosphäre. Am globalen Kohlenstoffkreislauf sind auch die Ozeane und Seen sowie große Landmassen wie die Gebirge und der Boden beteiligt.

Eingriffe in den Kreislauf

Brennstoffe wie Kohle, Erdöl und Erdgas sind vor vielen Millionen Jahren aus urzeitlichen Lebewesen entstanden. Der Kohlenstoff dieser Lebewesen ist der Hauptbestandteil der fossilen Brennstoffe. Die fossilen Brennstoffe sind deshalb riesige Kohlenstoffspeicher. Bei ihrer Bildung wurde der Atmosphäre Kohlenstoff entzogen. Wenn wir heute die fossilen Brennstoffe zur Energiegewinnung verbrennen, wird dabei der damals gespeicherte Kohlenstoff in Form von Kohlenstoffdioxid wieder frei. Dadurch nimmt die Menge des Kohlenstoffs in der Atmosphäre zu. Dies ist eine Ursache für den Klimawandel.

1 Beschreibe den natürlichen Kohlenstoffkreislauf.

2 Begründe, warum der natürliche Kohlenstoffkreislauf auch als globaler Kohlenstoffkreislauf bezeichnet wird.

Starthilfe zu 1:
Beschreibe zunächst, wie Pflanzen Biomasse herstellen. Beschreibe danach, wie der Kohlenstoff in die Tiere und Menschen und wieder zurück in die Luft gelangt.

3 a) Beschreibe, wie wir Menschen in den natürlichen Kohlenstoffkreislauf eingreifen.
b) Erkläre, warum das Verbrennen von fossilen Brennstoffen ein Problem ist.

4 ❘ Erkläre den Kohlenstoffkreislauf am Beispiel einer Waldmaus, die Bucheckern frisst.

Starthilfe zu 4:
Nutze dazu den Absatz „Natürlicher Kohlenstoffkreislauf".

5 a) ❚❚ Beschreibe, woher die Energie in der Biomasse von Pflanzen stammt.
b) ❚❚ Begründe, warum Energie in Ökosystemen immer wieder über die Sonne neu zugeführt werden muss.

»

A Kohlenstoffkreislauf und Sauerstoffkreislauf sind verbunden

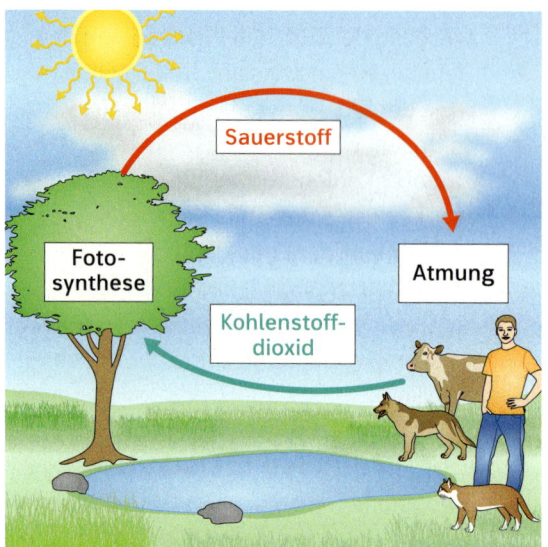

1 Der Sauerstoffkreislauf

Pflanzen produzieren bei der Fotosynthese Sauerstoff und geben ihn an die Luft ab. Tiere und Menschen atmen den Sauerstoff ein. Fast alle Lebewesen benötigen Sauerstoff, um bei der Zellatmung Energie aus Kohlenstoff zu gewinnen. Bei diesem Vorgang entsteht Kohlenstoffdioxid, das wieder ausgeatmet wird. Das Kohlenstoffdioxid können die Pflanzen wieder nutzen, um neuen Sauerstoff zu produzieren. So entsteht der Kreislauf des Sauerstoffs.

❶ Beschreibe den Kreislauf des Sauerstoffs.

❷ ‖ Erkläre, warum der Sauerstoffkreislauf eng mit dem Kohlenstoffkreislauf verbunden ist.

B Der Gehalt an Kohlenstoffdioxid in der Atmosphäre

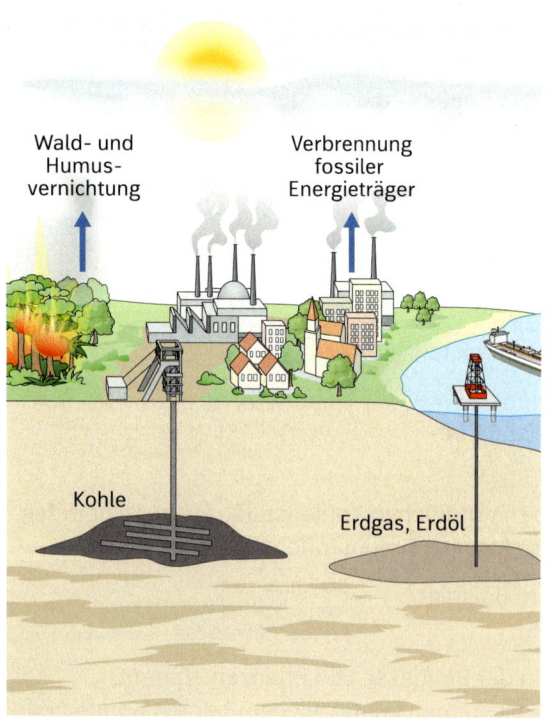

2 Kohlenstoff gelangt in die Atmospähre

Pflanzen und Tiere speichern beim Wachsen Kohlenstoff aus dem Kohlenstoffdioxid der Atmosphäre in ihrer Biomasse. Daher sind in großen Urwäldern riesige Mengen Kohlenstoff gespeichert.
Aus Resten von Pflanzen und Tieren, die nicht vollständig zersetzt wurden, entstanden im Lauf von Millionen Jahren Kohle, Erdöl und Erdgas. Der in ihnen enthaltene Kohlenstoff wurde dem Kohlenstoffkreislauf damals entzogen.

❶ Nenne Vorgänge, durch die Kohlenstoff der Atmosphäre entzogen wird. Nutze dazu auch Bild 2.

❷ Betrachte Bild 2 und nenne zwei Vorgänge, durch die Kohlenstoff in Form von Kohlenstoffdioxid in die Atmosphäre gelangt.

❸ ‖ Beschreibe die Folgen des zunehmenden Kohlenstoffdioxidgehalts.

ⓒ Kohlenstoffspeicher Urwald

Bei der Entstehung von großen Urwäldern wie den tropischen Regenwäldern wurde der Luft viel Kohlenstoff entzogen, da Holz zum großen Teil aus Kohlenstoff besteht. In großen Urwäldern ist daher viel Kohlenstoff gespeichert. Wenn solche Wälder zum Beispiel durch Waldbrände zerstört werden, wird Kohlenstoff in Form von Kohlenstoffdioxid frei. Der Kohlenstoffgehalt der Luft nimmt zu.

❶ Erkläre, wodurch Wälder Kohlenstoffspeicher sind.

❷ Begründe, warum große Waldbrände für das Klima auf der Erde eine Bedrohung darstellen.

3 Buschbrand in Australien

ⓓ Kohlenstoffspeicher Ozean

Auch in Ozeanen ist viel Kohlenstoff gespeichert. Zum einen bauen Pflanzen im Meer wie Algen oder Seegräser aus Kohlenstoffdioxid Biomasse auf. Damit werden der Atmosphäre große Mengen Kohlenstoff entzogen.

Zum anderen löst sich Kohlenstoffdioxid leicht in Wasser und bildet Kohlensäure. Aus der Kohlensäure können viele Meereslebewesen wasserunlöslichen Kalk herstellen. So bilden zum Beispiel die Korallen ihr Skelett aus Kalk. Auf diese Weise können riesige Kalkriffe wie das Great Barrier Reef vor Australien entstehen.

Ein weiterer Teil des an der Wasseroberfläche gelösten Kohlenstoffs gelangt mit kalten, absinkenden Meeresströmungen in tiefe Bereiche der Ozeane. Dort bleibt der Kohlenstoff über lange Zeiträume.

4 Great Barrier Reef vor Australien

❶ Beschreibe drei Prozesse, bei denen Kohlenstoffdioxid in Ozeanen gespeichert wird.

❷ ‖ Recherchiere, wodurch Kalkriffe wie das Great Barrier Reef vor Australien bedroht sind. Halte einen Kurzvortrag.

«

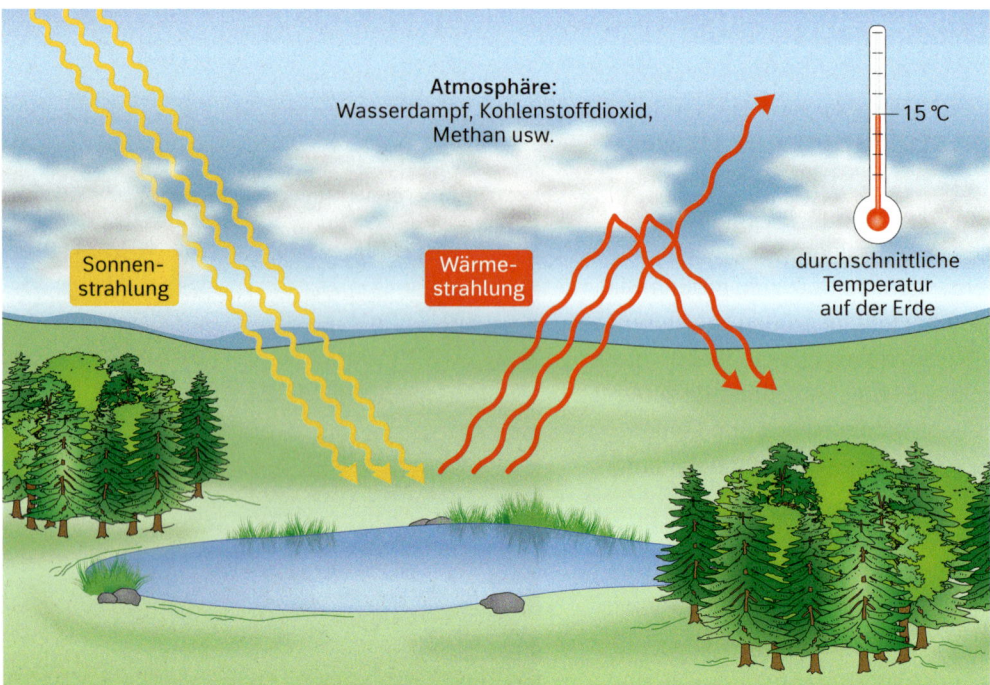

1 Der natürliche Treibhauseffekt

Das Klima ändert sich weltweit

Die Atmosphäre der Erde

Die Erde ist von einer schützenden Hülle umgeben, die **Atmosphäre** genannt wird. Ohne die Atmosphäre würde die Energie der Sonnenstrahlen von der Erdoberfläche direkt wieder ins Weltall aufsteigen. Auf der Erde würde eine mittlere Durchschnittstemperatur von etwa -18° C herrschen. Das Leben von Pflanzen, Tieren und Menschen wäre nicht möglich.

Bestandteile der Atmosphäre

Die Atmosphäre besteht aus verschiedenen Gasen, zu denen der Stickstoff, der Sauerstoff, das Kohlenstoffdioxid, das Methan und das Lachgas gehören. In der Atmosphäre ist außerdem Wasserdampf enthalten. Er kann Wolken bilden, aus denen manchmal Regen oder Schnee fällt. In etwa 20 Kilometer Höhe liegt die **Ozonschicht** der Erde. Sie fängt die schädlichen ultravioletten Strahlen der Sonne ab.

Der natürliche Treibhauseffekt

Wenn Sonnenstrahlen auf die Erdoberfläche treffen, wird die Energie der Sonnenstrahlen in Wärme umgewandelt. So erwärmt sich die Erdoberfläche und die Luft. Nur ein kleiner Teil der Wärmestrahlung gelangt wieder ins Weltall (→ Bild 1). Die Gasteilchen der Atmosphäre wirken nämlich wie die Glasscheiben eines Gewächshauses, das auch Treibhaus genannt wird. In einem Treibhaus herrschen hohe Temperaturen. Wie die Scheiben eines Treibhauses halten die Gasteilchen der Atmosphäre einen großen Teil der Wärmestrahlung zurück. Diese Vorgänge werden als **natürlicher Treibhauseffekt** bezeichnet. Bei der Zusammensetzung unserer heutigen Atmosphäre lässt sich auf der Erde eine durchschnittliche Temperatur von etwa 15° C berechnen. Nur so können Pflanzen, Tiere und Menschen auf der Erde überleben.

Der zusätzliche Treibhauseffekt

Durch unser Verhalten greifen wir in die Zusammensetzung unserer Atmosphäre ein. Beim Verbrennen von fossilen Brennstoffen wie Erdöl, Erdgas oder Kohle zur Energiegewinnung wird viel Kohlenstoffdioxid freigesetzt. Auch durch großflächige Waldbrände entsteht Kohlenstoffdioxid. In der Landwirtschaft wird durch die Düngung, die Viehhaltung oder den Anbau von Reis viel Methan und Lachgas freigesetzt. Die Menge dieser sogenannten Treibhausgase in der Atmosphäre nimmt damit zu. Dadurch wird der natürliche Treibhauseffekt verstärkt und die durchschnittliche Temperatur auf der Erde steigt. Diese durch Menschen verursachten Vorgänge werden als **zusätzlicher Treibhauseffekt** bezeichnet.

2 Kohlenstoffdioxid durch Verkehr

Klimawandel

Forscherinnen und Forscher vermuten, dass durch den zusätzlichen Treibhauseffekt die Temperatur auf der Erde bis zum Jahr 2100 um bis zu vier Grad Celsius oder mehr ansteigen könnte. Dies würde zu einem so deutlichen **Klimawandel** auf der Erde führen, dass die Existenz der Menschheit bedroht wäre. Viele Menschen ändern deshalb ihr Verhalten mit dem Ziel, weniger Kohlenstoffdioxid zu produzieren. Außerdem setzen sich immer mehr Menschen wie zum Beispiel die Schülerinnen und Schüler der Bewegung „Fridays for Future" dafür ein, Politiker zu überzeugen, mehr gegen den Klimawandel zu unternehmen.

3 Methan durch Rinderhaltung

4 Demonstration gegen den Klimawandel

---

1 a) Beschreibe den natürlichen Treibhauseffekt.
b) Begründe, warum das Leben auf der Erde ohne den natürlichen Treibhauseffekt nicht möglich wäre.

2 a) Beschreibe, wie der künstliche Treibhauseffekt entsteht.
b) Beschreibe, welche Vermutung Forscherinnen und Forscher im Hinblick auf das zukünftige Klima auf der Erde aufstellen.

Starthilfe zu 2a:
Nuzte folgende Begriffe: Verhalten der Menschen, fossile Brennstoffe, Landwirtschaft, Kohlenstoffdioxid, Methan, steigende Durchschnittstemperatur

3 I Nenne mindestens zwei Hauptursachen für den zusätzlichen Treibhauseffekt.

4 II Bewerte die Bewegung „Fridays for Future" im Hinblick auf ihre Wirksamkeit.

»

A Der natürliche Treibhauseffekt

1 Gewächshaus im Garten

Ein Gewächshaus kann als Modell zur Erläuterung des Treibhauseffekts verwendet werden.

1 Erkläre den Treibhauseffekt am Modell eines Gewächshauses.

> **Starthilfe zu 1:**
> Beschreibe die Funktion der Sonne und gib an, wofür die Glasscheiben des Gewächshauses stehen.

2 ❙❙ Beschreibe weitere Funktionen der Glasscheiben eines Gewächshauses, die du zur Erklärung des Treibhauseffekts nicht verwenden kannst.

B Das Treibhausgas Methan

2 Vom Menschen gemachtes Methan: **A** Mülldeponie, **B** Rinderherde

Nach dem Kohlenstoffdioxid ist Methan das zweitwichtigste Treibhausgas. Es wird in der Natur aus Sumpfgebieten abgegeben, entwickelt sich aber auch auf Mülldeponien.
Ein großer Teil des in die Atmosphäre abgegebenen Methans entsteht aber bei der Nahrungsmittelerzeugung.
Reisfelder geben zum Beispiel Methan an die Luft ab. Auch wenn Wiederkäuer wie Rinder oder Schafe ihre pflanzliche Nahrung verdauen, entsteht in ihrem Magen Methan, das sie an die Luft abgeben. Ein Hausrind stößt täglich etwa 150 l bis 250 l Methan aus. Derzeit werden weltweit mehr als eine Milliarde Rinder zur Lieferung von Fleisch und Milch gehalten.

1 Beschreibe, woher das Treibhausgas Methan in der Atmosphäre kommt.

2 Mache Vorschläge, wie du deine Ernährungsgewohnheiten so ändern könntest, dass weniger Methan produziert wird.

C Klimawandel in Deutschland

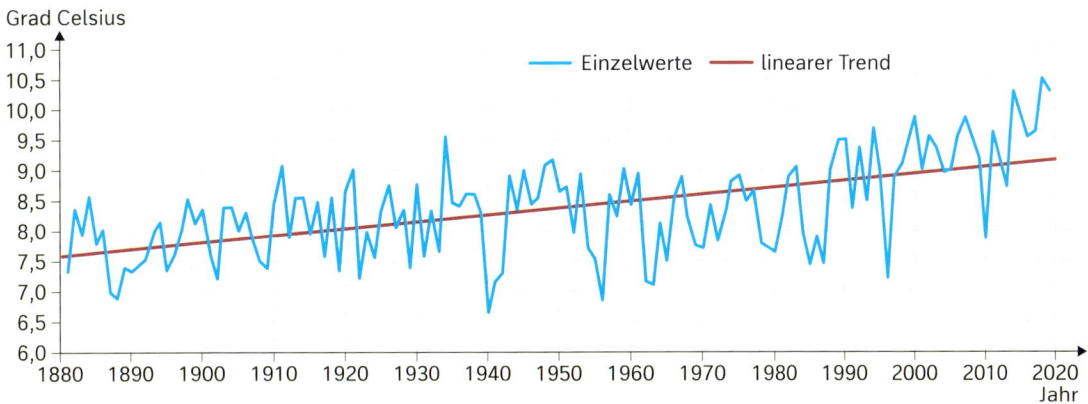

3 Durchschnittstemperaturen in Deutschland

Seit 1881 wird das Wetter in Deutschland systematisch beobachtet und aufgezeichnet. Die Kurven in Bild 3 geben einen Hinweis auf die Temperaturveränderung in Deutschland.

❶ a) Beschreibe den Sachverhalt, der in Bild 3 dargestellt wird.
II b) Ziehe Schlussfolgerungen aus den dargestellten Informationen.

> **Starthilfe zu 1a:**
> Gib zunächst an, welche Werte auf der senkrechten Achse und auf der waagrechten Achse dargestellt sind. Beschreibe dann den Verlauf der beiden Kurven.

D Klimaschutzplan 2045 der Bundesregierung

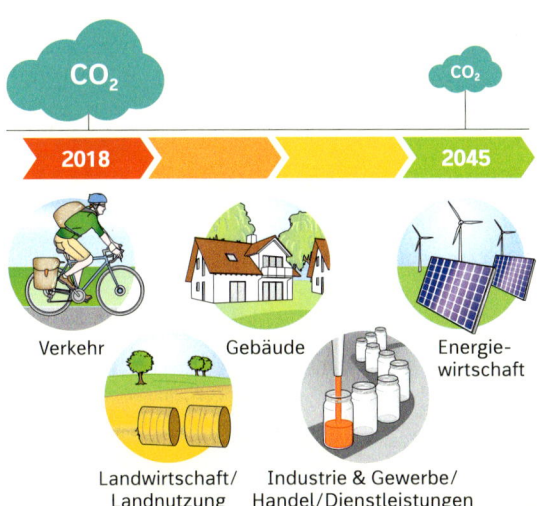

4 Verringerung des Ausstoßes von Kohlenstoffdioxid in unterschiedlichen Bereichen

Das Klimaschutzabkommen von Paris vom Dezember 2015 sieht für die globale Erderwärmung eine Obergrenze von deutlich unter 2 Grad vor. Die Bundesregierung hat deshalb Maßnahmen beschlossen, die dazu führen sollen, dass Deutschland bis 2045 treibhausgasneutral wird. Das bedeutet, dass durch unsere Lebensweise das Klima nicht mehr beeinflusst wird.

❶ Betrachte Bild 4 und erläutere mindestens zwei der fünf Bereiche, in denen es große Veränderungen geben wird.

❷ Nenne mindestens fünf konkrete Maßnahmen, wie du durch dein Verhalten dazu beitragen kannst, dass weniger klimaschädliche Gase entstehen.

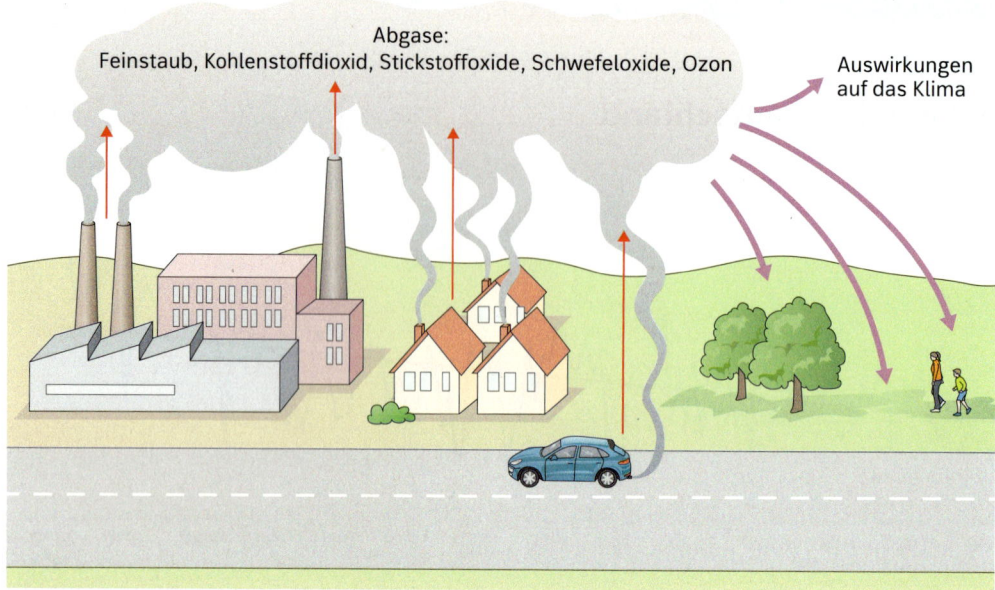

Abgase:
Feinstaub, Kohlenstoffdioxid, Stickstoffoxide, Schwefeloxide, Ozon

Auswirkungen
auf das Klima

1 Entstehung und Wirkung von Abgasen

Eine gute Luftqualität ist lebensnotwendig

Die Luftschadstoffe

Für alle Lebewesen in den unterschiedlichen Ökosystemen ist saubere Luft lebensnotwendig. Luft ist ein Gemisch aus verschiedenen Gasen. Durch die Verbrennung von fossilen Brennstoffen zum Beispiel in Autos, Heizungsanlagen oder in Kraftwerken entstehen **Abgase.** Sie enthalten neben dem klimaschädlichen Kohlenstoffdioxid weitere Stoffe wie Feinstaub, Stickstoffoxide, Schwefeloxide oder Ozon.

Der Feinstaub

Bei Verbrennungen entstehen sehr kleine Teilchen, die in die Luft abgegeben werden. Sie werden als **Feinstaub** bezeichnet. Feinstaub entsteht auch durch Bremsenabrieb, Reifenabrieb und die Aufwirbelung von Straßenstaub durch Autos. Beim Einatmen kann Feinstaub in die Lungen oder ins Blut gelangen. Dort kann er Erkrankungen des Herzkreislaufsystems oder der Atmungsorgane verursachen.

Stickstoffoxide und Schwefeloxide

Bei der Verbrennung von fossilen Brennstoffen beispielsweise in Motoren entstehen in Verbindung mit Sauerstoff **Stickstoffoxide** und **Schwefeloxide.** Stickstoffoxide reizen die Schleimhäute in den Atemwegen und können Atemwegserkrankungen auslösen. Schwefeloxide bilden neben anderen Stoffen in Verbindung mit Wasser sauren Regen. Er schädigt Pflanzen und kann Gebäude beschädigen.

Das Ozon

Ozon ist ein Gas in der Erdatmosphäre. Die natürliche **Ozonschicht** liegt in etwa 20 km Höhe. Sie schützt die Erde vor schädlichen ultravioletten Strahlen der Sonne. Ozon in Bodennähe bildet sich vor allem im Sommer aus Sauerstoff und Stickstoffoxiden. Es entsteht in der Mittagszeit, wenn es sehr sonnig und heiß ist. Das Gas kann Husten, Kopfschmerzen oder Atembeschwerden verursachen.

Verminderung der Luftschadstoffe

In den letzten Jahren ist die Schadstoffbe-
lastung der Luft in Deutschland deutlich
zurückgegangen. Die Industrie trägt dazu
bei, indem sie neue Methoden der Abgas-
reinigung nutzt. Außerdem sind Vorgaben
zur Schadstoffbegrenzung und ihre Einhal-
tung zum Beispiel für Kraftwerke, Indust-
riebetriebe, Kraftfahrzeuge oder Heizungsanlagen wichtig. Auch Fahrverbote können
zur Luftreinhaltung beitragen.

2 Fahrverbote für ältere Dieselfahrzeuge

Elektrofahrzeuge

Der Anteil von Elektrofahrzeugen an der
Gesamtzahl aller Fahrzeuge nimmt zu.Elekt-
rofahrzeuge fahren mit Strom und produzieren beim Fahren keine gesundheitsschädli-
chen oder klimaschädlichen Abgase.
Allerdings werden bei der Herstellung der
Batterien oder bei der Produktion der Autos
ebenfalls problematische Stoffe verwendet
oder produziert. Außerdem wird derzeit in
Deutschland erst etwa die Hälfte des
Stroms aus erneuerbaren Energiequellen
gewonnen. Der Rest wird hauptsächlich in
Kohlekraftwerken erzeugt.

3 Elektroauto an einer Ladestation

Erneuerbare Energien

Energie, die aus der Sonne, dem Wind, der
Wasserkraft, der Erdwärme oder aus der
Biomasse von Pflanzen gewonnen wird,
wird als erneuerbare Energie bezeichnet.
Im Gegensatz zu den fossilen Energieträ-
gern verbrauchen sich die Quellen für diese
Energien nicht.

4 Erneuerbare Energien wie Windkraft

---

1 **a)** Nenne vier Luftschadstoffe, die durch die Verbrennung von fossilen Brennstoffen
entstehen.
b) Beschreibe, wie sie entstehen.

2 Beschreibe Gesundheitsbelastungen durch
Luftschadstoffe. Erstelle dazu eine Tabelle.

Starthilfe zu 2:

Luftschadstoff	Gesundheitsbelastung
Feinstaub	

3 Beschreibe, wie Luftschadstoffe vermindert werden können.

4 ▌ Nenne mindestens drei Beispiele für erneuerbare Energien.

5 ▌▌ Elektrofahrzeuge sind viel umweltfreundlicher als Fahrzeuge mit Verbrennungsmotoren. Beurteile diese Aussage und begründe deine Stellungnahme.

Ⓐ Luftbelastung in Städten

Besonders im Winter kann in Städten die Belastung der Luft durch Feinstaub und Stickstoffoxide sehr hoch werden. Dies passiert, wenn sich an windstillen Tagen warme Luft wie eine Glocke über kältere Luft legt, die sich in Bodennähe befindet. Die Abgase, der Rauch und der Feinstaub reichern sich dann in Bodennähe stark an. Bei Menschen kann dies zu Atemwegserkrankungen und zu Kreislaufbeschwerden führen. Wenn von der EU vorgegebene Grenzwerte überschritten werden, können Fahrverbote zum Beispiel für ältere Fahrzeuge oder für Dieselfahrzeuge ausgesprochen werden. Auch offene Kamine dürfen dann nicht mehr benutzt werden. Wir werden gebeten, öffentliche Verkehrsmittel zu benutzen.

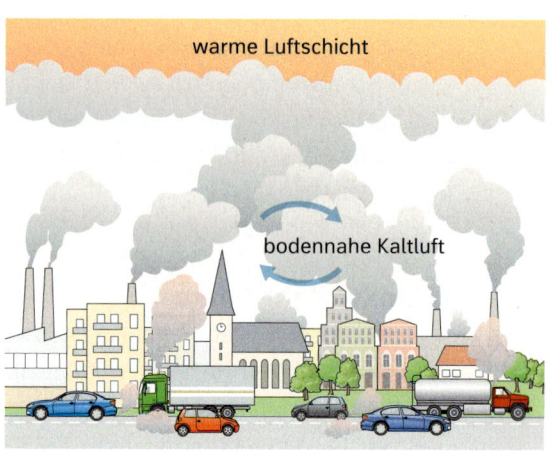

warme Luftschicht

bodennahe Kaltluft

1 Schlechte Luft in Städten

1 Beschreibe mithilfe des Textes und Bild 1, wie es in Städten im Winter zu einer hohen Konzentration von Feinstaub und Stickstoffoxiden in Bodennähe kommen kann.

2 Nenne Beispiele für Maßnahmen, die dann zum Schutz der Gesundheit der Menschen getroffen werden.

3 ‖ Recherchiere, warum insbesondere Dieselfahrzeuge von den Fahrverboten betroffen sind. Stelle die Gründe vor.

Ⓑ Die Belastung der Luft betrifft uns alle

Das Feinstaubproblem betrifft mich nicht. Ich wohne auf dem Land.

Wenn es sehr sonnig und warm ist, ist es besser, morgens oder abends zu joggen.

Ozon schützt uns vor den UV-Strahlen der Sonne.

Elektroautos sind eine gute Alternative zu Autos mit Verbrennungsmotoren.

Fahrverbote in Städten sind uncool. Ich wohne auf dem Land und möchte mit dem Auto in die Stadt fahren, wann ich will.

Windräder verschandeln die Landschaft. Deshalb will ich an meinem Wohnort keines haben.

Wenn immer es möglich ist, fahre ich mit öffentlichen Verkehrsmitteln, weil sie die Luft weniger belasten als Autos.

2 Aussagen zu Luftschadstoffen

Für Menschen, Tiere und Pflanzen ist saubere Luft lebensnotwendig. Eine zu hohe Konzentration an Schadstoffen kann zu gesundheitlichen Beeinträchtigen bei Menschen führen und Ökosysteme belasten.

1 **a)** Bewerte die Aussagen im Hinblick darauf, ob in den Aussagen die negative Wirkung von Luftschadstoffen berücksichtigt wird.
b) Mache Vorschläge für alternatives Handeln, wenn du eine Aussage für falsch hältst.

IM ALLTAG

Beispiele für erneuerbare Energien

3 Wasserkraftwerk

4 Biogasanlage

Energie aus Wasser

Bei der Gewinnung von Energie aus Wasser wird die Bewegungsenergie von Strömungen im Wasser genutzt. Energie kann durch Stauseen, in Flüssen oder im Meer durch die Gezeiten gewonnen werden.

Energie aus Biomasse

In Biogasanlagen wird die Biomasse von Pflanzen, Mist oder Speiseresten von Bakterien zersetzt. Dazu muss die Biogasanlage luftdicht abgeschlossen sein. Biogas kann zur Erzeugung von Strom, Wärme oder Kraftstoffen genutzt werden.

5 Fotovoltaikanlage

6 Windpark in der Nordsee

Energie aus Sonnenlicht

In der Solartechnik wird die Energie des Sonnenlichts genutzt. Sonnenkollektoren werden eingesetzt, um Wärme zu gewinnen. In Fotovoltaikanlagen, zum Beispiel auf Hausdächern, wird über Solarzellen Strom erzeugt. Kleine Solarzellen werden auch in Alltagsgeräte wie Taschenrechner eingebaut.

Energie aus Wind

Windenergieanlagen können in Gebieten mit starkem Wind gebaut werden. Manchmal entstehen Windparks auch auf dem Wasser. Der Rotor der Windräder treibt einen Generator an, der die Windenergie in elektrische Energie umwandelt.

1 a) Nenne den entscheidenden Vorteil aller erneuerbaren Energien.
b) Beschreibe für jede erneuerbare Energie, wie dieser Vorteil genutzt wird.

2 ‖ Recherchiere, welche möglichen Nachteile die einzelnen erneuerbaren Energiequellen haben können. Stelle deine Ergebnisse vor.

1 Boden in einem Wald

Boden und Wasser müssen geschützt werden

Die Bedeutung des Bodens

Die äußerste Schicht der Erdkruste wird Boden genannt. Boden entsteht aus festen Gesteinsschichten im Lauf von Jahrtausenden. Er ist die Grundlage für das Leben von Pflanzen, Tieren und Menschen. Wir Menschen nutzen den Boden zum Beispiel zum Bauen von Städten oder zum Anbau von Pflanzen.

Die Bestandteile des Bodens

Boden besteht aus lockeren und festen Gesteinen, Wasser, Luft und organischer Substanz. Die Gesteine liefern die Mineralstoffe, die die Pflanzen zum Wachsen nutzen. Zur organischen Substanz gehören die Pflanzenwurzeln, der Humus aus verrotteten Tieren und Pflanzen und Bodenorganismen wie Bakterien, Pilze, Algen und kleine Bodentiere. Alle Bestandteile sind stark vermischt.

Kreislauf der Mineralstoffe

In der Natur werden abgestorbene Pflanzen von den Destruenten zersetzt und gelangen so in den Boden zurück. Wenn auf Bodenflächen jedes Jahr Nutzpflanzen angebaut werden, nehmen die Erträge von Jahr zu Jahr ab. Die Pflanzen entziehen bei der Bildung von Biomasse dem Boden die Mineralstoffe. Wenn wir die Pflanzen zum Beispiel als Futter für Tiere ernten, werden die Mineralstoffe mit den Pflanzen abtransportiert. Dadurch wird der natürliche Kreislauf unterbrochen (→ Bild 2). Um weiterhin gute Ernten zu bekommen, müssen dem Boden von außen Mineralstoffe zugeführt werden. Der Boden muss gedüngt werden.

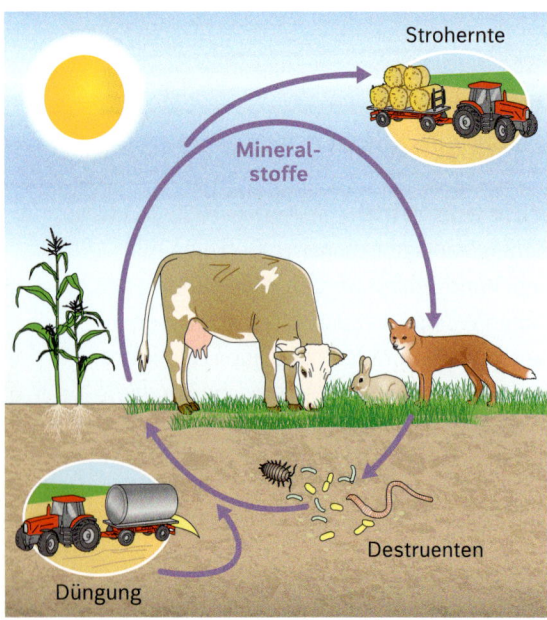

2 Kreislauf der Mineralstoffe

Das Wasser

Neben dem Boden ist sauberes Wasser für alle Lebewesen lebensnotwendig. Es kommt auf der Erde als Süßwasser und als Salzwasser vor. Das gesamte Wasser befindet sich in einem Kreislauf.

Boden und Wasser

In der Landwirtschaft werden Nahrungsmittel produziert. Das Ziel ist oft, hohe Ernteerträge zu erzielen, um Nahrungsmittel zu günstigen Preisen anzubieten. Dazu werden Mineraldünger und Pflanzenschutzmittel eingesetzt. Dies kann zu Umweltproblemen führen.
Wenn nicht der gesamte Dünger von den Pflanzen aufgenommen wird, sickert er tief in den Boden ein. So können Reste des Düngers und der Pflanzenschutzmittel ins Grundwasser gelangen (→ Bild 4).
Das Grundwasser fließt in tiefen Erdschichten in Bäche oder Seen. Oft wird aus Grundwasser und Seen Trinkwasser gewonnen. Auch durch Unfälle zum Beispiel durch den Transport von Heizöl sowie durch Abgase und Feinstaub kann der Boden und das Wasser verunreinigt werden.

Reinigung von Boden und Wasser

Abwasser aus unseren Haushalten oder verschmutztes Regenwasser von den Straßen wird in Kläranlagen gereinigt, bevor es in Bäche oder Flüsse eingeleitet werden darf. Auch durch Gifte verseuchter Boden muss aufwändig gereinigt werden, bevor er wieder genutzt werden kann.

3 Bachlauf durch Wiesen

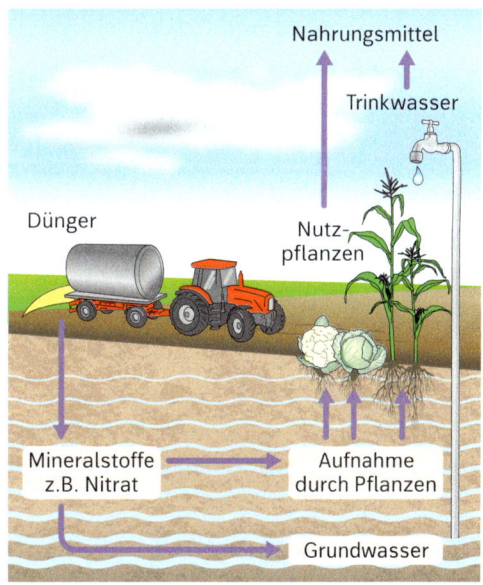

4 Belastung von Boden und Grundwasser

1 Nenne die Bestandteile des Bodens.

2 Erkläre mithilfe von Bild 2, warum der Boden in der Landwirtschaft gedüngt wird.

Starthilfe zu 2:
Denke daran, dass durch die Ernte mit den Pflanzen auch die Mineralstoffe abtransportiert werden.

3 Beschreibe mithilfe von Bild 4, warum Dünger und Pflanzenschutzmittel zu einer Gefahr für den Boden und das Wasser werden können.

4 ❙ Beschreibe an einem Beispiel, wie Wasser und Boden verschmutzt werden können.

5 ❙❙ Landwirte pflügen nach der Ernte Stängel und Wurzeln in die oberste Bodenschicht ein. Begründe diese Maßnahme mithilfe des Basiskonzeptes „System".

Ⓐ Nutzung des Bodens in Deutschland

1 Bodennutzung: **A** Wald, Wiesen und Felder, **B** Siedlung, Industrie und Verkehr, **C** Braunkohletagebau

Deutschland hat eine Fläche von 35,7 Mio Hektar. Etwa 51 % sind landwirtschaftliche Nutzfläche, 30 % sind Wald und 14 % werden für Siedlungen und Verkehr genutzt.
Etwa 2 % sind Wasserflächen und weitere 3 % sind sonstige Flächen wie Moore, Heiden oder Flächen, auf denen beispielsweise Braunkohle oder Kies abgebaut werden.

① Erstelle ein Diagramm, das die unterschiedlich genutzten Flächen im Verhältnis zueinander zeigt.

② Beurteile, welche Auswirkungen die jeweilige Nutzung auf die Böden haben kann.

③ ‖ Unter „sonstige Flächen" sind sehr unterschiedliche Nutzungsarten zusammengefasst. Recherchiere, wie sich Moore und Heiden von Flächen unterscheiden, auf denen Braunkohle oder Kies abgebaut wird.

Ⓑ Der Aufbau von Böden

Böden sind in Schichten gegliedert. Bei einem Waldboden siehst du oben die Bodenauflage aus frischen Blättern oder Nadeln. Danach kommt der fruchtbare Oberboden. Hier befinden sich die feinen Wurzeln der Pflanzen und die Bodenlebewesen. Dann kommt der Unterboden mit größeren Steinen. Hier sind die großen Pflanzen mit den Wurzeln verankert. Darunter liegt die Gesteinsschicht. Sie kann zum Beispiel Calcium, Magnesium oder andere Mineralstoffe enthalten.

① **a)** Nenne die Bodenschichten in der Reihenfolge von oben nach unten.
b) Erkläre die Funktion der einzelnen Bodenschichten.

② ‖ Beschreibe, was passieren könnte, wenn Böden zum Beispiel auf Feldern nicht mehr bepflanzt würden.

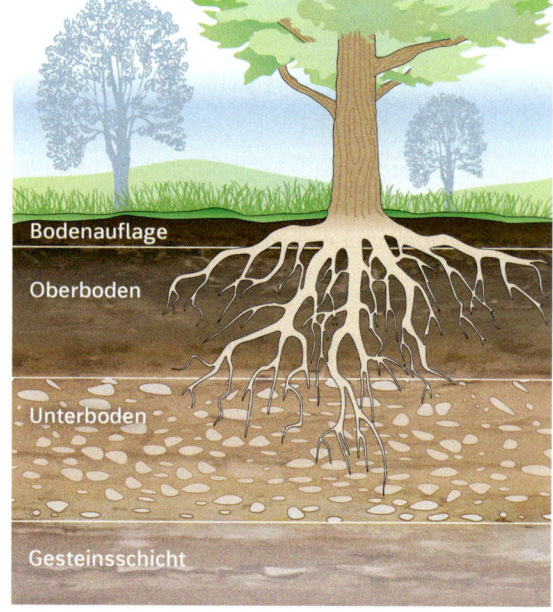

2 Bodenschichten

● ● ⟨ **ÜBEN UND ANWENDEN** ⟩

ⒸDer Wasserkreislauf

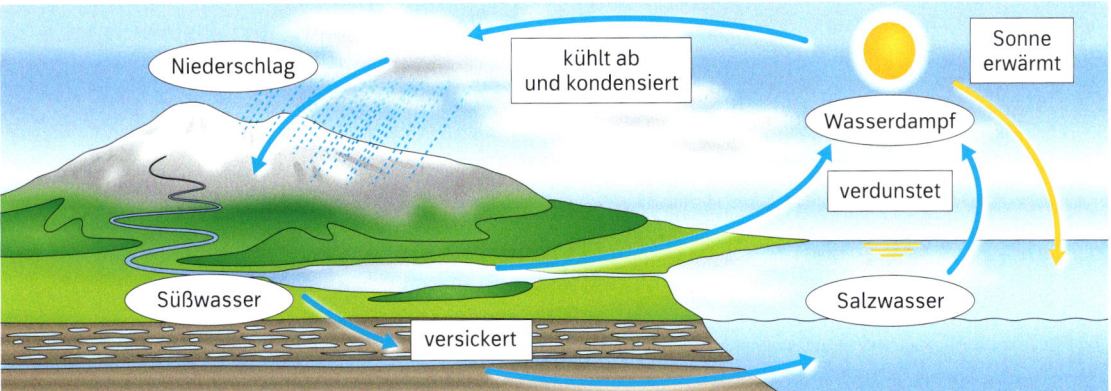

3 Der Wasserkreislauf

Das Wasser auf der Erde befindet sich in einem ständigen Kreislauf. Die Menge des Wassers bleibt dabei immer gleich. Sauberes Trinkwasser entsteht, wenn Regenwasser durch Erdschichten und Gesteinsschichten versickert. Es wird dabei gefiltert. Dabei lösen sich aus den Gesteinsschichten wertvolle Mineralstoffe wie Kalzium und Magnesium im Wasser. Das Sickerwasser sammelt sich im Grundwasser und kann durch Pumpen an die Oberfläche befördert werden.

❶ a) Beschreibe den Wasserkreislauf.
b) Erkläre, warum es sich um einen Kreislauf handelt.

❷ Beschreibe, wie mineralreiches Trinkwasser entsteht.

❸ ‖ Begründe, warum es wichtig ist, dass keine Schadstoffe, zum Beispiel durch die Düngung von Pflanzen, in das Grundwasser gelangen.

ⒹVerschmutzung von Boden und Wasser mit Mikroplastik

Plastik wird aus Erdöl hergestellt. Es wird häufig als Verpackungsmaterial verwendet und oft achtlos weggeworfen. Mikroplastik entsteht zum einen, wenn größere Plastikteile durch Wind, Wetter oder Gezeiten zerkleinert werden. Mikroplastikteilchen werden aber auch industriell hergestellt und in Kosmetika zum Beispiel in Peelings oder in Duschgels als Füllstoff verwendet. Wenn Mikroplastikteilchen in den Boden oder ins Wasser gelangen, werden sie von Pflanzen und Tieren aufgenommen und über die Nahrungsketten bis zu den Menschen weitergegeben. Die Menge an Mikroplastik in der Umwelt wird sehr schnell immer größer.

4 Plastikmüll am Rhein

❶ Erkläre, wie Mikroplastikteilchen entstehen.

❷ Beschreibe, warum Mikroplastik in der Umwelt so problematisch ist.

❸ ‖ Recherchiere die Folgen von Plastik in den Weltmeeren und halte einen Kurzvortrag.

1 Dimensionen der Nachhaltigkeit

2 Ökologische Dimension: Fotovoltaikanlage

3 Ökonomische Dimension: Bauprojekt

Nachhaltigkeit

Die Bedeutung von Nachhaltigkeit

Der Begriff Nachhaltigkeit kommt ursprünglich aus der Forstwirtschaft. Dort bedeutet er, dass in einem begrenzten Zeitraum nicht mehr Bäume gefällt werden dürfen, als im gleichen Zeitraum nachwachsen können.
Heute gilt der Begriff für alle Handlungen der Menschen. Wir müssen uns grundsätzlich so verhalten, dass alle Lebewesen auch künftig eine lebenswerte Umwelt vorfinden. Nur so ist eine **nachhaltige Entwicklung** möglich.

Die ökologische Dimension

Rohstoffe wie Holz oder Trinkwasser dürfen nicht verschwendet werden. Auch durch die Verschmutzung von Böden, Luft oder Wasser schaden wir langfristig allen Lebewesen auf der Erde. Der Ausbau der erneuerbaren Energien ist eine gute Zukunftsperspektive.

Die ökonomische Dimension

Einzelne Menschen, aber auch Staaten, dürfen nicht mehr Geld ausgeben, als sie erwirtschaften. Sonst werden künftige Generationen mit Schulden belastet, die sie zurückzahlen müssen. Sie können dann keine eigenen Projekte mehr planen und bezahlen.

Die soziale Dimension

Wenn wir anderen Menschen durch unser Verhalten schaden oder sie ausbeuten, werden sie sich irgendwann dagegen wehren. Deshalb muss sich jeder einzelne, aber auch die Staaten so verhalten, dass alle Menschen an den gesellschaftlichen Entwicklungen teilhaben können. Alle Menschen haben das Recht, unter lebenswerten Bedingungen aufzuwachsen. Konflikte müssen friedlich gelöst werden.

4 Soziale Dimension: Geflüchtete

5 Der ökologische Fußabdruck

Der ökologische Fußabdruck

Wir alle verbrauchen Ressourcen wie Energie und Rohstoffe in unserem täglichen Leben. Außerdem produzieren wir Müll und Abgase. Um die Belastung der Natur durch die Menschen zu verdeutlichen, wird das Bild eines Fußabdrucks verwendet.

> Der **ökologische Fußabdruck** gibt an, wie viel Fläche der Erde nötig ist, um alles herzustellen und zu entsorgen, was wir für unseren Lebensstil brauchen.

Der ökologische Fußabdruck kann für einzelne Personen oder Staaten berechnet werden. Berücksichtigt werden dabei die vier Bereiche Wohnen, Konsum, Mobilität und Ernährung (→ Bild 5).

Die Ökobilanz

Für einzelne Produkte kann eine **Ökobilanz** erstellt werden. In die Ökobilanz fließen alle Umweltbelastungen wie Wasserverbrauch oder Energieaufwand ein, die durch ein Produkt von der Produktion über die Nutzung bis zur Entsorgung entstehen.

Bewertung von Lebensstilen

Der ökologische Fußabdruck und Ökobilanzen sind Modellrechnungen. Sie können helfen, den eigenen Lebensstil im Hinblick auf Nachhaltigkeit zu bewerten.
Wenn alle Menschen auf der Welt so leben würden wie wir in Deutschland, wären jährlich etwa drei Erden zum Leben notwendig.

1. Erläutere, was nachhaltige Entwicklung bedeutet. Berücksichtige dabei die drei Dimensionen der Nachhaltigkeit.
2. Erkläre die Begriffe „ökologischer Fußabdruck" und „Ökobilanz".
3. Bewerte den durchschnittlichen ökologischen Fußabdruck der Deutschen.
4. ▮ Nenne für die drei Dimensionen der Nachhaltigkeit je ein Beispiel.
5. ▮▮ Erläutere die Bereiche des Lebens, die für die Berechnung des ökologischen Fußabdrucks berücksichtigt werden, an Beispielen.

A Nachhaltigkeit

1 Handlungen von Menschen

Eine nachhaltige Entwicklung ist nur möglich, wenn bei allen Handlungen der Menschen die ökologischen, ökonomischen und sozialen Folgen der Handlungen beachtet werden.

❶ Beschreibe, welche Handlungen von Menschen in Bild 1 jeweils dargestellt sind.

❷ Bewerte die Handlungen im Hinblick auf eine nachhaltige Entwicklung.

B Ökologischer Fußabdruck verschiedener Länder

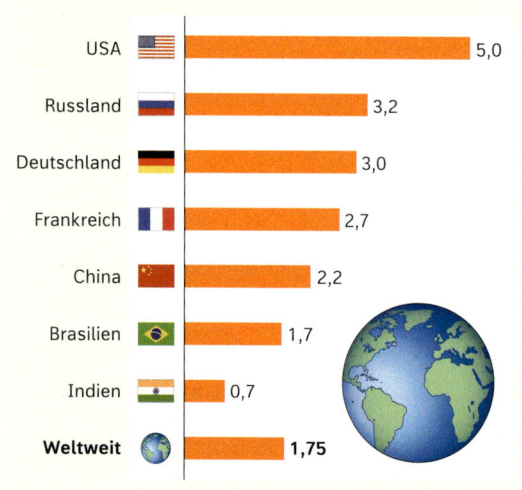

2 Ökologischer Fußabdruck ausgewählter Länder

Der ökologische Fußabdruck kann für einzelne Personen oder für ganze Staaten berechnet werden.
Je nach Größe des Fußabdrucks wird deutlich, wie viele Erden jährlich von einem Staat für diesen Lebensstil benötigt würden. Dann können die jeweils errechneten Werte miteinander verglichen werden.

❶ Beschreibe die Aussagen des Diagramms in Bild 2.

❷ Bewerte die Lebensstile der einzelnen Staaten im Hinblick auf Nachhaltigkeit.

⬤⬤ ÜBEN UND ANWENDEN

🄲 Ökobilanz von Äpfeln

Das Essen von Äpfeln hat Auswirkungen auf die Umwelt. Beim Vergleich der Ökobilanzen von heimischen Äpfeln mit Äpfeln aus Neuseeland wird dies deutlich.
Die Äpfel aus Neuseeland sind tausende Kilometer in Lastwagen und Schiffen unterwegs. Dabei wird viel Energie verbraucht. Solange wir Äpfel aus Deutschland kaufen, wenn die Früchte von August bis Oktober reif sind, haben diese eine deutlich bessere Ökobilanz als die Äpfel aus Neuseeland.
Wenn wir heimische Äpfel im Frühling oder Frühsommer kaufen, kommen die Äpfel aus Kühlhäusern. Bei der langen Lagerung wird viel Energie verbraucht. Die Ökobilanzen der Äpfel aus Neuseeland und Deutschland unterscheiden sich dann kaum noch.

3 Äpfel im Supermarkt

1 **a)** Beschreibe, wann heimische Äpfel eine bessere Ökobilanz haben als Äpfel aus Neuseeland.
b) Erkläre, warum es nachhaltig ist, nicht das ganze Jahr über Äpfel zu essen.

2 Beschreibe, was du tun kannst, um die Ökobilanz von Äpfeln aus dem Supermarkt weiter zu verbessern.

🄳 Nachhaltig konsumieren

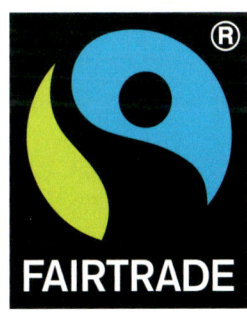

4 Produktsiegel: **A** EU-Bio-Logo, **B** MSC-Siegel, **C** Fairtrade-Siegel

Immer mehr Menschen legen Wert darauf, im Alltag nachhaltig zu handeln. Es ist deshalb wichtig, beim Einkauf als erstes zu prüfen, ob wir ein bestimmtes Produkt überhaupt benötigen. Weiter sollten wir darauf achten, wie Waren produziert werden und wie sie zu uns kommen. Bei der Orientierung können Produktsiegel helfen. Sie kennzeichnen Produkte, die bestimmte Bedingungen erfüllen.

1 Beschreibe, wozu es Produktsiegel gibt.

2 Recherchiere, was die abgebildeten Produktsiegel bedeuten.

3 ‖ Es gibt viele weitere Produktsiegel. Recherchiere und stelle ein weiteres Produktsiegel zum Beispiel zur Auszeichnung von Kleidungsstücken vor. Viele Hinweise findest du unter www.verbraucherzentrale.de.

Auf einen Blick:
Ökosysteme hängen weltweit zusammen

Ökosysteme in Gefahr

Alle Ökosysteme sind durch die zunehmende Bebauung, den Abbau von Rohstoffen, die intensive Landwirtschaft, die Rodung von Wäldern oder den hohen Wasserverbrauch gefährdet. Dadurch tragen wir Menschen dazu bei, dass viele Pflanzen und Tiere vom Aussterben bedroht sind. Auf diese Weise zerstören wir unsere eigenen Lebensgrundlagen.

Luft, Wasser und Boden

Sauberes Wasser, saubere Luft und unbelastete Böden sind wichtig für das Überleben der Menschen. Durch die Verbrennung fossiler Brennstoffe wie Kohle oder Erdöl produzieren wir viele Luftschadstoffe. Der Boden und das Wasser können durch zu viel Pflanzenschutzmittel in der Landwirtschaft, durch Feinstaub oder Gifte stark belastet werden.

Klimawandel

Die Nutzung der fossilen Brennstoffe zur Energiegewinnung verursacht viel Kohlenstoffdioxid. Das Gas trägt zur Erwärmung des Klimas auf der Erde bei. Durch den von Menschen verursachten Treibhauseffekt kommt es immer häufiger zu extremen Wetterereignissen wie Orkanen oder Überschwemmungen. Erneuerbare Energien können den Klimawandel begrenzen.

Nachhaltigkeit

Wir müssen uns grundsätzlich so verhalten, dass auch nachfolgende Generationen auf der Erde gut leben können. Dies umfasst die ökologischen, ökonomischen und sozialen Folgen unseres Verhaltens. Der ökologische Fußabdruck und Ökobilanzen können dabei helfen, den eigenen Lebensstil im Hinblick auf Nachhaltigkeit zu bewerten.

WICHTIGE BEGRIFFE

- Ökosystem, Biosphäre
- globaler Kohlenstoffkreislauf
- Treibhauseffekt, Klimawandel
- Ressourcen Luft, Wasser und Boden

WICHTIGE BEGRIFFE

- fossile Brennstoffe
- erneuerbare Energien
- ökologischer Fußabdruck, Ökobilanz
- Nachhaltigkeit

Lerncheck:
Ökosysteme hängen weltweit zusammen

Ökosysteme und Klimawandel

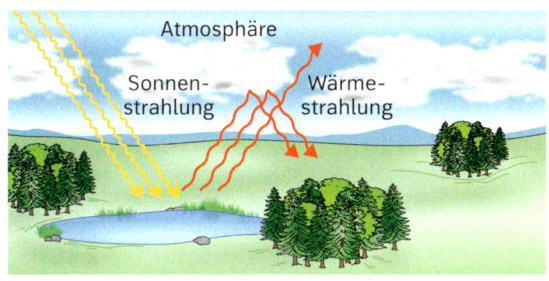

1 **a)** Beschreibe den natürlichen Treibhauseffekt mithilfe des Bildes.
b) Begründe, warum ohne diesen Treibhauseffekt das Leben auf der Erde nicht möglich wäre.

2 **a)** Erläutere den durch Menschen verursachten zusätzlichen Treibhauseffekt.
b) Beschreibe die Auswirkungen des zusätzlichen Treibhauseffekts.

3 **a)** Nenne Beispiele für erneuerbare Energien.
b) Beschreibe ihre Vorteile gegenüber den fossilen Energieträgern.

4 **a)** Erkläre an einem Beispiel den Begriff Neobiot.
b) Beurteile, ob der Waschbär eine invasive Art ist.

Nachhaltigkeit

5 **a)** Erläutere den Begriff Nachhaltigkeit.
b) Beschreibe die drei Dimensionen der Nachhaltigkeit an Beispielen.
c) Beurteile, welcher Garten in der Abbildung oben nachhaltiger angelegt ist.

6 Erläutere, welche Aspekte der Nachhaltigkeit du beachten kannst, wenn du Obst oder Gemüse einkaufst.

7 Der ökologische Fußabdruck und Ökobilanzen sind Modellrechnungen.
a) Erkläre die Bedeutung der beiden Begriffe.
b) Erläutere, welchen Nutzen solche Modellrechnungen haben können.

DU KANNST JETZT ...

- ... den natürlichen und den zusätzlichen Treibhauseffekt erläutern.
- ... beurteilen, welche Folgen der zusätzliche Treibhauseffekt für das Leben auf der Erde hat.
- ... Beispiele für erneuerbare Energiequellen nennen und ihren Ausbau bewerten.
- ... erklären, was ein Neobiot ist und beurteilen, was eine invasive Art ist.

DU KANNST JETZT ...

- ... die drei Dimensionen der Nachhaltigkeit beschreiben.
- ... die drei Dimensionen der Nachhaltigkeit anwenden, um menschliches Verhalten zu bewerten.
- ... erklären, was die Begriffe „ökologischer Fußabdruck" und „Ökobilanz" bedeuten.
- ... den Nutzen von ökologischen Modellrechnungen beurteilen.

Lerncheck

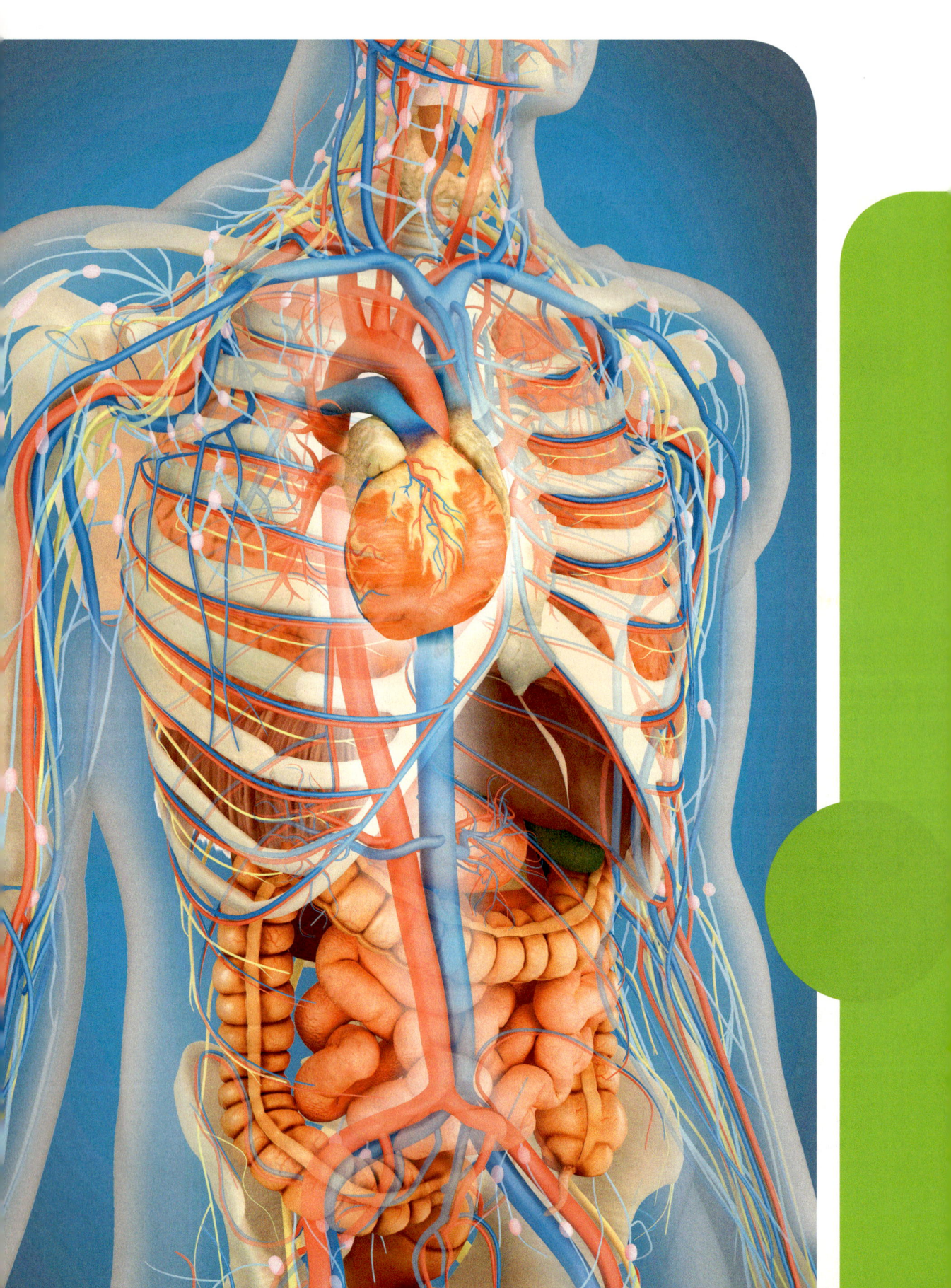

Der Stoffwechsel des Menschen

Es gibt viele verschiedene Nahrungsmittel. Welche brauche ich wirklich?

Bewegung macht hungrig. Warum ist das eigentlich so?

Was gehört zu einem gesunden Pausenfrühstück?

1 Das Frühstück ist wichtig.

Nahrungsmittel liefern nicht nur Nährstoffe

Wozu wir essen

Dein Körper benötigt zum Leben eine Menge Baustoffe und Energie. Baustoffe und Energie stecken in den **Nährstoffen.** Als Nährstoffklassen werden **Kohlenhydrate, Fette** und Eiweißstoffe, die **Proteine** zusammengefasst. Du musst sie mit der Nahrung aufnehmen. Weil der Körper noch wächst, sind bei Jugendlichen besonders viele **Baustoffe** für Muskeln, Haut, Organe und den gesamten Aufbau notwendig. Diese Baustoffe gewinnt der Körper im **Baustoffwechsel** vor allem aus den Proteinen.

Proteine sind vor allem in Fleisch, Fisch, Milchprodukten, Erbsen und Bohnen enthalten. Kohlenhydrate liefern zum Beispiel Brot, Nudeln, Kartoffeln oder Müsli. Fetthaltige Lebensmittel sind beispielsweise Öl, Butter und Fleisch.

Auch die Energie, die dein Körper für alle Vorgänge benötigt, stammt aus den Nährstoffen. Besonders viel **Energie** gewinnt der Körper im **Energiestoffwechsel** aus Kohlenhydraten und Fetten. Ein Gramm Fett liefert dabei ungefähr doppelt so viel Energie wie ein Gramm Kohlenhydrate.

Energiegehalt in Kilojoule

Die Energie, die in den Nährstoffen der Nahrungsmittel steckt, wird in Kilojoule angegeben. Kilojoule wird mit kJ abgekürzt. Je mehr kJ ein Nahrungsmittel enthält, desto mehr Energie kann der Körper daraus gewinnen.

Ein erwachsener Mann braucht am Tag ungefähr 10 000 kJ, eine erwachsene Frau benötigt ungefähr 8 000 kJ. Auf Lebensmittelverpackungen ist unter Nährwertangaben angegeben, wie viel kJ 100 g davon enthalten.

Durchschnittliche Nährwerte	pro 100 g	1 Stück
Energiewert	2149 kJ/514 kcal	178 kJ/
Eiweiß	5,9 g	
Kohlenhydrate	58,5 g	
davon Zucker	48,6 g	
	28,6 g	
Fett	12,7 g	
davon gesättigte Fettsäuren	2,2 g	
Ballaststoffe	0,10 g	

2 Angaben über Inhaltsstoffe und Nährwerte auf einer Tafel Schokolade

3 Bei einer vielseitigen Ernährung wird der Körper mit Allem versorgt.

Enzyme zerlegen Nährstoffe

Alle Nährstoffe aus der Nahrung müssen zu allen Zellen des Körpers gelangen. Dafür werden sie über den Darm ins Blut aufgenommen. Die Nährstoffteilchen aus der Nahrung sind aber zu groß, um die Zellen der Darmwand zu durchqueren. Deshalb werden sie bei der Verdauung durch **Enzyme** in kleinere Bestandteile zerlegt.

Nahrungsmittel liefern Ballaststoffe

Vor allem pflanzliche Nahrung enthält Ballaststoffe. Diese liefern nur wenig Energie und können nicht als Baustoffe verwendet werden. Trotzdem benötigt der Körper sie. Die Ballaststoffe quellen im Darm auf. Dadurch kann der Darm besser arbeiten. Außerdem fühlst du dich nach einer Mahlzeit mit vielen Ballaststoffen länger satt. Ballaststoffe sind vor allem in Obst, Gemüse und Vollkornprodukten enthalten.

Nahrungsmittel liefern Vitamine

Vitamine sind Stoffe, die der Körper benötigt, aber nicht selbst herstellen kann. Sie werden für das Immunsystem, den Bau der Knochen, die Blutbildung oder die Zellteilung benötigt. Außerdem werden Vitamine oft als Bestandteile von Enzymen in diese eingebaut.

Nahrungsmittel liefern Mineralstoffe

Eine Gurkenscheibe enthält nicht viele Nährstoffe. Sie enthält aber wichtige **Mineralstoffe.** Mineralstoffe sind zum Beispiel Calcium, Natrium, Kalium oder Eisen.
Der Körper benötigt Calcium für den Knochenbau. Natrium und Kalium werden für die Funktion von Nervenzellen gebraucht. Eisen ist wichtig für den Sauerstofftransport im Blut. In Gurkenscheiben findet sich Eisen und Kalium.

1 Nenne die drei Nährstoffklassen und ordne ihnen einige Lebensmittel zu.

2 Erkläre die Begriffe Baustoffwechsel und Energiestoffwechsel.

3 Beschreibe die Funktionen von Mineralstoffen, Vitaminen und Ballaststoffen.

4 Wenn ein erwachsener Mann eine Tafel Schokolade isst, hat er schon ein Viertel seines täglichen Energiebedarfs gedeckt. Stimmt das? Berechne mithilfe von Bild 2.

5 ▍ Erläutere, warum Kinder und Jugendliche nicht lange fasten sollten.

6 ▍▍ Erläutere, warum eine vielseitige Ernährung für die Versorgung des Körpers notwendig ist.

Starthilfe zu 6:
Nutze dafür die Begriffe Baustoffwechsel, Energiestoffwechsel, Vitamine, Mineralstoffe, Ballaststoffe, Nährstoffe

»

A Nahrungsmittel enthalten verschiedene Vitamine

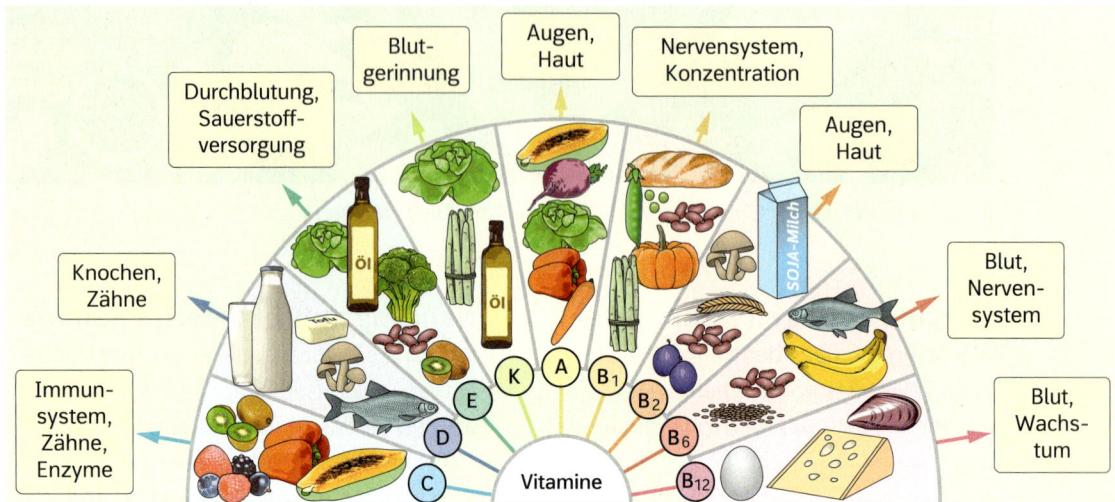

1 Vitamine in Nahrungsmitteln

1 Nenne Nahrungsmittel, die besonders viel Vitamin K enthalten.

2 Begründe, warum Veganer Vitamin-B12-Tabletten einnehmen müssen.

3 Begründe, warum du viel Obst und Gemüse essen solltest.

4 Erkläre, worauf Schwangere bei ihrer Ernährung achten sollten, damit sich das Kind gut entwickelt.

5 Stelle Mahlzeiten für einen Tag zusammen, die alle Vitamine abdecken.

6 Recherchiere, welche Vitamine nur mit Fett vom Dünndarm ins Blut aufgenommen werden können.

B Mineralstoffe sind wichtig

Mineralstoff	Aufgaben	Nahrungsmittel
Calcium	Knochen, Nervensystem, Blutbildung	Milch, Käse, Brokkoli, Nüsse, Vollkornbrot
Magnesium	Muskeln, Knochen, Zähne, Nerven	Weißkohl, Milch, Käse, Fisch
Eisen	Blutbildung	in vielen Lebensmitteln, außer in Milchprodukten
Fluor	Knochen, Zähne	Meeresfische
Iod	Schilddrüse	Meeresfische, Salz mit Iod

2 Wichtige Mineralstoffe

3 Käse enthält viele Mineralstoffe.

1 Nenne die Mineralstoffe, die Käse enthält.

2 Stelle Lebensmittel für eine Mahlzeit zusammen. Sie sollen alle Mineralstoffe enthalten.

3 Erstelle eine Zeichnung wie in Bild 1 zu den Mineralstoffen aus der Tabelle in Bild 2.

4 ‖ Erkläre, warum im Supermarkt auch Salz mit Fluor und Iod angeboten wird.

● ● ⬤ **ÜBEN UND ANWENDEN**

Ⓒ Nährstoffe lassen sich ordnen

Nahrungsmittel enthalten Nährstoffe. Verschiedene Nahrungsmittel enthalten meist verschiedene Nährstoffe.

1 Übertrage das Schema aus Bild 4 in dein Heft und ordne die Begriffe dort ein.

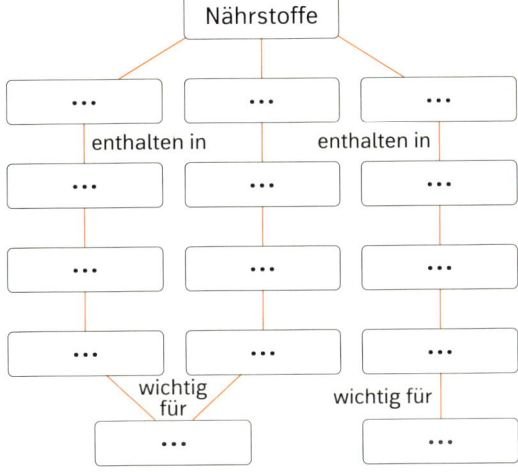

4 Schema für das Sortieren der Kärtchen

Brot	Nudeln
Fleisch	Fisch
Öl	Butter
Kartoffeln	Eier
Baustoffwechsel	Energiestoffwechsel
Kohlenhydrate	Bohnen
Fette	Proteine

Ⓓ Ballaststoffe helfen bei der Verdauung

Ballaststoffe sind vor allem in Obst, Gemüse und Vollkornprodukten enthalten. Sie enthalten nur wenig Nährstoffe. Aber für die Verdauung sind sie sehr wichtig.

1 Nenne Lebensmittel, die Ballaststoffe enthalten.

2 Erkläre, anhand von Bild 5, warum Ballaststoffe wichtig sind.

3 Erläutere, warum es für die Verdauung besser ist, Vollkornbrot statt Weißbrot zu essen.

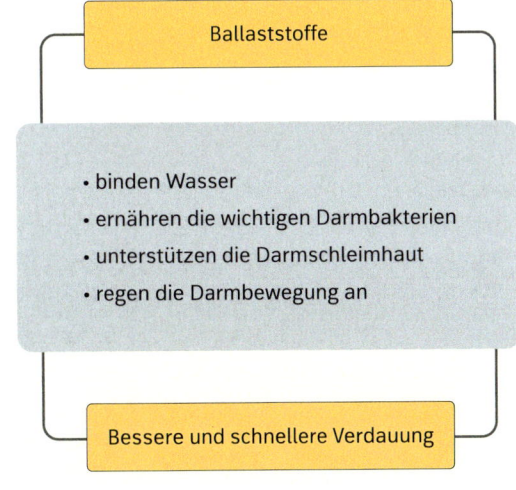

5 Wirkung von Ballaststoffen

Digital+
Film

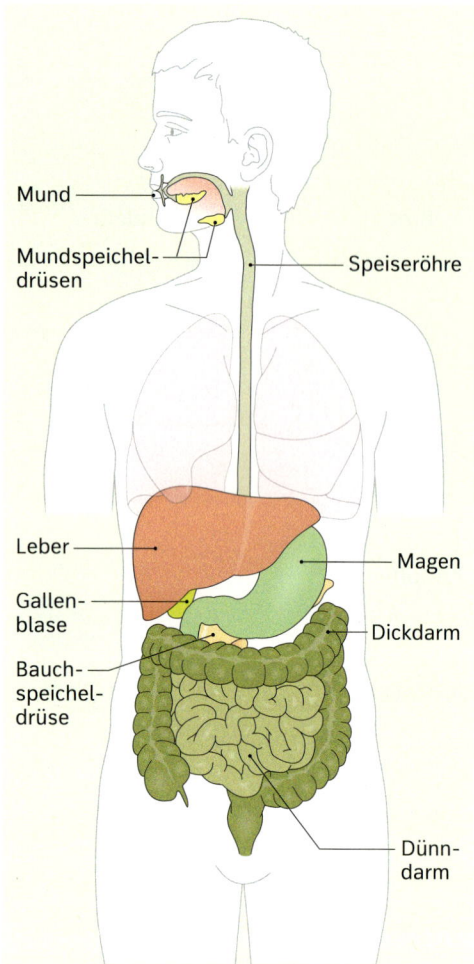

Mund

Mundspeichel-
drüsen

Speiseröhre

Leber

Magen

Gallen-
blase

Dickdarm

Bauch-
speichel-
drüse

Dünn-
darm

1 Die Verdauungsorgane des Menschen

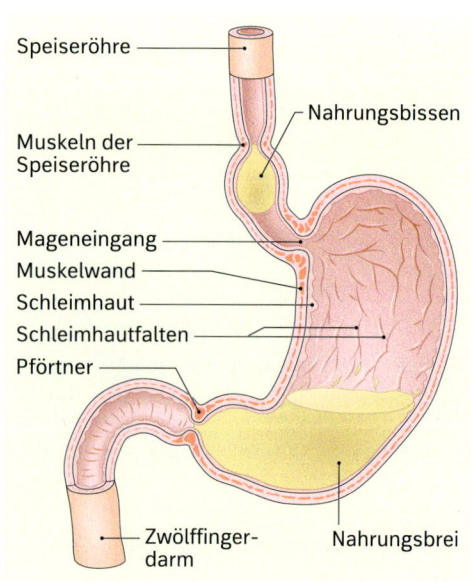

Speiseröhre

Nahrungsbissen

Muskeln der
Speiseröhre

Mageneingang

Muskelwand

Schleimhaut

Schleimhautfalten

Pförtner

Zwölffinger-
darm

Nahrungsbrei

2 Magen

Nährstoffe werden verdaut

Verdauungsorgane wirken zusammen

Bei der Verdauung wird die Nahrung in ihre Bestandteile zerlegt. Dafür durchläuft die Nahrung die **Verdauungsorgane.** Zunächst passiert die Nahrung den **Mund.** Hier wird sie mit den Zähnen zerkleinert und mit dem Speichel aus den Speicheldrüsen vermischt. Der Speichel enthält Enzyme. Sie zerlegen das Kohlenhydrat Stärke in Zweifachzucker-Bausteine. Beim Schlucken wird die Nahrung portionsweise durch die Muskeln der **Speiseröhre** in den Magen gedrückt.

Im Magen

Der **Magen** ist ein Muskelschlauch. Am Eingang und am Ausgang sitzen jeweils ringförmige Muskeln. Im Magen wird der Nahrungsbrei durch Muskelbewegungen mit dem Magensaft vermischt. Der Magensaft besteht aus Magenschleim, Salzsäure und Enzymen. Die Enzyme spalten das Eiweiß in kleinere Bausteine. Die Salzsäure tötet Krankheitserreger in der Nahrung ab. Die Innenwand des Magens ist mit einer Schleimhaut ausgekleidet. Sie schützt die Muskelwand des Magens vor der Salzsäure.

Im Dünndarm

Der erste Teil des **Dünndarms** ist der **Zwölffingerdarm.** Hier wird der Nahrungsbrei mit dem Verdauungssaft der Bauchspeicheldrüse vermischt. Er enthält Enzyme, die die Zweifachzucker-Bausteine in einzelne Traubenzucker-Bausteine zerteilen. Traubenzucker wird auch Glucose genannt. Die **Leber** produziert Gallensaft. Er gelangt über die **Gallenblase** in den Dünndarm. Die Enzyme des Gallensafts zerlegen Fette in kleinere Bausteine.

Die Oberfläche des Dünndarms

Wenn die Nährstoffe in ihre Bausteine zerlegt sind, gelangen sie über die Dünndarmwand ins Blut. Die Dünndarmwand besteht aus vielen Falten und kleineren Ausstülpungen. So wird die Oberfläche des Dünndarms stark vergrößert. Über die große Oberfläche können viele Nährstoff-Teilchen in kurzer Zeit ins Blut aufgenommen werden. Auch Vitamine und Mineralstoffe werden über den Dünndarm ins Blut aufgenommen. Unverdauliche Ballaststoffe werden in den Dickdarm weitertransportiert.

Im Dickdarm

Im **Dickdarm** werden dem restlichen Nahrungsbrei Wasser und Mineralstoffe entzogen. Sie können vom Körper anschließend wieder verwendet werden. Die Ballaststoffe sorgen dafür, dass keine Nahrungsbestandteile im Darm hängen bleiben.

Im Enddarm

Der unverdauliche und eingedickte Rest des Nahrungsbreis kommt nun in den **Enddarm.** Von dort aus wird er als Kot über den **After** ausgeschieden. Ringförmige Schließmuskeln kontrollieren den Ausgang.

Die Funktion der Enzyme

Alle Enzyme, die an der Verdauung beteiligt sind, arbeiten nach dem Schlüssel-Schloss-Prinzip. Dies bedeutet, dass für die Aufspaltung der einzelnen Nährstoffe nur jeweils ein ganz bestimmtes Enzym als Schlüssel passt.

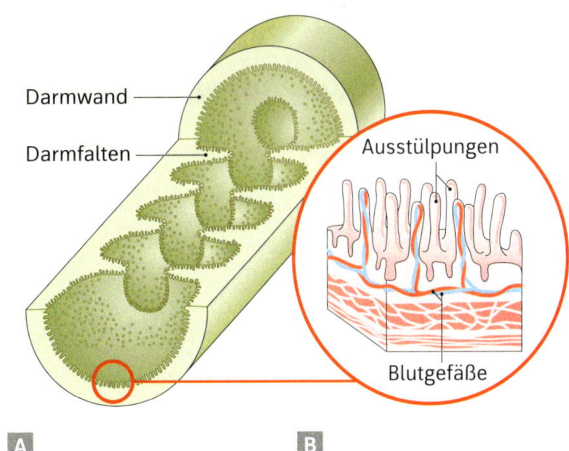

3 Der Dünndarm: **A** Ausschnitt, **B** Oberflächenvergrößerung der Darmwand

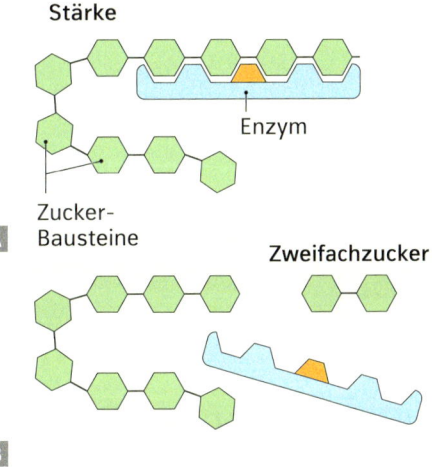

4 Ein Enzym spaltet Stärke: **A** Enzym bindet an Stärke, **B** abgespaltener Zweifachzucker

❶ a) Nenne die Verdauungsorgane in der richtigen Reihenfolge.
b) Beschreibe die Funktionen der einzelnen Organe.

Starthilfe zu 2a:
Nimm Bild 2 zu Hilfe.

❷ a) Beschreibe den Bau des Magens.
b) Nenne die Bestandteile des Magensafts und ihre jeweiligen Funktionen.

❸ Erkläre die Funktion der Enzyme im Speichel, im Magensaft, im Verdauungssaft der Bauchspeicheldrüse und im Gallensaft.

❹ **I** Beschreibe die Funktion von Ballaststoffen bei der Verdauung.

❺ **II** Begründe, warum bei den Verdauungsorganen auch vom „Verdauungssystem" gesprochen wird.

Ⓐ Der Weg der Nahrung

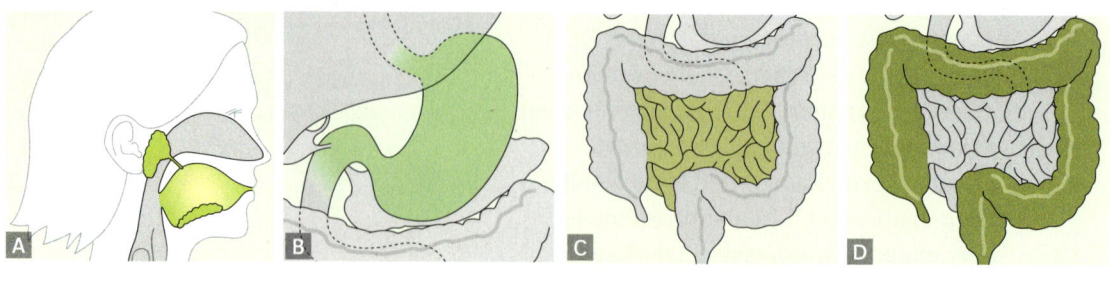

① Hier werden Krankheitserreger abgetötet. Eiweiße werden in kleinere Bausteine gespalten.

② Hier werden die Nährstoffe komplett zerlegt. Die Bestandteile gelangen durch die Wand ins Blut.

③ Die Nahrung wird zerkleinert und mit Speichel vermischt. Stärke wird in Zuckerbausteine gespalten.

④ Hier werden den unverdaulichen Resten Wasser und Mineralstoffe entzogen und dem Körper wieder zugeführt.

1 Verdauungsorgane

❶ **a)** Benenne die Verdauungsorgane A - D.
b) Ordne die Verdauungsorgane in der richtige Reihenfolge. Erstelle dazu ein Flussdiagramm.

❷ Ordne jedem Verdauungsorgan eine der Funktionen 1 - 4 zu.

❸ ‖ Beschreibe die Aufgaben der Bauchspeicheldrüse und der Leber.

Ⓑ Oberflächenvergrößerung im Dünndarm

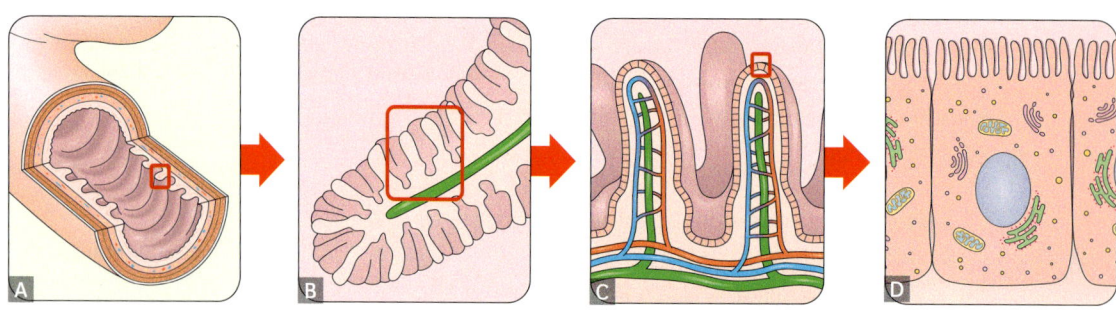

2 Bau der Dünndarmwand: **A** Dünndarm, **B** Darmfalten, **C** Darmzotten, **D** Darmzellen

Der Dünndarm eines Erwachsenen ist ungefähr vier Meter lang und und hat einen Durchmesser von zwei bis drei Zentimetern. Die Darmfalten vergrößern die Oberfläche.

❶ Erkläre, wie es zu der Oberflächenvergrößerung des Dünndarms kommt (→ Bild 2 A – D).

❷ ‖ Erläutere die Funktion der Oberflächenvergrößerung beim Dünndarm.

C Enzyme funktionieren nach dem Schlüssel-Schloss-Prinzip

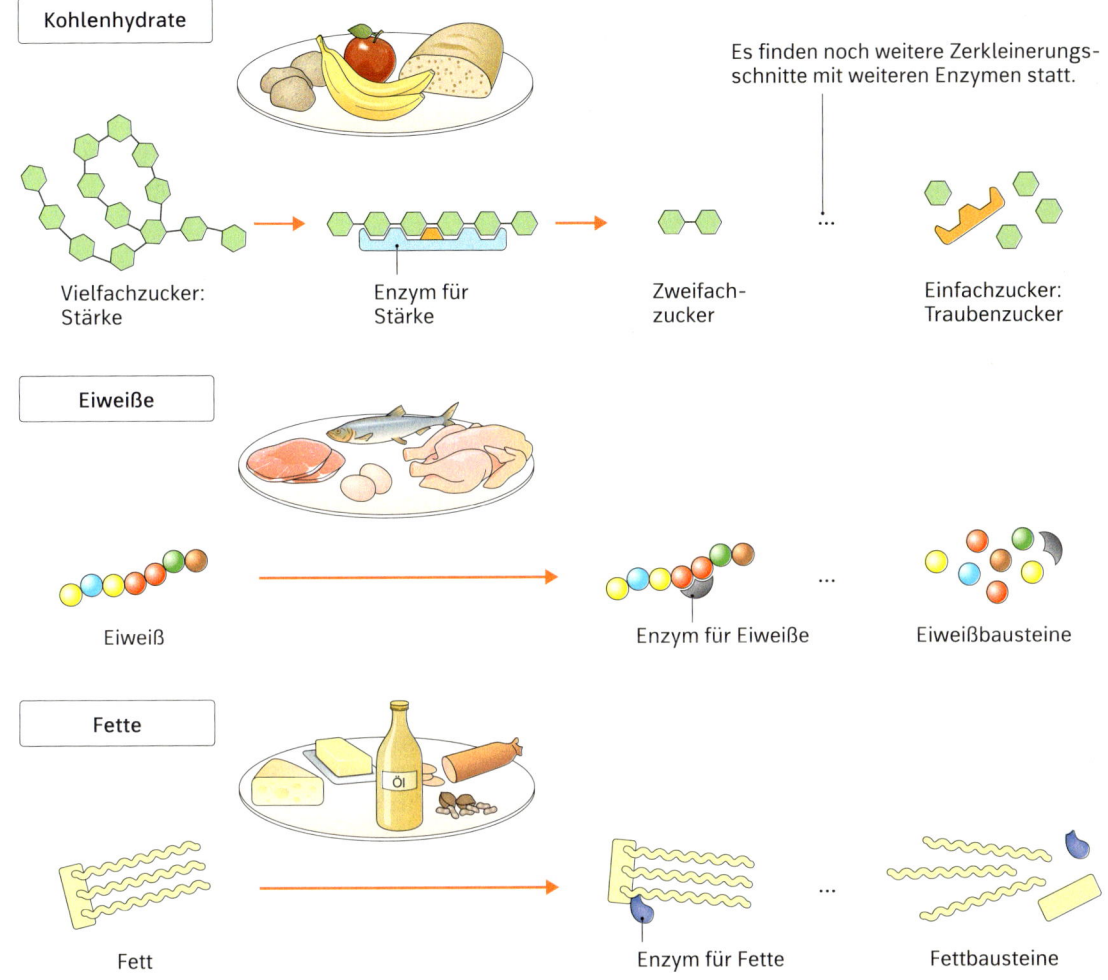

3 Die Zerlegung der Nährstoffe durch die Enzyme

Enzyme helfen bei der Zerlegung von Kohlen-hydraten, Eiweißen und Fetten. Enzyme funktio-nieren nach dem Schlüssel-Schloss-Prinzip. Jeder Nährstoff braucht also sein eigenes Enzym für die Zerkleinerung in seine Einzel-Bausteine. Manchmal sind auch mehrere Enzyme notwen-dig. Ein langkettiges Kohlenhydrat wie die Stärke, kann nicht direkt in einen Einfachzucker wie den Traubenzucker (Glucose) zerlegt werden. Es sind dafür zwei Schritte mit zwei Enzymen nötig.

1 Beschreibe das Schlüssel-Schloss-Prinzip.

2 Erkläre, warum ein Enzym für ein Kohlen-hydrat kein Fett zerlegen kann.

3 Nenne Verdauungsorgane, in denen Enzy-me wirken.

4 ‖ Erkläre, warum Brot nach längerem Kauen plötzlich süß schmeckt.

5 ‖‖ Stelle begründete Vermutungen auf, was passiert, wenn ein Mensch zu wenig Enzy-me zur Zersetzung von Stärke besitzt.

Digital+
Film

1 Läufer essen Bananen.

Kohlenhydrate liefern Energie

Sportler brauchen viele Kohlenhydrate

Bei einem Marathonlauf gibt es unterwegs Versorgungsstände mit Bananen. Die Läuferinnen und Läufer müssen ihren Körper auf der langen Strecke mit Energie versorgen. **Kohlenhydrate** liefern Energie, die der Körper schnell nutzen kann. Bananen enthalten viele Kohlenhydrate.

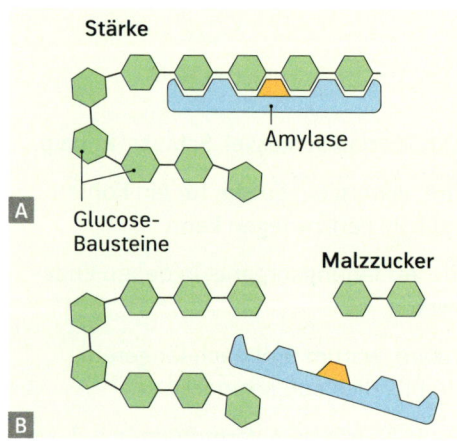

2 Amylase spaltet Stärke: **A** Amylase bindet an die Stärke, **B** abgespaltener Malzzucker

In Bananen steckt Stärke

> Stärke ist ein **Kohlenhydrat,** das aus vielen Glucose-Bausteinen besteht. Glucose ist ein **Einfachzucker.** Stärke ist ein **Mehrfachzucker.**

Die einzelnen Glucose-Bausteine bilden lange Ketten. Energie kann in den Muskelzellen aber nur aus den einfachen Glucose-Bausteinen gewonnen werden. Sie dürfen keine Kette mehr bilden. Bei der Verdauung muss also die lange Kette der Stärke in **Glucose** gespalten werden. Dafür gibt es unterschiedliche Enzyme.

Die Verdauung beginnt im Mund

Wenn du die Banane isst, zerkaust du sie mit deinen Zähnen. Dabei wird die Banane mit Speichel vermischt. Im Speichel ist das Enzym **Amylase** enthalten.
Amylase spaltet die Stärke in kleinere Stücke (→ Bild 2). Dabei entsteht Malzzucker. Malzzucker ist ein **Zweifachzucker** und besteht aus zwei Glucose-Bausteinen.

Amylase spaltet nur Stärke

Die Amylase ist so gebaut, dass sie genau zu der Stärke passt. Amylase und Stärke passen zusammen wie Schlüssel und Schloss (→ Bild 2). Dieses Schlüssel-Schloss-Prinzip bedeutet, dass sich nur Stärke passend an die Amylase binden kann. Amylase kann auch nur Stärke spalten. So entsteht **Malzzucker.** Die Amylase kann den Malzzucker nicht weiter zerlegen.

Maltase spaltet Malzzucker

Malzzucker ist kein Einfachzucker. Für unsere Muskelzellen muss er noch einmal gespalten werden. Diese Aufgabe übernimmt das Enzym **Maltase.** Es zerlegt den Malzzucker in zwei Glucose-Bausteine. Die Maltase wird in der Bauchspeicheldrüse gebildet und dann in den Dünndarm abgegeben. Sie bindet Malzzucker nach dem Schlüssel-Schloss-Prinzip und spaltet ihn.

Glucose gelangt ins Blut

Jetzt ist die Stärke aus der Banane so weit zerlegt, dass sie zu den Muskelzellen transportiert werden kann. Über die Zellen in der Dünndarmwand wird die Glucose ins Blut abgegeben. Die Dünndarmwand hat eine stark vergrößerte Oberfläche. So kann viel Glucose auf einmal ins Blut aufgenommen werden. Das Blut transportiert die Glucose zu den Muskelzellen. Dort wird aus der Glucose Energie gewonnen. So kann unser Körper die Stärke der Banane als Energielieferant nutzen.

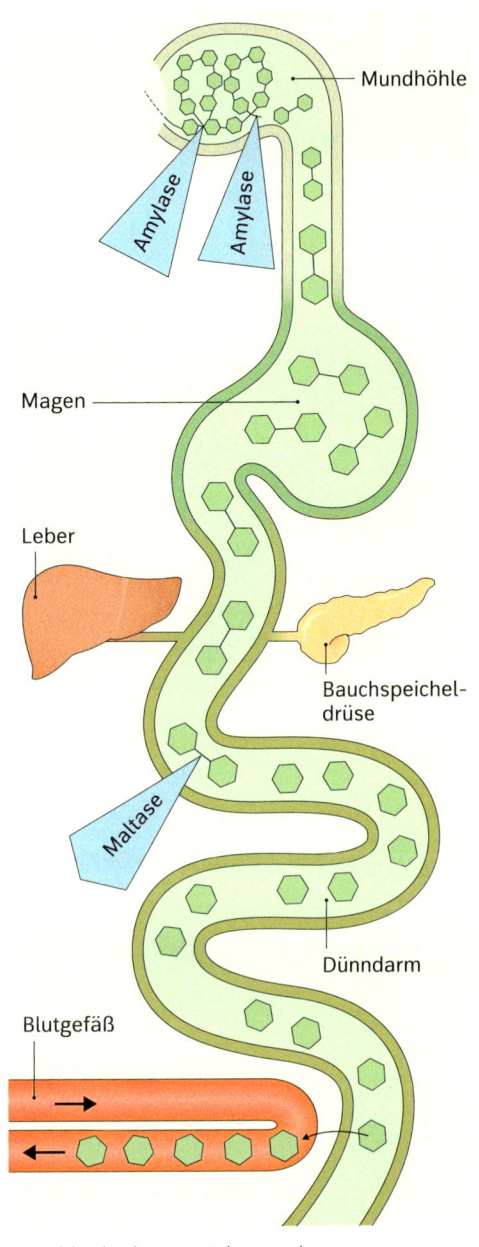

3 Kohlenhydrate werden verdaut.

1. Erkläre die Begriffe Mehrfachzucker, Zweifachzucker, Einfachzucker. Nenne jeweils ein Beispiel.

2. Beschreibe mithilfe von Bild 3, wie aus Stärke Glucose wird.

Starthilfe zu 3:

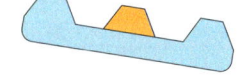

3. Zeichne die Spaltung des Malzzuckers in Glucose. Nimm Bild 2 zur Hilfe. Beschrifte deine Zeichnung.

4. ❙ Erkläre, warum die Stärke in kleinere Bausteine zerlegt werden muss.

5. ❙❙ Erkläre, was das „Schlüssel-Schloss-Prinzip" bedeutet.

A Welche Lebensmittel enthalten Stärke?

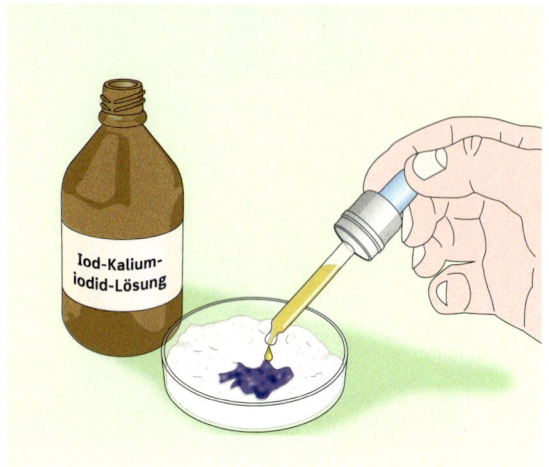

1 Farbveränderung beim Stärkenachweis

Stärke kann mit Iod-Kaliumiodid-Lösung nachgewiesen werden. Wird diese Lösung auf Stärke getropft, verfärbt sich die Stelle blauschwarz.

Material: Pipette, Petrischale, Iod-Kaliumiodid-Lösung, Lebensmittel: Brot, Apfel, Kartoffel, Milch, gekochte Nudeln, Butter, Chips, Fruchtsaft

Durchführung: Führe den Stärkenachweis bei allen Lebensmitteln durch.

1 **a)** Schreibe deine Beobachtungen auf.
b) Werte deine Beobachtungen aus.

B Amylase zerlegt Stärke

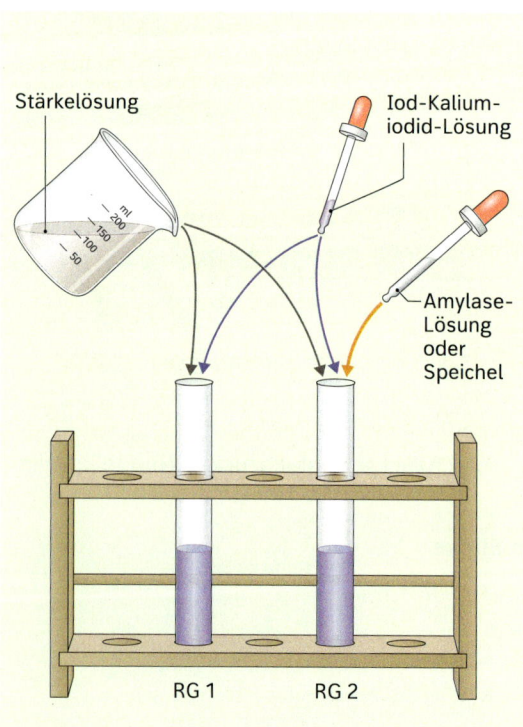

2 Versuch mit Stärke und Amylase

Material: Iod-Kaliumiodid-Lösung, Amylase-Lösung, Speisestärke, 2 Reagenzgläser, 1 Reagenzglas-Ständer, 1 Becherglas, Wasser, Pipette, Löffel

Tipp: Du kannst statt Amylase-Lösung auch Speichel nehmen. Speichel wird nicht verdünnt.

Durchführung:
Schritt 1: Gib eine Löffelspitze Stärke in 100 ml Wasser in einem Becherglas. Rühre gut um und fülle zwei Reagenzgläser je zu einem Drittel mit der Stärkelösung.
Schritt 2: Gib vorsichtig einige Tropfen Iod-Kaliumiodid-Lösung in jedes Reagenzglas. Die Lösung in den Reagenzgläsern sollte noch durchscheinend sein.
Schritt 3: Gib in eines der Reagenzgläser etwas Amylase-Lösung oder Speichel.

1 Führe den Versuch durch und erstelle ein Versuchsprotokoll.

●● (**ÜBEN UND ANWENDEN**)

Ⓐ Zu viel Zucker ist ungesund

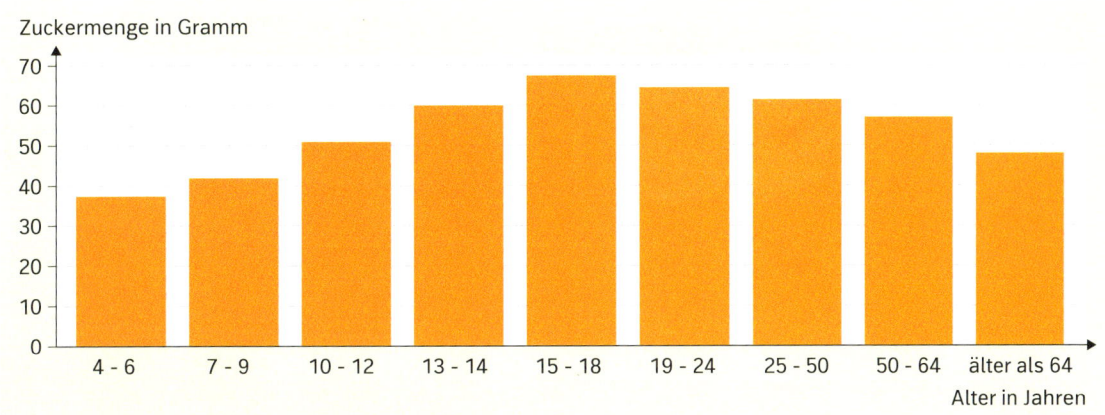

3 Mehr Zucker solltest du pro Tag nicht essen.

4 Viele Nahrungsmittel enthalten Zucker.

❶ a) Beschreibe das Diagramm in Bild 3.
b) Formuliere eine begründete Vermutung, warum die erlaubte Zuckermenge nicht in jedem Alter gleich groß ist.

❷ Berechne für die Nahrungsmittel in Bild 4, wie viele Würfel Zucker jeweils in den Portionen enthalten sind.

❸ a) Vergleiche die Angaben in Bild 3 für dein Alter mit den Angaben in Bild 4.
b) Liste auf, welche Mengen von den einzelnen Nahrungsmitteln aus Bild 4 du am Tag höchstens essen solltest.

Digital+
Film

1 Burger und Pommes vor dem Sport?

Fette liefern sehr viel Energie

Sportler essen wenig Fett

Hast du schon einmal versucht, nach einer sehr fettreichen Mahlzeit mit Pommes und Burger Sport zu machen? Sicher hast du festgestellt, dass du dann schnell erschöpft bist (→ Bild 1). Das liegt daran, dass unser Körper viel länger als bei Kohlenhydraten braucht, um fetthaltige Nahrungsmittel zu verdauen. Deshalb steht die Energie aus Fett erst nach längerer Zeit in den Muskelzellen zur Verfügung. Dazu sind viele Schritte notwendig.

Fettsäuren bestimmen die Eigenschaften

Es gibt feste Fette wie Butter und flüssige Fette wie Öl.

> Alle **Fette** bestehen aus einem Glycerin-Gerüst. Daran sind drei Fettsäuren gebunden (→ Bild 2).

Meistens sind drei unterschiedliche Fettsäuren an das Glycerin gebunden. Sie bestimmen die Eigenschaften des Fettes und ob es für uns gesund ist.
Ungesättigte Fettsäuren sind dabei gesünder als **gesättigte** Fettsäuren. Die ungesättigten Fettsäuren sind vor allem in pflanzlichen Nahrungsmitteln und Fisch enthalten.

Fette sind wichtig

Fette sind vor allem für den Energiestoffwechsel wichtig. Fette liefern doppelt so viel Energie wie Kohlenhydrate. Manche Vitamine können wir nur zusammen mit Fett verdauen. Einige Fette werden auch zum Aufbau der Zellmembranen in den Zellen benötigt. Fette sind daher auch Baustoffe.

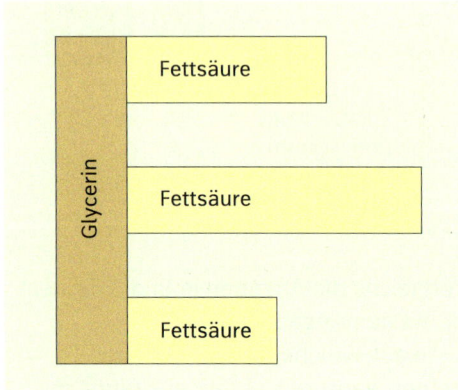

2 Aufbau von Fetten

Lipase spaltet Fette

Die Verdauung von Fetten beginnt im Magen. Dort spaltet das Enzym **Lipase** eine Fettsäure von einigen Fetten ab. Die meisten Fette werden aber erst im Dünndarm verdaut. Die Lipase wird in der Bauchspeicheldrüse gebildet und in den Dünndarm abgegeben. Im Dünndarm werden die Fette und die Lipase mit **Gallenflüssigkeit** gemischt. Diese wird von der Leber in den Dünndarm abgegeben. Dort bewirkt die Gallenflüssigkeit, dass sich sehr viele, sehr kleine Fett-Tröpfchen bilden. An diesen kleinen Fett-Tröpfchen kann die Lipase gut wirken. Sie zerlegt die Fette in Fettsäuren und Glycerin.

Weitertransport zu den Zellen

Fettsäuren und Glycerin verlassen den Dünndarm und werden später ins Blut aufgenommen. Das Blut transportiert die Fettbestandteile zu allen Zellen des Körpers. Dort werden sie entweder gespeichert, als Baustoffe verwendet oder als Energielieferant genutzt.

Fette werden gespeichert

Unser Körper speichert Fett, das nicht sofort verarbeitet wird. Nimmt der Körper zu viel Fett über die Nahrung auf, legt er es in Form von Fettpolstern an. Auch Organe wie die Leber speichern Fett. Die Leber baut auch überschüssige Kohlenhydrate in Fett um. So bekommen wir von fettarmer, aber sehr zuckerhaltiger Ernährung Fettpolster. Zu viel Fett kann zu Herz-Kreislauf-Erkrankungen oder zu Diabetes führen.

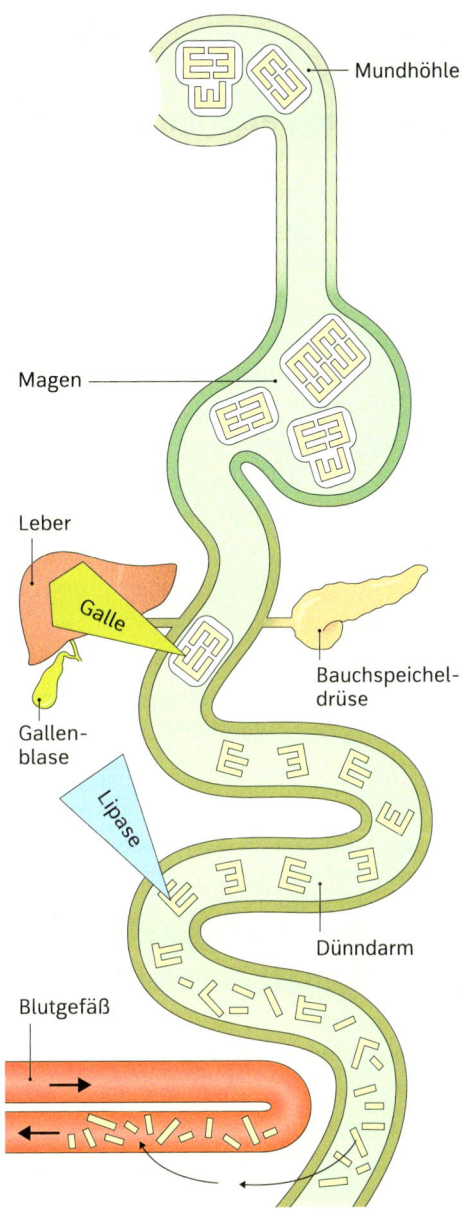

3 Fette werden verdaut.

① Erkläre, warum du vor dem Sport nicht fettreich essen solltest.

② Beschreibe, wie Fette aufgebaut sind.

③ Nenne Funktionen von Fetten im menschlichen Körper.

④ Beschreibe die Verdauung von Fett.

⑤ Erkläre die Bedeutung des Enzyms Lipase.

⑥ ▍ Erkläre, warum du nicht zu viel Fett essen solltest.

⑦ ▍▍ Erkläre, warum du nicht vollständig auf Fett verzichten solltest.

Starthilfe zu 4:
Nimm Bild 3 zur Hilfe.

A Welche Lebensmittel enthalten Fett?

Ein Wasserfleck auf Papier trocknet schnell. Ein Fettfleck bleibt lange durchscheinend. Mit einem Wattestäbchen wird ein Tropfen Speiseöl und ein Tropfen Wasser auf ein Filterpapier gerieben. Wird das Filterpapier nach einiger Zeit gegen das Licht gehalten, bleibt nur der Fettfleck sichtbar.

Material: Filterpapiere, Wasser, Speiseöl, Lebensmittel: Brot, Apfel, Kartoffel, Milch, Chips, Butter, gekochte Nudeln, Fruchtsaft

Durchführung: Führe die Fettfleckprobe bei allen Lebensmitteln durch.

1 a) Schreibe deine Beobachtungen auf.
   b) Werte deine Beobachtungen aus.

Öl

Wasser

1 Fettfleckprobe

2 ▌ Beschreibe zwei Beispiele aus dem Alltag, bei denen Fett sichtbar wird.

A Fettgehalt in Lebensmitteln

Viele Lebensmittel enthalten Fett. Ein Jugendlicher sollte am Tag nicht mehr als 80 g – 95 g Fett zu sich nehmen.

Nahrungsmittel	Fett in 100 g	Gewicht einer Portion
Pizza	13 g	400 g
Schokoriegel	28 g	60 g
Pommes	10 g	150 g
Chips	39 g	175 g
Hamburger	14 g	110 g
Croissant	21 g	80 g
Würstchen	27 g	100 g
Tafel Schokolade	30 g	100 g
Apfel	0,1 g	150 g
Tomate	0,2 g	100 g

2 Fettgehalt verschiedener Lebensmittel

1 a) Berechne für die Lebensmittel in der Tabelle den Fettgehalt einer Portion.

Starthilfe zu 1a:
Für die Rechnung musst du den Fettgehalt in 100 g mit dem Gewicht der Portion multiplizieren. Das Ergebnis teilst du dann durch 100 g. Für die Pizza ergibt sich dann: 13 g · 400 g : 100 g = 52 g

b) Vergleiche die Ergebnisse aus Aufgabe 1a mit der empfohlenen Fettmenge für Jugendliche.

2 a) Berechne, wie viele Tomaten du essen müsstest, um auf die empfohlene Menge an Fett zu kommen.

Starthilfe zu 2a:
Teile dafür die empfohlene Menge an Fett durch den Fettanteil einer Tomate.

b) Erkläre, warum Jugendliche aber auch nicht nur von Obst und Gemüse leben sollten.

B Zucker wird zu Fett

Immer mehr Kinder und Jugendliche in Deutschland sind zu dick. Sie bewegen sich zu wenig und essen zu viel ungesunde Lebensmittel.
Ein zu hoher Zuckergehalt von Getränken führt zu mehr Fett im Körper. In der Leber werden überflüssige Zuckerbausteine in Fett umgebaut.
Auch viele Lebensmittel mit hohem Fettgehalt tragen zu mehr Körperfett bei.

1 Erkläre, warum Gummibärchen, Cola und andere Süßigkeiten zu Fettleibigkeit führen können.

2 Beschreibe andere Essgewohnheiten und Verhaltensweisen, die zu Fettleibigkeit bei Kindern und Jugendlichen führen können.

3 Gib drei Tipps für eine gesunde Lebensweise.

4 ‖ a) Erstelle aus den Werten in der Tabelle in Bild 4 eine Grafik.
‖ b) Beschreibe die Entwicklung, die aus der Grafik erkennbar ist.
‖ c) Stelle eine Vermutung auf, wie diese Entwicklung zu erklären ist.

3 Süß und fettig essen

Alter	Übergewichtige Kinder in Prozent
3 – 6 Jahre	9,0
7 – 10 Jahre	15,5
11 – 13 Jahre	20,6
14 – 17 Jahre	17,4

4 Übergewicht bei Kindern und Jugendlichen

C Gallensäure hilft bei der Fettverdauung

In einem Reagenzglas werden Öl und Wasser vermischt, in einem anderen Reagenzglas werden Wasser, Öl und Gallenflüssigkeit miteinander vermischt. Anschließend werden beide Reagenzgläser leicht geschüttelt. Beide Reagenzgläser werden einige Zeit stehen gelassen.

1 a) Beschreibe den Unterschied zwischen Reagenzglas A und B in Bild 5.
b) Übertrage die Beschreibung auf die Verhältnisse im Darm.

2 Erkläre, warum die Gallenflüssigkeit bei der Fettverdauung hilfreich ist.

5 Fett: **A** mit Wasser, **B** mit Wasser und Gallenflüssigkeit

Digital+
Film

1 Muskeln werden aus Proteinen aufgebaut.

Muskeln brauchen Proteine

Dein Körper braucht Proteine

Die Muskeln bestehen hauptsächlich aus Eiweißen. Du erhältst die Eiweiße über die Nahrung. Eiweiße werden auch als **Proteine** bezeichnet. Aus den Proteinen der Nahrung baut der Körper körpereigene Proteine auf. Proteine sind Baustoffe.

Kinder brauchen mehr Proteine

Kinder und Jugendliche brauchen mehr Proteine als Erwachsene, weil sie noch wachsen und sich entwickeln. Proteine können im Körper nicht gespeichert werden. Sie müssen täglich mit der Nahrung aufgenommen werden.

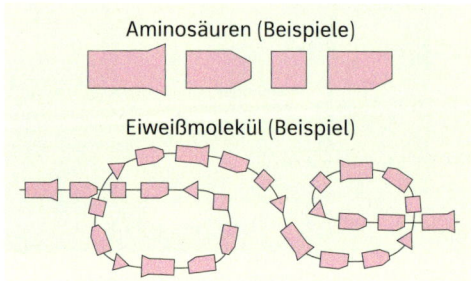

2 Proteine bestehen aus Aminosäuren.

Proteinreiche Nahrungsmittel

Fleisch und Fisch sind sehr proteinreiche Nahrungsmittel. Wir essen vorwiegend das Muskelfleisch von Tieren. Pflanzen haben keine Muskeln. Trotzdem gibt es sehr proteinreiche Pflanzenteile. In Pflanzensamen sind sehr viele Proteine gespeichert. Mit ihrer Hilfe können die Samen keimen und zu neuen Pflanzen heranwachsen.

Aufbau der Proteine

Proteine aus den Nahrungsmitteln können wir nicht direkt in unsere Muskeln einbauen. Dafür müssen die Proteine erst in ihre Bestandteile zerlegt werden.

> Proteine bestehen aus **Aminosäuren.** Die Aminosäuren bilden lange Ketten.

Es gibt 20 verschiedenen Aminosäuren, aus denen alle unsere Proteine aufgebaut sind. Je nach Reihenfolge und Anzahl der Aminosäuren bilden sich unterschiedliche Proteine.

Die Verdauung beginnt im Magen

Zunächst gelangt die Nahrung vom Mund in den Magen. Im Magen werden die Proteine in der Nahrung durch die Magensäure freigelegt. So werden sie für die Spaltung durch Enzyme vorbereitet. Im Magen kommt das Enzym **Pepsin** vor. Es spaltet Proteine in kürzere Ketten.

Weitere Verdauung im Dünndarm

Im Dünndarm werden die Ketten durch das Enzym **Trypsin** weiter aufgespalten. Trypsin wird in der Bauchspeicheldrüse gebildet. Später werden von anderen Enzymen die kurzen Ketten noch in einzelne Aminosäuren zerlegt. Auch dies geschieht im Dünndarm.

Aminosäuren gelangen ins Blut

Die Aminosäuren werden ins Blut aufgenommen. Das Blut transportiert sie dann zum Beispiel zu den Muskelzellen. Jetzt kann dein Körper über den Baustoffwechsel Muskeln aufbauen.

Proteine sind im ganzen Körper wichtig

Proteine spielen in unserem Körper eine große Rolle. Zum Beispiel sind alle Enzyme aus Proteinen aufgebaut. Wichtige Teile des Immunsystems und einige Hormone bestehen ebenfalls aus Proteinen. So gibt es in allen Zellen des Körpers viele Proteine mit unterschiedlichen Aufgaben.

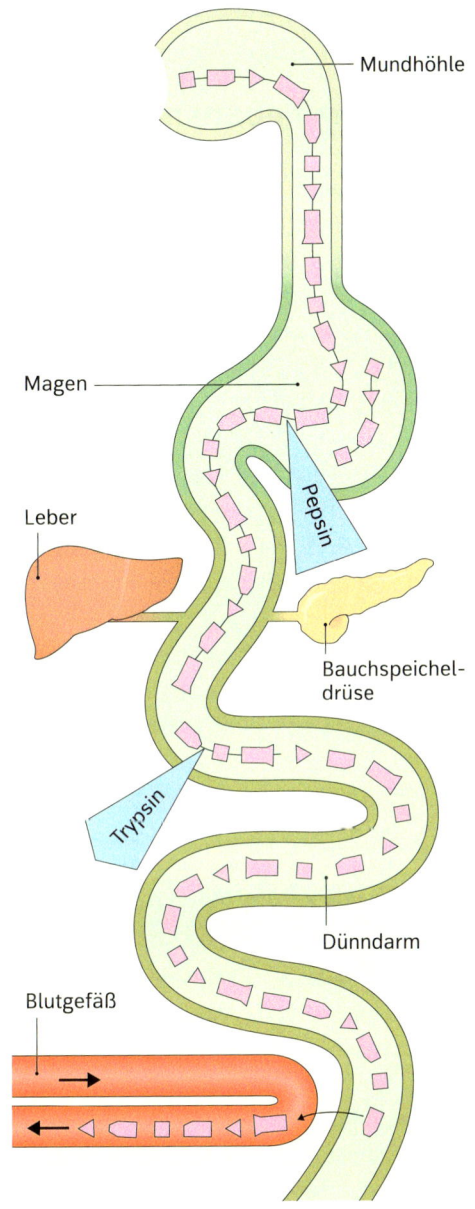

3 Die Verdauung von Proteinen

1 Nenne Nahrungsmittel, die viele Proteine enthalten.

2 Erkläre, warum Proteine für unsere Ernährung wichtig sind.

3 Beschreibe den Aufbau von Proteinen. Nimm dafür auch Bild 2 zur Hilfe.

4 Erkläre, warum Proteine verdaut werden müssen.

5 Beschreibe mithilfe von Bild 3 die Verdauung von Proteinen.

6 ❙ Philipp mag kein Fleisch und keinen Fisch. Erläutere, welche Nahrungsmittel er für eine proteinreiche Ernährung essen sollte.

7 ❙❙ Erläutere die Aussage: „Kinder brauchen mehr Proteine als Erwachsene."

Starthilfe zu 7:
Nutze folgende Begriffe: Baustoffwechsel, Wachstum

A Welche Lebensmittel enthalten Proteine?

Proteine (Eiweiße) lassen sich mit bestimmten Teststäbchen nachweisen. Sind Proteine in der Probe enthalten, ändert sich die Farbe des Teststäbchens. Zum Vergleich wird ein Teststäbchen in Wasser gehalten und ein anderes in Eiklar. Mithilfe der Farbskala lässt sich ablesen, ob Eiweiß enthalten ist.

Material: Bechergläser, Mörser und Pistill, Wasser, Teststäbchen für Eiweiß (Protein), Lebensmittel: Brot, Apfel, Kartoffel, Milch, gekochte Nudeln, Butter, Chips, Speiseöl, Fruchtsaft

Durchführung: Zerkleinere die festen Lebensmittel und füge etwas Wasser hinzu. Führe den Proteinnachweis bei allen Lebensmitteln durch.

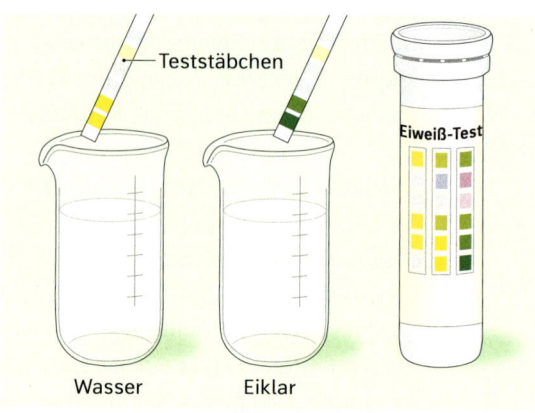

1 Teststäbchen in Wasser und Eiklar

1 **a)** Schreibe deine Beobachtungen auf.
b) Werte deine Beobachtungen aus.

B Wie werden Proteine im Magen gespalten?

Anhand eines Eiklars, das viele Proteine enthält, kannst du die Spaltung von Proteinen im Magen untersuchen.

Material: 4 Reagenzgläser mit Stopfen, Reagenzglasständer, 100 ml Becherglas, Messzylinder, Schutzbrille, Pipetten, 1 Ei, Wasser, 5 %ige Salzsäure ⟨!⟩, Pepsin ◇ ⟨!⟩, Schutzbrille

Durchführung:

Schritt 1: Trenne das Eigelb vom Eiklar. Nutze nur das Eiklar für den Versuch.

Schritt 2: Die Pepsinlösung könnt ihr einmal für alle Gruppen herstellen. Löst dafür 1 g Pepsin in 100 ml Wasser in einem Becherglas.

Schritt 3: Gib je 5 ml Eiklar in jedes Reagenzglas.

Schritt 4: Befülle die Reagenzgläser mit Pipetten nach dem Schema in Bild 2.

Schritt 5: Verschließe die Reagenzgläser mit den Stopfen und schüttle vorsichtig.

	Reagenzglas 1	Reagenzglas 2	Reagenzglas 3	Reagenzglas 4
Eiklar	5 ml	5 ml	5 ml	5 ml
Pepsinlösung	–	–	1 ml	1 ml
Salzsäure	–	6 ml	–	5 ml
Wasser	6 ml	–	5 ml	–

2 So befüllst du die Reagenzgläser.

1 Führe den Versuch durch und erstelle ein Protokoll.

2 Beschreibe deine Beobachtungen.

3 Erkläre die Bedeutung der Ergebnisse für die Verdauung im Magen.

ÜBEN UND ANWENDEN

A Muskeln aufbauen mit Proteindrinks und Proteinriegeln?

Eine Professorin für Ernährung beantwortet als Expertin Fragen von Sportlern.
Die Sportler möchten wissen, ob Proteindrinks und Proteinriegel für ihre Ernährung gut sind.

Frage Sportler: Empfehlen Sie, Proteindrinks zu kaufen, wenn man viel Sport macht und Muskeln aufbauen möchte?
Antwort Expertin: Nein. Die Pulver für die Drinks und die Proteinriegel enthalten oft zu viel Zucker. Sie sind unnötig.
Frage Sportler: Wie sollten sehr sportliche Jugendliche denn ihren Eiweißbedarf decken?
Antwort Expertin: Jedes sportbegeisterte Mädchen und jeder sportbegeisterte Junge kann seinen Proteinbedarf sehr gut mit natürlichen Lebensmitteln decken. Das ist auch viel gesünder.
Frage Sportler: Also lieber Fleisch und Süßigkeiten als Proteinriegel?
Antwort Expertin: Fleisch sollten Jugendliche essen, aber nicht jeden Tag. Fleisch hat oft auch viel Fett. Süßigkeiten sind keine gute Idee. Sie enthalten kaum Proteine.
Frage Sportler: Wie viel Proteine sollte ein Jugendlicher denn pro Tag mit der Nahrung zu sich nehmen?
Antwort Expertin: Etwa 0,9 g pro kg Körpergewicht. Wenn ein Mädchen also 55 Kg wiegt, sollte es 55 x 0,9 = 49,5 g Proteine mit der Nahrung aufnehmen.

3 Proteindrinks für Sportler?

Nahrungsmittel	Proteingehalt in 100 g
Brokkoli	3 g
Kartoffeln	2 g
Haferflocken	13 g
Putenbrust	24 g
Rinderfilet	21 g
Lachsfilet	20 g
Hüttenkäse	13 g
Jogurt	3 g
Hühnerei	13 g
Kidney-Bohnen	22 g
Erbsen	7 g
Linsen	24 g
Tofu	16 g
Haselnüsse	12 g
Walnüsse	14 g

4 Proteingehalte in verschiedenen Nahrungsmitteln

1 a) Erkläre, warum Sportler die Proteindrinks und Proteinriegel kaufen.
b) Begründe, warum die Professorin die Produkte nicht empfiehlt.

2 a) Berechne deinen Tagesbedarf an Proteinen.
b) Gib Beispiele mit und ohne Fleisch und Fisch an, wie du den Tagesbedarf an Proteinen decken kannst. Nutze dafür die Tabelle in Bild 4.

Digital+
Film

1 Jugendliche beim Lauftraining

Grundumsatz und Leistungsumsatz

Ruhe und Bewegung brauchen Energie

Auch wenn du nicht aktiv bist, benötigen der Herzschlag, die Verdauung, die Atmung und das Gehirn Energie. Der Energieaufwand, der für deinen Körper in Ruhe nötig ist, heißt **Grundumsatz.** Wenn du wach bist, spazieren gehst oder Sport machst, braucht dein Körper mehr Energie als beim Grundumsatz. Dieser Energieaufwand heißt **Leistungsumsatz.** Grundumsatz und Leistungsumsatz zusammen ergeben den **Gesamtumsatz.**

Die Energie stammt aus den Nährstoffen

Die Energie für den Grundumsatz und den Leistungsumsatz gewinnt der Körper aus den verdauten Nährstoffen, vor allem aus Glucose. In der Glucose ist die Energie als chemische Energie gespeichert.
Die Glucose wird mit dem Blut zu allen Zellen transportiert.
In den Zellen sorgen kleine Kraftwerke, die **Mitochondrien,** dafür, dass die Energie für den Körper nutzbar gemacht werden kann.

2 Grundumsatz und Leistungsumsatz

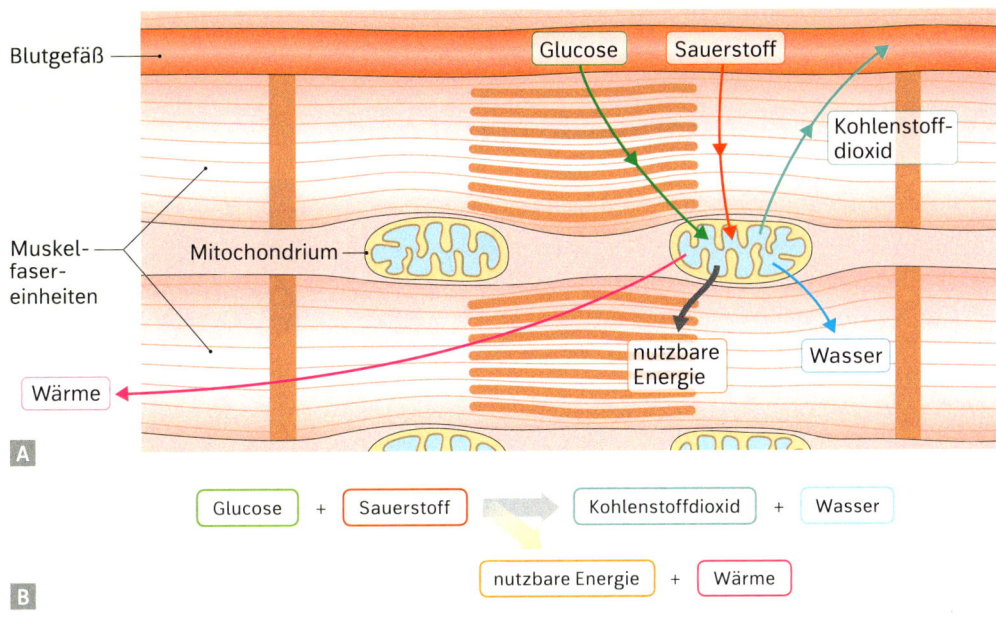

Blutgefäß

Muskel-
faser-
einheiten

Mitochondrium

Glucose

Sauerstoff

Kohlenstoff-
dioxid

nutzbare
Energie

Wasser

Wärme

A

Glucose + Sauerstoff → Kohlenstoffdioxid + Wasser

nutzbare Energie + Wärme

B

3 Zellatmung: **A** Ablauf in der Muskelfaser, **B** Wortgleichung

Zellatmung in den Mitochondrien

Die Mitochondrien machen Energie aus der Glucose für die Zelle nutzbar. Für diese **Zellatmung** brauchen sie Sauerstoff. Der Sauerstoff gelangt mit dem Blut zu den Zellen und dort zu den Mitochondrien. Daher müssen Muskeln und andere Organe immer sehr gut mit Blutgefäßen versorgt sein. Bei der Reaktion von Glucose und Sauerstoff wird Energie frei (→ Bild 3).

> Aus Glucose und Sauerstoff entstehen bei der Zellatmung Wasser und Kohlenstoff-dioxid. Dabei wird Energie frei. Diese Energie kann zum Beispiel für die Bewegung eines Muskels genutzt werden.

Kohlenstoffdioxid ist giftig

Bei der Reaktion von Glucose und Sauerstoff entsteht Kohlenstoffdioxid. Es ist giftig für die Zelle und muss schnell mit dem Blut abtransportiert werden. Beim Ausatmen gelangt das Kohlenstoffdioxid aus dem Körper dann in die Außenluft.

Überschüssige Nährstoffe

Nährstoffe, deren Energie nicht für den Grundumsatz oder den Leistungsumsatz genutzt wird, speichert der Körper vor allem als Fett.
Aus diesem Fett kann dann später wieder nutzbare Energie gewonnen werden.

1 Erkläre die Begriffe Grundumsatz, Leistungsumsatz und Gesamtumsatz.

2 Erläutere, warum es in Muskelzellen viele Mitochondrien gibt.

3 Erkläre die Vorgänge, die in Bild 3 dargestellt sind.

4 ▎Erkläre, warum eine gute Durchblutung der Organe notwendig ist.

5 ▎Erläutere, warum du regelmäßig essen solltest.

6 ▌Erläutere, warum du nach einem schnellen Lauf schneller atmest.

Starthilfe zu 3:
Beginne so: Sauerstoff und Glucose werden mit dem Blut zu den Mitochondrien gebracht.

Starthilfe zu 6:
Nutze dazu auch die Begriffe Glucose, Sauerstoff und Zellatmung.

»

A Zu viel Kohlenstoffdioxid macht müde

Normalerweise enthält die Außenluft 0,04 %
Kohlenstoffdioxid. Nach einer Unterrichtsstunde
bei geschlossenem Fenster ist die Luft im Raum
stickig. Bei der Zellatmung wird Kohlenstoffdioxid
gebildet und ausgeatmet. So erhöht sich der
Kohlenstoffdioxidgehalt im Klassenraum.
Zu viel Kohlenstoffdioxid schadet der Konzentration, vermindert die Leistungsfähigkeit und
macht müde. Forscher haben beobachtet, dass
Schülerinnen und Schüler häufiger krank werden, wenn der Kohlenstoffdioxidgehalt in Räu-
men über 0,13 % liegt.

1 Müde und unkonzentriert im Unterricht

1 Beschreibe, was in der Grafik in Bild 2 auf
der waagerechten x-Achse und auf der
senkrechten y-Achse dargestellt ist.

2 **a)** Beschreibe die Veränderung des Kohlen-
stoffdioxidgehaltes bei geschlossenem
Fenster (blaue Kurve).
Formuliere einen Satz für die gesamte Zeit.

> **Starthilfe zu 2a:**
> Beginne so: Je mehr Zeit vergeht, desto…

b) Bestimme, nach wie viel Zeit sich bei
geschlossenem Fenster der Kohlenstoffdioxidgehalt verdoppelt, verfünffacht und
verzehnfacht hat.
c) Erkläre, wie es zu der Zunahme von
Kohlenstoffdioxid im Raum kommt.

d) Erläutere die Folgen, die die Zunahme
des Kohlenstoffdioxidgehaltes für die
Schülerinnen und Schüler im Raum hat.

3 **a)** Beschreibe den Verlauf der Kurve bei
regelmäßigem Lüften (grüne Kurve). Formuliere dafür einen Satz für die gesamte Zeit.

> **Starthilfe zu 3a:**
> Beginne so: Bei regelmäßigem Lüften schwankt der
> Kohlenstoffdioxidgehalt zwischen …

b) Erkläre anhand der beiden Kurven und
des Textes, warum häufiges Lüften im
Klassenraum wichtig ist.

4 **II** Stelle begründete Vermutungen an,
warum besonders im Winter oft zu hohe
Kohlenstoffdioxidwerte in Klassenräumen
gemessen werden.

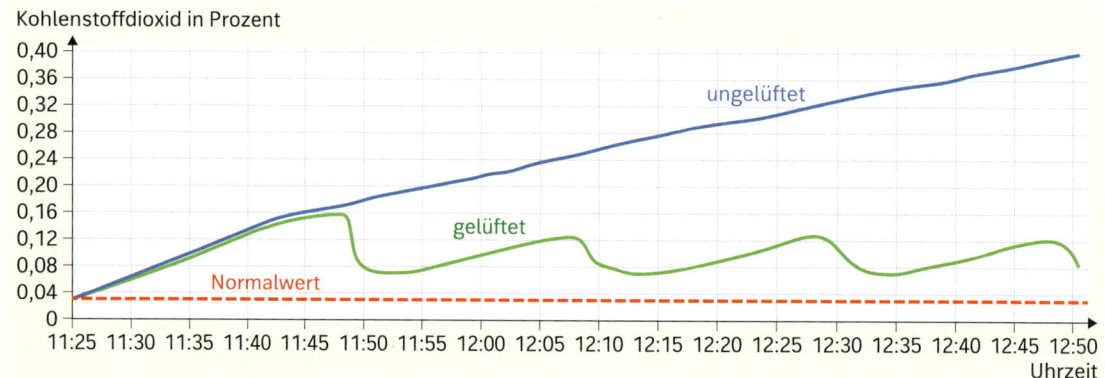

2 Veränderung des Kohlenstoffdioxidanteils in der Luft bei geschlossenem Fenster und bei regelmäßigem Lüften.

Ⓑ Nahrungsergänzungsmittel bei Profisportlern

3 Radprofi mit Energie-Gel

Nährwerte	Sportlergel „Aktivität"	Sportlergel „Erholung"
Energie	446 kJ	700 kJ
Kohlenhydrate	26 g	29 g
Fette	0 g	0,8 g
Proteine	0 g	10 g
Mineralstoffe	0,6 g	0,3 g

4 Sportlernahrung im Vergleich

Für Profisportler gibt es spezielle Gels, mit denen die Sportler vor, während und nach dem Wettkampf ihre Ernährung ergänzen können. Diese Gels müssen mit Flüssigkeit aufgenommen werden. Sie enthalten unterschiedliche Mengen der verschiedenen Nährstoffe. Freizeitsportler brauchen diese Gels allerdings nicht.

❶ Erkläre, weshalb im Sportlergel „Aktivität" vor allem Kohlenhydrate enthalten sind.

❷ Begründe, weshalb im Sportler-Gel „Erholung" neben Kohlenhydraten Proteine und Fette enthalten sind.

❸ Mache Vorschläge, was Sportler statt dieser Nahrungsergänzungsmittel zu sich nehmen könnten.

Ⓒ Bananen als Läufersnack

Mit Bananen verbinden viele Menschen die ideale Nahrung für Ausdauersportler. Das liegt daran, dass Bananen viele Kohlenhydrate und wichtige Mineralstoffe wie Magnesium oder Kalium enthalten. Zusätzlich sind in Bananen viele Vitamine enthalten. Es handelt sich folglich um ein hochwertiges Lebensmittel. Allerdings muss beachtet werden, dass Bananen außerdem ballaststoffreich sind und es einige Zeit dauert, bis diese verdaut sind. Daher stehen dem Körper die wichtigen Stoffe erst nach einiger Zeit zur Verfügung. Aus diesen Gründen eigenen sich Bananen als Läufersnack vor allem vor und nach dem Sport.

5 Läufer essen nach dem Sport Bananen

❶ Erkläre, weshalb Bananen hochwertige Nahrungsmittel sind.

❷ Begründe, weshalb Bananen als Nährstoffquelle während des Sports für den Körper eher ungeeignet sind.

1 Bewegung und Ernährung gehören zu einem gesunden Leben dazu.

Bewegung und Ernährung im Gleichgewicht

Bewegung

Bewegung tut gut. Regelmäßige Bewegung bewirkt, dass der Körper gesund und leistungsfähig bleibt. Jede Aktivität regt die Durchblutung aller Organe an und ist wichtig für den Kreislauf und für das Immunsystem. Durch regelmäßige und angemessene Übungen werden Muskulatur, Sehnen und Knochen gestärkt. Dadurch sinkt das Risiko für Haltungsschäden, Verletzungen und Rückenprobleme. Zu viel einseitige Bewegung kann allerdings auch zu Verletzungen führen. Du solltest deinem Körper regelmäßig Pausen gönnen und auf Warnsignale wie Schmerzen oder Abgeschlagenheit achten. Bist du zum Beispiel mehrere Tage nach dem Sport deutlich müder als sonst oder deine Muskeln fühlen sich hart und unbeweglich an, ist es Zeit für eine Pause. Gönn deinem Körper die Erholung, die er braucht.

Ernährung

Die Ernährung muss stets an die Aktivitäten eines Menschen angepasst sein. Das gilt vor allem für den Energiegehalt der Nahrung, aber auch für die in der Nahrung enthaltenen Proteine, Vitamine und Mineralstoffe. Wer sich viel bewegt, muss größere Mengen an kohlenhydratreicher Nahrung essen, denn Kohlenhydrate liefern viel Energie. Auch gesunde Fette dürfen in größeren Mengen in der Nahrung enthalten sein. Wer sich weniger bewegt, sollte weniger Fette und Kohlenhydrate essen, um die Energiezufuhr mit der Bewegung im Gleichgewicht zu halten. Außer auf den Energiegehalt müssen wir auf eine ausreichende Versorgung mit Proteinen achten. Sie liefern die Baustoffe für den Körper. Wichtig ist daneben die Versorgung des Körpers mit ausreichend Vitaminen und Mineralstoffen.

Risiko Überernährung

Industriell vorgefertigte Lebensmittel wie Chips oder Tiefkühlpizza enthalten oft sehr viel Fett und Zucker. Dadurch sind diese Lebensmittel besonders energiereich. Ernähren sich Menschen hauptsächlich von solchen Lebensmitteln und bewegen sich wenig, nehmen sie mehr Energie auf als sie umsetzen können. In der Folge wird die Energie als Fett eingelagert. Es entsteht Übergewicht.

2 Überernährung

Risiken einseitiger Ernährung

Viele vorgefertigte Lebensmittel enthalten heute mehr Zucker und mehr Fett als nötig, da beide Stoffe Geschmacksträger sind. Gleichzeitig enthalten solche Produkte oft wenig verwertbare Vitamine und Mineralstoffe. Es entsteht ein Mangel an diesen wichtigen Ergänzungsstoffen. Ersetzen solche Produkte ganze Mahlzeiten, ist die Ernährung zu einseitig.

3 Zuckerhaltige und fetthaltige Lebensmittel

Fehlernährung mit Folgen

Starkes Übergewicht kann zu vielen Krankheiten führen, wie beispielsweise Schäden und Schmerzen an Sehnen und Gelenken. Fettablagerungen in den Blutgefäßen führen oft zu Bluthochdruck. Dies ist die häufigste Ursache für Herzinfarkte und Schlaganfälle. Starkes Übergewicht fördert außerdem das Auftreten der Zuckerkrankheit Diabetes Typ 2.

> Um gesund zu bleiben, ist es wichtig, bewusst auf den Ausgleich von Bewegung und ausgewogener Ernährung zu achten. Dies erfordert allerdings Übung.

4 Bewusst leben

1 Nenne Vorteile von regelmäßiger Bewegung.

2 Erkläre, warum aktive Menschen mehr Fett und Kohlenhydrate essen dürfen.

3 ‖ Beschreibe die Risiken der industriell vorgefertigten Lebensmittel.

4 ‖ Erläutere Gefahren, die entstehen, wenn die Ernährung aus dem Gleichgewicht gerät.

A Die Energiebilanz muss stimmen

Der Energiegehalt von Nahrungsmitteln wird in Kilojoule (kJ) gemessen. Kohlenhydrate, Fette und Proteine enthalten unterschiedlich viel Energie. Fette enthalten ungefähr doppelt so viel Energie wie Kohlenhydrate und Proteine. Die Zellen nutzen vor allem Kohlenhydrate und Fette zur Gewinnung nutzbarer Energie in der Zellatmung.

Wenn du ungefähr so viel Energie mit der Nahrung aufnimmst, wie du für den Stoffwechsel benötigst, ist die Bilanz ausgeglichen. Wenn du oft viel weniger oder viel mehr Energie mit der Nahrung aufnimmst, als der Körper für seine Aktivitäten benötigt, ist die Bilanz nicht ausgeglichen. Dann nimmst du ab oder der Körper speichert die Energie als Fett und du nimmst zu.

1 Jugendlicher beim Computerspiel

Aktivität	Energiebedarf pro Stunde
Liegen	142 kJ
Radfahren	1298 kJ
Gehen	729 kJ
Lernen	343 kJ
PC-Spielen	343 kJ
Fußballspielen	1767 kJ
Reiten	1432 kJ
Shoppen	745 kJ
Skateboarden	1055 kJ
Schwimmen	1893 kJ
Fernsehen	167 kJ

2 Aktivitäten benötigen unterschiedlich viel Energie.

Nahrungsmittel	Gewicht einer Portion	Energiegehalt in 100 g
Banane	100 g	368 kJ
Apfel	100 g	218 kJ
Pizza Salami	350 g	1025 kJ
Pommes	150 g	1220 kJ
Nudeln	150 g	600 kJ
Croissant	100 g	1644 kJ
Brötchen	50 g	1054 kJ
Salami	25 g	2121 kJ
Bratwurst	300 g	1569 kJ
Wasser	250 g	0 kJ
Cola	250 g	172 kJ

3 Nahrungsmittel enthalten unterschiedlich viel Energie.

1 Tina hat gerade zwei Stunden Fußballtraining gehabt. Lotta hat in der Zeit Computerspiele gespielt. Jetzt sind die beiden zu einer Bratwurst mit Pommes und Cola verabredet.
a) Berechne für beide, wie viel Kilojoule sie bei ihren Aktivitäten verbraucht haben.
b) Berechne für beide, wie viel Kilojoule sie mit der Nahrung wieder zu sich nehmen.
c) Erläutere die Energiebilanz der beiden.

Starthilfe zu 1a:
Für die Rechnung musst du den Energiebedarf für die Aktivität mit zwei multiplizieren, weil sie ja zwei Stunden aktiv waren.

2 Stellt selbstständig Aufgaben wie Aufgabe 1 zusammen. Nutzt dafür die beiden Tabellen auf dieser Seite. Tauscht die Aufgaben untereinander aus.

Ein Ernährungstagebuch führen

Einen Überblick bekommen

Im Laufe eines Tages verlierst du oft den Überblick darüber, was du alles gegessen und getrunken hast. Wenn du dich bewusster ernähren möchtest, solltest du einmal für einige Tage ein Ernährungstagebuch führen. Hier schreibst du alles auf, was du am Tag isst und trinkst und kannst deine Ernährung am Ende eines Tages beurteilen.

4 Ein Schüler schreibt in ein Ernährungstagebuch.

Mein Ernährungstagebuch

Tag: _____5. Mai_____

Zeit	Ungesüßte Getränke	Obst und Gemüse	Getreideprodukte (Nudeln, Brot, Müsli)	Milchprodukte, Fleisch und Fisch	Fett, Nüsse	Süßigkeiten, Snacks, gesüßte Getränke
Frühstück 7:00	Tee		1 Brötchen		Butter	Marmelade
Zwischendurch 9:00	Wasser			1 Joghurt		
Zwischendurch 10:00	Wasser	1 Apfel				
Mittagessen 12:30		Salat	Nudeln	Bolognese-Soße		Cola
Zwischendurch 15:00	Wasser					Schokoriegel
Abendessen	Tee		2 Scheiben Brot	Wurst Käse	Butter	Kartoffel-chips

Beurteile: Habe ich gesund gegessen?   ☺ 😐 ☹

Zu wenig von: _____

Zu viel von: _____

5 Eine Seite in einem Ernährungstagebuch

① Beurteile die Eintragungen in Bild 5. Schreibe die fehlende Beurteilung für den Tag in dein Heft.

② Erstelle für dich ein Ernährungstagebuch für eine Woche. Dazu brauchst du für jeden Tag eine Vorlage der Tabelle.

③ Beschreibe deine Erfahrungen mit dem Tagebuch.

1 Die Ernährungspyramide

Ausgewogene Ernährung

Gesund essen heißt Vielfalt

Unser Körper muss jeden Tag eine Menge leisten. Wir bewegen uns, lernen, treiben Sport oder gehen unseren Hobbys nach. Damit das alles gelingt und die Organe zusammenarbeiten, brauchen wir viele verschiedene Stoffe, die wir mit den Lebensmitteln aufnehmen. Deshalb ist auch eine sehr vielfältige Ernährung wichtig für unsere Gesundheit. Die Empfehlungen dazu sind in der **Ernährungspyramide** dargestellt (→ Bild 1).

Die Ernährungspyramide

Die Ernährungspyramide zeigt an, welche Nahrungsmittel du in welcher Menge zu dir nehmen solltest. Dabei ist die Pyramide so aufgebaut, dass die Lebensmittel, die du viel zu dir nehmen solltest, auch viel Platz in der Pyramide bekommen. Je weiter unten ein Nahrungsmittel also steht, desto mehr solltest du davon essen oder trinken. Ganz unten in der Pyramide stehen die Getränke. Dabei reichen Leitungswasser, Mineralwasser oder ungesüßte Tees für die Versorgung des Körpers vollkommen aus. Beim Essen ist frisches Obst und Gemüse am wichtigsten und sollte den Hauptteil der Nahrungsmittel ausmachen. Danach kommen Produkte aus Getreide wie Nudeln, Brot und Müsli.
Bei den nun folgenden Milchprodukten wie Joghurt solltest du darauf achten, dass sie nicht zu viel Zucker enthalten. Ein Naturjoghurt mit frischem Obst ist gesünder als ein Fruchtjoghurt mit Zucker und Aromastoffen. Fleisch und Fisch sind zwar wichtig, wir brauchen davon aber nicht so viel. Am wenigsten benötigst du Fette und Zucker.

2 Gemeinsam kochen macht Spaß.

3 Der Nutriscore

Wenig Fett und Süßes

In Deutschland werden einige Lebensmittel mit dem **Nutriscore** gekennzeichnet (→ Bild 3). Dieser Wert bietet eine Orientierung dafür, wie viel Zucker, Salz oder Fett Lebensmittel enthalten. Die grüne Kennzeichnung bedeutet dabei, dass weniger Fett, Salz oder Zucker enthalten sind als bei Produkten mit roter Kennzeichnung. Mit dem Nutriscore lassen sich allerdings nur Produkte innerhalb einer Produktkategorie leicht vergleichen, weil sich der Nutriscore immer auf 100 Gramm oder 100 Milliliter eines Lebensmittels bezieht. So lassen sich gleichartige Produkte, zum Beispiel verschiedene Fruchtjoghurts gut miteinander vergleichen. Joghurt und Kekse miteinander zu vergleichen, ist jedoch nicht sinnvoll.

Besonderes genießen

Eis und Süßigkeiten solltest du genießen. Zu einer gesunden Ernährung gehört auch der Genuss. Genießen kannst du aber nur, wenn es etwas Besonderes bleibt.

4 Jugendliche genießen Eis.

1 Erkläre, warum eine vielfältige Ernährung die Gesundheit fördert.

2 Fasse zusammen, welche Informationen in der Ernährungspyramide dargestellt sind.

3 Stelle eine Vermutung auf, wie Mineralwasser und Cola beim Nutriscore eingeordnet werden.

Starthilfe zu 3: Vergleiche dazu den Zuckergehalt.

4 ▌ Erkläre, warum Naturjoghurt mit Obst gesünder ist als ein Fruchtjoghurt aus dem Kühlregal.

5 ▌ Beurteile, ob du selbst vorwiegend gesund isst.

A Vegetarisch? Vegan? Was soll das denn?

1 Verschiedene Ernährungsweisen

Anne hat schon seit 6 Jahren kein Fleisch mehr gegessen. Seit sie mit 13 Jahren einen Film über Nutztierhaltung und Tiertransporte gesehen hat, möchte sie keine Tiere mehr essen. Sie wurde Vegetarierin. Vor zwei Jahren hat sie angefangen, nach und nach auch alle anderen Produkte von Tieren zu vermeiden. Sie trägt keine Schuhe aus Leder, isst keine Eier und trinkt keine Milch. Anne ist jetzt Veganerin. Sie hat diese Entscheidungen nicht getroffen, weil sie kein Fleisch mag. Sie fand einfach, dass die Tiere zu schlecht behandelt werden.

1 **a)** Beschreibe Unterschiede zwischen Allesessern, Vegetariern und Veganern.
b) Ordne die Bilder 1 A – C den verschiedenen Ernährungsweisen zu.

2 **a)** Wenn du kein Vegetarier oder keine Vegetarierin bist: Beschreibe, wie dein Tagesablauf sich ändern würde, wenn du vegetarisch leben würdest.
b) Wenn du Vegetarier oder Vegetarierin bist: Beschreibe, warum du diese Entscheidung getroffen hast und wie deine Familie und Freunde darauf reagieren.

B Essen in anderen Ländern

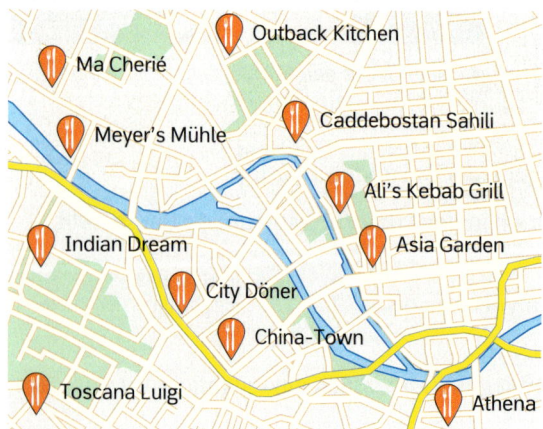

2 Restaurants in einer Großstadt

1 Die Karte in Bild 2 zeigt einige Restaurants in einer Großstadt. Nennt die Länder und Kontinente, die vertreten sind.

2 Nennt aus eigener Erfahrung Gerichte oder Spezialitäten, die in solchen Restaurants angeboten werden.

3 Erstellt Plakate mit landestypischen Gerichten aus verschiedenen Ländern. Recherchiert dazu auch die Geschichte einiger Gerichte. Dafür könnt ihr in eine Suchmaschine das Stichwort Geschichte kombiniert mit dem Gericht eingeben, zum Beispiel „Geschichte Pizza".

Essstörungen

Manchmal treten bei Jugendlichen beiden Geschlechts in der Pubertät Essstörungen auf. Sie sind häufig ein Hilferuf bei seelischen Probleme. Eine Therapie kann bei Essstörungen helfen.

Bulimie

Die Bulimie wird auch Ess-Brech-Sucht genannt. Betroffene zeigen ein unkontrolliertes Essverhalten. In Heißhungerphasen nehmen sie riesige Mengen Essen zu sich. Um dadurch nicht zuzunehmen, nehmen Betroffene in der Folge Abführmittel, erbrechen das Gegessene oder Fasten bis zur nächsten Heißhungerattacke. Betroffene sind meist trotzdem normalgewichtig. Die Essstörung ist nicht auf den ersten Blick zu erkennen.

3 Die zwei Seiten der Bulimie

Binge-Eating-Störung

Auch bei dieser Störung leiden Betroffene unter andauernden Heißhungerattacken. Sie nehmen riesige Mengen Kalorien auf. Dadurch entsteht ein großer Überschuss an Energie, der nicht abgebaut wird. Betroffene nehmen stark zu und können alleine nichts dagegen tun. Diese Personen sind meist stark übergewichtig.

4 Heißhungerattacke

Magersucht

Magersucht entsteht oft aus einer Fehlwahrnehmung des eigenen Körpers. Betroffene fühlen sich zu dick, obwohl sie bereits Untergewicht haben. Sie denken, je dünner sie werden, desto eher werden sie von ihren Mitmenschen geliebt. Magersucht ist sehr gefährlich. Sie kann Organausfälle und sogar den Tod von Betroffenen nach sich ziehen.

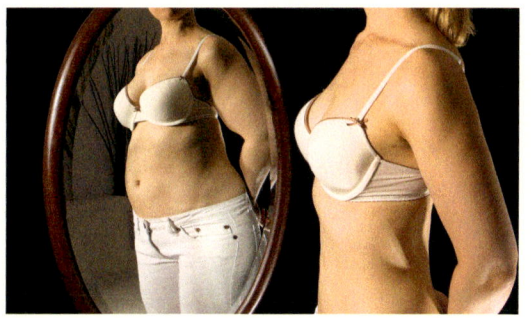

5 Magersucht vor dem Spiegel

1. Überlege, was du tun könntest, wenn dir bei einem Freund oder einer Freundin Anzeichen einer Essstörung auffallen.

2. Vergleiche die Essstörungen in einer Tabelle.

3. „Mit Essstörungen wird niemand alleine fertig." Nimm zu dieser Aussage Stellung.

1 Im Supermarkt

Qualität von Nahrungsmitteln

Werbung gibt es überall

Bei einem Einkauf im Supermarkt begegnet
dir jede Menge Werbung. Überall wird mit
der hervorragenden Qualität der vielen Produkte geworben.
Die Nahrungsmittelkontrollen in Deutschland garantieren eine sehr gute Qualität.
Aber was bedeutet Qualität eigentlich?

Qualität ist nicht nur Geschmack

Für die Qualität von Nahrungsmitteln ist
nicht nur der Geschmack entscheidend.
Nahrungsmittel sollten gesund sein.
Weiterhin sollten Nahrungsmittel keine
Rückstände von Chemikalien oder Medikamenten enthalten.
Wichtig ist aber auch, ob bei der Herstellung, dem Transport und der Lagerung der
Nahrungsmittel menschenwürdige Arbeits-
bedingungen herrschen.
Zudem sollte die Produktion der Nahrungsmittel umweltschonend sein und Tiere
sollten artgerecht behandelt werden.

Menschenwürdige Bedingungen

Schokolade schmeckt gut. Für die Qualität
der Schokolade sind aber die Bedingungen
wichtig, unter denen sie hergestellt wird.
Der Kakao für die Schokolade muss immer
aus Südamerika oder Afrika nach Deutschland gebracht werden. In einigen Anbau-
ländern müssen Kinder auf den Kakao-
Plantagen arbeiten (→ Bild 2). Sie können
dann nicht zur Schule gehen und arbeiten
mit gefährlichen Werkzeugen.

2 Kinderarbeit auf einer Kakaoplantage

3 Schweine in Intensivtierhaltung

4 Lange Transportwege für Obst

Intensivtierhaltung für preiswertes Fleisch

Fleisch stammt von einem Tier, das einmal gelebt hat. Diese Tiere müssen aufgezogen, zum Schlachthof transportiert, geschlachtet und zu Fleisch verarbeitet werden. Dabei gibt es sehr viele Unterschiede in der Tierhaltung.

Das meiste Schweinefleisch, das in Deutschland gegessen wird, stammt aus Intensivtierhaltung. Durch diese Tierhaltung ist es preiswerter, als Fleischaus einer artgerechteren Haltung. Tiere in Intensivtierhaltung haben wenig Platz. Sie können sich oft nur wenig bewegen und geraten schneller unter Stress. Weil sie auf engem Raum leben, ist die Gefahr für die Ausbreitung von Krankheiten groß. Deshalb werden Schweine in Intensivtierhaltung schon vorsorglich mit Medikamenten behandelt. Diese Medikamente sind dann oft noch im Fleisch der Tiere enthalten. Das kann auf Dauer auch für Menschen gesundheitsschädlich sein.

Äpfel aus Neuseeland?

Ein Apfel kann aus der näheren Umgebung stammen oder zum Beispiel aus Neuseeland über einen langen Seeweg zu uns gebracht werden. Das kannst du im Supermarkt auf den Schildern nachlesen. Ein kurzer Transportweg ist für die Umwelt immer besser als ein langer Weg. Allerdings wird in Deutschland die Apfelernte im Oktober beendet. Eine lange Lagerung braucht viel Energie und schadet den Vitaminen der Äpfel. In Neuseeland gibt es fast das ganze Jahr frische Äpfel. Der Transport benötigt nicht viel mehr Energie als die lange Lagerung in Deutschland.

Alle Äpfel, die nicht aus ökologischem Anbau stammen, sind mit Chemikalien behandelt. Sie schützen die Äpfel vor Krankheiten und Insektenfraß. Am besten für die Umwelt und die Gesundheit ist es, einen Apfel direkt vom Baum zu essen. Sie müssen nicht lange transportiert werden und sind nicht künstlich länger haltbar gemacht.

1 Beurteile, ob es besser ist, im Winter Äpfel aus Neuseeland oder aus Deutschland zu kaufen.

2 ▌ Beschreibe die Haltungsbedingungen von Schweinen in Intensivtierhaltung.

3 ▌ Nenne drei Kriterien, die für die Qualität von Nahrungsmitteln wichtig sind.

4 ▌▌ Stelle Kriterien für gute Qualität von Fleisch zusammen.

5 ▌▌ Erkläre, warum sich die Qualität von Fleisch verbessern könnte, wenn alle Menschen weniger Fleisch essen.

»

Zu einem Thema im Internet recherchieren

1 Recherchieren zum Fairtrade-Siegel: **A** Fairtrade-Siegel, **B** Kombination von Suchworten bei der Recherche

Das Fair-Trade Siegel

Einige Produkte im Supermarkt haben ein Fairtrade-Siegel (→ Bild 1A). Es steht für fairen Handel. Was das Fairtrade-Siegel ist und ob es hält, was es verspricht, kannst du mithilfe einer Internetrecherche herausfinden.

Schritt 1: Fragen formulieren

Für eine Recherche im Internet musst du zuerst wissen, was du genau recherchieren möchtest. Für die Beurteilung des Fairtrade-Siegels musst du verschiedene Fragen beantworten:
- Welche Bedingungen muss ein Produkt für das Siegel erfüllen?
- Wie wird das Siegel von verschiedenen Seiten bewertet?

Schritt 2: Suchworte finden

Für die Recherche ist die Kombination an Suchworten für die Suchmaschine wichtig. Um die Fragen aus Schritt 1 zu beantworten, musst du verschiedene Kombinationen von Suchworten in die Suchmaschine eingeben.
Jedes Mal muss das Wort Fairtrade-Siegel vorkommen. Dann musst du es mit wenigstens einem wichtigen Wort aus deiner Frage kombinieren (→ Bild 1B).

Schritt 3: Auswählen der Seiten

Die Suchmaschine sucht mit den Wortkombinationen immer eine Menge Seiten, die dann zur Auswahl stehen. Nun ist es wichtig, die richtigen Seiten für deine Recherche zu finden.
Um die Bedingungen für ein Fairtrade-Siegel zu recherchieren, ist die Homepage des Fairtrade-Siegels sicher genau richtig.
Wenn du aber auch eine kritische Beurteilung lesen möchtest, wirst du sie auf dieser Seite wahrscheinlich nicht finden. Diese Beurteilungen findest du beispielsweise in Artikeln von Zeitungen oder Verbraucherschutzorganisationen.

Schritt 4: Ergebnisse zusammenfasen

Trage nützliche Informationen zusammen und ordne sie. Verfasse Antworten auf deine Fragen und gib dabei die Quellen der Informationen an.

1 a) Führe die Recherche zum Fairtrade-Siegel durch.
b) Berichte von deinen Ergebnissen.

2 a) Recherchiere nach ähnlichen Qualitätssiegeln wie zum Beispiel dem Bio-Siegel oder dem Nutri-Score.
b) Berichte von deinen Ergebnissen.

IM ALLTAG

Berufe im Bereich Ernährung

Fachkraft für Lebensmitteltechnik

Als Fachkraft für Lebensmitteltechnik kümmerst du dich um die Herstellung von Lebensmitteln wie Fertigpizza, Fischstäbchen oder Torten aus der Tiefkühltruhe. Es geht also um Nahrungsmittel, die in Fabriken hergestellt werden. Eine Fachkraft für Lebensmitteltechnik überwacht beispielsweise die Maschinen und kontrolliert die Qualität. Die Ausbildung im Betrieb und in der Schule dauert drei Jahre.

2 Fachkraft für Lebensmitteltechnik

Köchin/Koch

Wenn du gerne kochst, einen guten Geschmackssinn hast, aber auch Stress aushalten kannst, kannst du Köchin oder Koch werden. Köchinnen und Köche arbeiten in Kantinen, Großküchen und auch Restaurants. Wenn du diesen Beruf ergreifen möchtest, solltest du kein Problem damit haben, abends oder am Wochenende zu arbeiten. Außerdem gehört eine gute körperliche Fitness dazu. Die Ausbildung dauert drei Jahre und findet in der Schule und im Betrieb statt.

3 Köchinnen und Köche

Milchwirtschaftliche Laborantin/ milchwirtschaftlicher Laborant

Als milchwirtschaftliche Laborantin oder milchwirtschaftlicher Laborant arbeitest du im Labor einer Molkerei. Dort wird die Qualität der Milch und der Milchprodukte überprüft. Dies geschieht mit Labortechnik und Computern. Dazu müssen Proben entnommen, chemische und biologische Untersuchungstechniken angewendet und die Ergebnisse ausgewertet werden. Die Ausbildung dauert drei Jahre und findet in einer Molkerei und einer Schule statt.

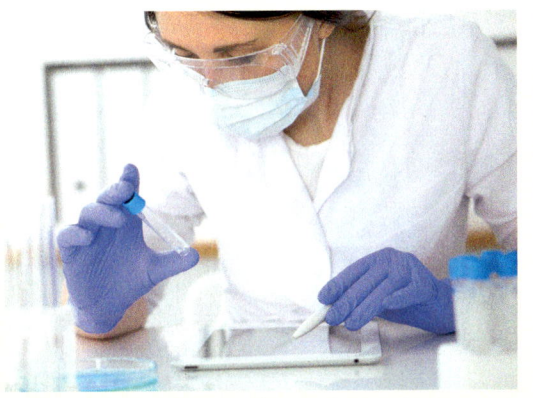

4 Milchwirtschaftliche Laborantin

1 Erkläre, was dir an den dargestellten Berufen gefällt und was dir nicht gefällt.

2 Recherchiere, welche Betriebe in deiner Nähe Ausbildungen in den Berufen anbieten.

Digital+
Film

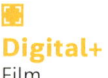

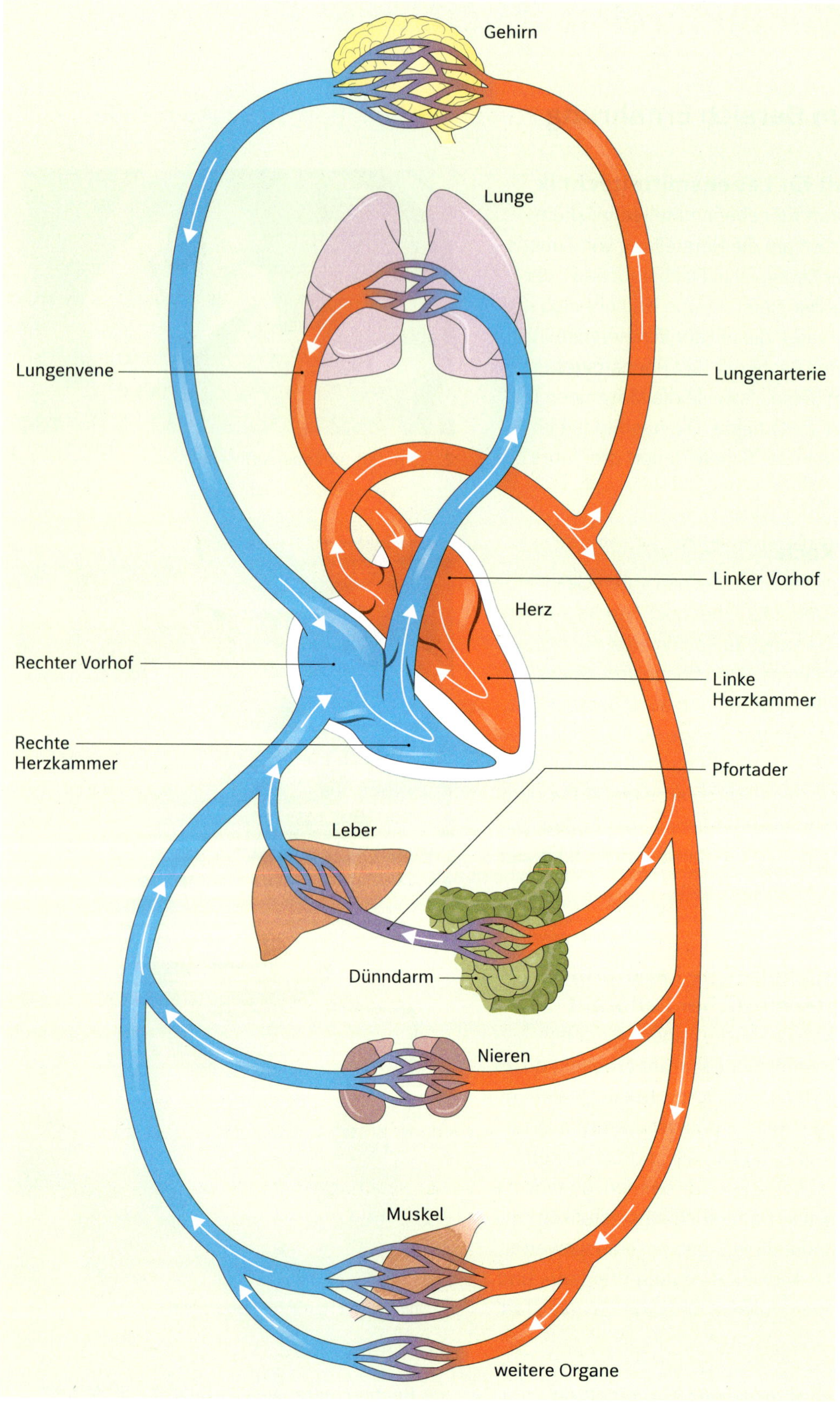
Gehirn
Lunge
Lungenvene
Lungenarterie
Linker Vorhof
Herz
Rechter Vorhof
Linke Herzkammer
Rechte Herzkammer
Pfortader
Leber
Dünndarm
Nieren
Muskel
weitere Organe

1 Der Blutkreislauf versorgt und verbindet die Organe.

Der Blutkreislauf verbindet alle Organe

Das Herz ist die zentrale Pumpe

Das **Herz** ist in eine linke und rechte Herzhälfte geteilt. Jede der beiden Hälften ist in einen Vorhof und eine Herzkammer unterteilt. Das Herz verteilt das Blut an alle Organe und Muskeln des Körpers. Das Blut fließt von den Vorhöfen in die Herzkammern. Aus den Herzkammern wird das Blut mit hohem Druck in die Arterien gepresst. **Arterien** sind Blutgefäße, die Blut vom Herz wegführen. Das Blut bringt so Nährstoffe aus den Nahrungsmitteln und Sauerstoff aus der Luft zu den einzelnen Zellen.

Aufnahme von Nährstoffen

Nach einem Essen werden die Nährstoffe aus den Nahrungsmitteln verdaut. Die Nährstoffe werden im Dünndarm ins Blut abgegeben. Das jetzt nährstoffreiche Blut fließt über die Pfortader zur Leber. Dort werden die Nährstoffe gespeichert, umgebaut und wieder an das Blut abgegeben. Von der Leber wird das Blut über Venen zur rechten Herzkammer transportiert.

Aufnahme von Sauerstoff

Von der rechten Herzkammer fließt das Blut in der Lungenarterie zur **Lunge.** Dort findet die Aufnahme von Sauerstoff aus der Luft ins Blut statt. Gleichzeitig wird der Abfallstoff Kohlenstoffdioxid ausgeatmet.

Vom Herzen zu jeder Zelle

Das nun sauerstoffreiche und nährstoffreiche Blut gelangt von der Lunge über die Lungenvene zur linken Herzkammer. Das Herz pumpt es dort mit sehr hohem Druck in die Arterien. Diese bringen das Blut bis zu jeder einzelnen Zelle der Muskeln, der inneren Organe, der Haut und dem Gehirn. Dort werden die Nährstoffe und der Sauerstoff an alle Zellen abgegeben. In den Mitochondrien der Zellen werden sie für die Zellatmung benötigt. Dabei entsteht für die Zellen nutzbare Energie.

Zurück zum Herzen

Bei der Zellatmung entsteht Kohlenstoffdioxid. Es muss aus den Zellen entsorgt werden und wird ins Blut abgegeben. Das Blut ist nun reich an Kohlenstoffdioxid und arm an Nährstoffen. Es fließt über die **Venen** zurück zum Herzen. Auf diesem Weg zurück zum Herzen wird das Blut wieder mit nährstoffreichem Blut gemischt, das aus den Venen vom Dünndarm und der Leber dazukommt. So schließt sich der Kreislauf.

> Der Blutkreislauf versorgt alle Organe mit Nährstoffen und mit Sauerstoff. In den Zellen der Organe wird daraus nutzbare Energie gewonnen.

---

1 a) Beschreibe mithilfe von Bild 1, wo die Nährstoffe in den Blutkreislauf gelangen und wie sie im Körper verteilt werden.
b) Beschreibe mithilfe von Bild 1, wo der Sauerstoff in den Blutkreislauf gelangt und wie er im Körper verteilt wird.

2 Erstelle ein Flussdiagramm zum Weg der Nährstoffe und des Sauerstoffs durch den Blutkreislauf. Beginne im Darm.

3 Erkläre die Farben der Blutgefäße in Bild 1.

4 ▌ Nenne Stoffe, die vom Blutkreislauf transportiert werden.

Starthilfe zu 2:

Im Dünndarm werden die Nährstoffe ins Blut abgegeben. ⟹

Starthilfe zu 3:
Eine Farbe steht für sauerstoffreiches Blut, eine Farbe steht für sauerstoffarmes Blut.

»

ÜBEN UND ANWENDEN

A Der Blutkreislauf versorgt die Organe

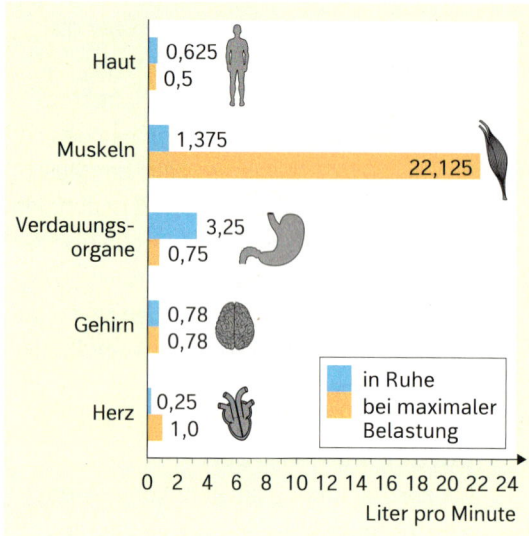

1 Durchblutung der Organe in Ruhe und bei maximaler Belastung

Alle Organe werden durch den Blutkreislauf mit Nährstoffen und Sauerstoff versorgt. Allerdings ist die Durchblutung der Organe nicht immer überall im Körper gleich.

1 Beschreibe die Grafik in Bild 1. Gib dazu für jedes Organ an, mit wieviel Milliliter Blut pro Minute es bei Ruhe und bei maximaler Belastung versorgt wird.

2 Erkläre die unterschiedlichen Werte bei den Muskeln.

3 ‖ Stelle Vermutungen auf, wie die Werte eines der weiteren hier dargestellten Organe in Bild 1 zu erklären sind.

Starthilfe zu 3:
Überlege beispielsweise, ob die Verdauungsorgane eher arbeiten, wenn der Mensch aktiv oder in Ruhe ist.

B Kreislaufprobleme

2 Bewegung hilft bei Kreislaufproblemen.

Du stehst schnell auf und plötzlich wird dir schwarz vor Augen. Alles dreht sich und du musst dich schnell wieder hinsetzen. Nach kurzer Zeit vergeht das Schwindelgefühl wieder und alles ist normal.
Gerade bei Jugendlichen kann es häufiger zu solchen Schwindelgefühlen kommen. Das kommt daher, dass dein Körper schnell wächst und das Herz und der Blutkreislauf sich daran nicht so schnell anpassen können.
Bei Kreislaufproblemen solltest du viel Wasser trinken, dich regelmäßig bewegen und dir auch Zeit zum Ausruhen gönnen. Wenn du große Probleme hast oder beunruhigt bist, solltest du das mit einer Ärztin oder einem Arzt besprechen.

1 Erkläre, wie es bei Jugendlichen zu Kreislaufproblemen kommen kann.

2 Erstelle zu allen Tipps bei Kreislaufproblemen kleine Zeichnungen.

Ⓐ Wie verändert Bewegung den Blutkreislauf und die Atmung?

Beim Sport verändern sich die Atmung und die Durchblutung.

Material: Uhr mit Sekundenanzeige oder Timer-Funktion des Smartphones

3 Timer

Durchführung:

Schritt 1: Setze dich ruhig hin und warte eine Minute. Lege dann den Zeigefinger an deinen Hals und ertaste die Halsschlagader (→ Bild 4).

Schritt 2: Zähle die Schläge 15 Sekunden lang. Berechne die Schläge pro Minute. Notiere den Wert.

Schritt 3: Zähle deine Atemzüge 15 Sekunden lang. Berechne die Atemzüge pro Minute. Notiere den Wert.

Schritt 4: Mach in schneller Folge mindestens 15 Kniebeugen (→ Bild 5).

Schritt 5: Zähle deine Pulsschläge 15 Sekunden lang. Notiere den Wert.

Schritt 6: Zähle deine Atemzüge 15 Sekunden lang. Notiere den Wert.

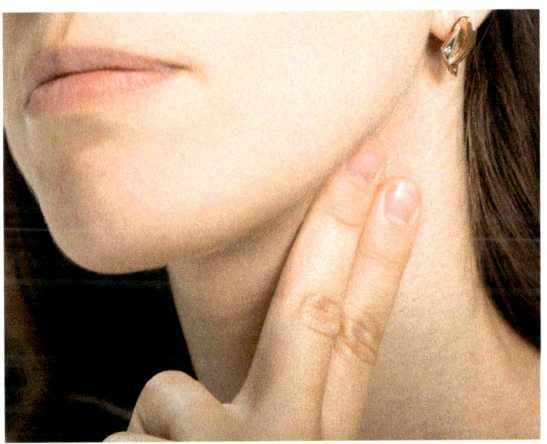

4 Den Puls an der Halsschlagader messen

❶ Vergleiche die Werte in Ruhe und nach den Kniebeugen in einer Tabelle.

Starthilfe zu 1:

Aktivität	Pulsschläge	Atemzüge
in Ruhe		
nach Kniebeugen		

❷ Erkläre, warum sich der Puls verändert.

❸ Erkläre, warum sich die Atmung verändert.

❹ a) Überlege dir weitere sportliche Übungen und führe sie durch.
b) Zähle auch bei diesen Übungen deine Pulsschläge und deine Atemzüge.

❺ ‖ Vergleiche die Ergebnisse der neuen Übungen miteinander. Erkläre die unterschiedlichen Ergebnisse.

5 Kniebeugen

Digital+
Film

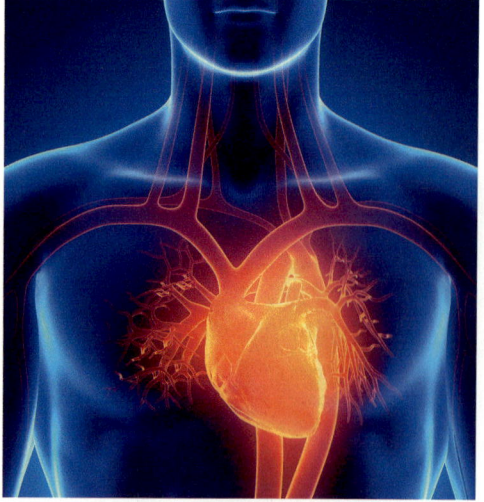

1 Lage des Herzens im Körper

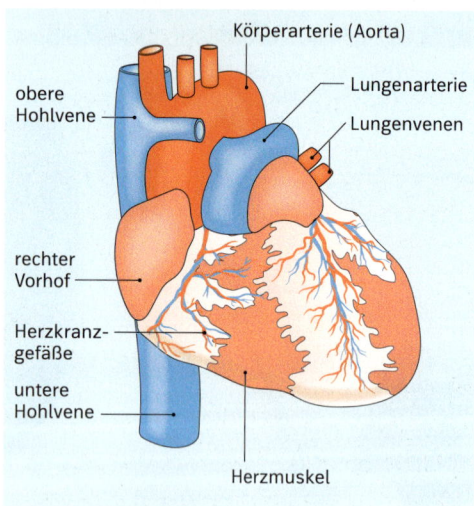

Körperarterie (Aorta)

obere
Hohlvene

Lungenarterie

Lungenvenen

rechter
Vorhof

Herzkranz-
gefäße

untere
Hohlvene

Herzmuskel

2 Bau des Herzens (Sicht von außen)

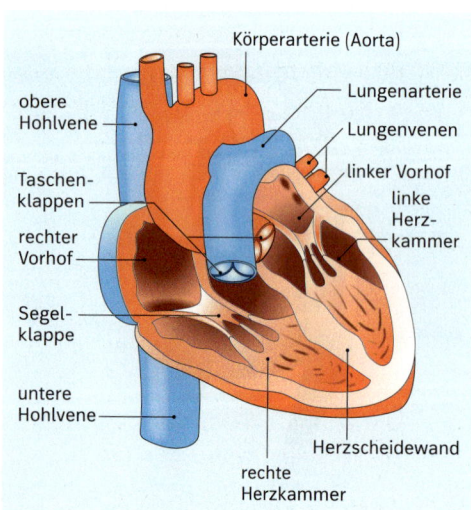

Körperarterie (Aorta)

obere
Hohlvene

Lungenarterie

Lungenvenen

linker Vorhof

linke
Herz-
kammer

Taschen-
klappen

rechter
Vorhof

Segel-
klappe

untere
Hohlvene

Herzscheidewand

rechte
Herzkammer

3 Bau des Herzens (Längsschnitt)

Das Herz

Die Leistung des Herzens

Das Herz pumpt unser Blut ohne Pause bis in die allerfeinsten Kapillaren im gesamten Körper. Es schlägt zwischen 70-mal und 80-mal pro Minute. Das sind pro Tag etwa 100 000 Schläge.

In einer Stunde pumpt das Herz etwa 290 Liter Blut durch den Körper. Das sind am Tag fast 7 000 Liter. Damit lassen sich 38 Badewannen füllen.

Das Herz von außen

Geschützt vom Brustbein, der Wirbelsäule und den Rippen liegt das Herz fast in der Mitte des Brustkorbs. Die Spitze zeigt nach links. Das Herz hat etwa die Größe einer Faust und wiegt rund 300 Gramm. Das Herz ist ein Hohlmuskel, der das Blut durch den Hohlraum im Inneren pumpt. Damit das Herz arbeiten kann, wird es über die netzartigen **Herzkranzgefäße** mit Blut versorgt. Bei einem **Herzinfarkt** sind diese Herzkranzgefäße verstopft. Teile des Herzmuskels erhalten dann keinen Sauerstoff mehr und sterben ab.

Das Herz von innen

Das Herz wird durch die **Herzscheidewand** in die linke und die rechte Hälfte getrennt. In der rechten Herzhälfte befindet sich das sauerstoffarme Blut. In der linken Herzhälfte befindet sich das sauerstoffreiche Blut. Die Herzscheidewand verhindert, dass sich das sauerstoffarme Blut mit dem sauerstoffreichen Blut vermischt. In jeder Herzhälfte befindet sich eine kleine und eine große Kammer. Die kleinen Kammern sind die **Vorhöfe**. Die großen Kammern werden als **Herzkammern** bezeichnet. Zwischen den Vorhöfen und den Herzkammern befinden sich die **Segelklappen.** Zwischen den Herzkammern und den Arterien sitzen die Taschenklappen.

4 Herztätigkeit: **A** Herzmuskel zieht sich zusammen, **B** Herzmuskel ist entspannt

Die Arbeitsweise des Herzens

Bei der Tätigkeit des Herzens arbeiten die Vorhöfe und die Herzkammern zusammen. Wenn das Herz „schlägt", zieht sich der Herzmuskel zusammen. Die beiden Herzkammern verkleinern sich und die Taschenklappen öffnen sich. Das sauerstoffarme Blut aus der rechten Herzkammer wird in die Lungenarterie gepresst. Das sauerstoffreiche Blut aus der linken Herzkammer wird mit Druck in die Körperarterie gepresst. Die geschlossenen Segelklappen verhindern, dass das Blut zurück in die Vorhöfe gedrückt wird. Gleichzeitig saugen die Vorhöfe erneut Blut aus den Venen an (→ Bild 4A). Wenn die beiden Herzkammern entleert sind, entspannt sich der Herzmuskel. Dabei wird das Blut aus den beiden Vorhöfen über die nun wieder geöffneten Segelklappen in die Herzkammern gesaugt (→ Bild 4B). Wenn die Herzkammern voll sind, schließen sich die Segelklappen wieder und der Herzmuskel zieht sich erneut zusammen.

Körperkreislauf

Im **Körperkreislauf** fließt das sauerstoffreiche Blut aus der linken Herzkammer durch die **Körperarterie,** die **Aorta,** in den Körper. Die Arterien verzweigen sich im Körper immer weiter. In den Organen erfolgt der Gasaustausch in haarfeinen **Kapillaren.** Das Blut gibt den Sauerstoff ab und nimmt Kohlenstoffdioxid auf. Das nun sauerstoffarme Blut sammelt sich in den Venen und fließt über die **Hohlvenen** zurück zur rechten Herzkammer.

Lungenkreislauf

Nun gelangt das Blut in den **Lungenkreislauf.** Von der rechten Herzkammer wird das Blut über die **Lungenarterie** in die Lunge gepumpt. Dort nimmt das sauerstoffarme Blut neuen Sauerstoff auf und gibt Kohlenstoffdioxid ab. Das nun sauerstoffreiche Blut fließt durch die **Lungenvene** zurück in die linke Herzkammer. Von dort aus gelangt es wieder zu den Organen.

1 Beschreibe den Bau des Herzens mithilfe von Bild 3.

2 Beschreibe die Arbeitsweise des Herzens mithilfe von Bild 4.

Starthilfe zu 2:
Stelle dar, was passiert, wenn sich das Herz zusammenzieht und sich anschließend wieder entspannt.

3 **a)** Gib an, in welcher Hälfte des Herzens sich das sauerstoffreiche Blut befindet.
b) Erkläre, wie das sauerstoffreiche Blut von dort zu allen Organen kommt.

4 **a)** Zeichne den Körperkreislauf und den Lungenkreislauf als einfache Skizze.
b) Erläutere in diesem Zusammenhang die Funktion der Herzscheidewand.

A Bau des Herzens

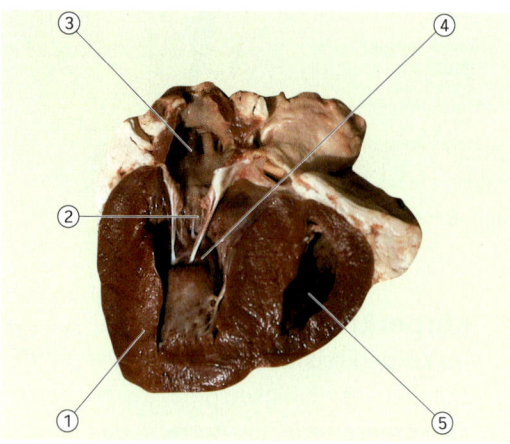

1 Längsschnitt durch ein Herz

Im Unterricht können frische Schweineherzen untersucht werden. Dazu werden die Schweineherzen mit einem Messer aufgeschnitten. In Bild 1 siehst du das Herz eines Schweins, das zur Untersuchung längs aufgeschnitten wurde.

1 **a)** Benenne die mit Ziffern markierten Teile des Herzens.
b) Erläutere die Funktion der einzelnen Herzteile.

2 Erläutere den Begriff Hohlmuskel.

3 ▌▌ Erkläre, warum in Bild 1 die Herzkranzgefäße nicht zu sehen sind.

B Die Arterien und die Venen

Bei den Blutgefäßen im Körper wird zwischen Arterien und Venen unterschieden. Die folgenden Aussagen beziehen sich entweder auf die Venen oder die Arterien.

(1) Die Blutgefäße besitzen kräftige Wände mit Muskelfasern.

(2) In diesen Blutgefäßen lässt sich die Druckwelle des Blutes als Pulsschlag fühlen.

(3) Diese Blutgefäße haben dünne Wände und Klappen, die den Rückfluss des Blutes verhindern.

(4) In diesen Blutgefäßen muss das Blut entgegen der Schwerkraft beispielsweise von den Füßen zum Herzen bewegt werden.

(5) In diesen Blutgefäßen wird das Blut vom Herzen weg bewegt.

(6) In diesen Gefäßen wirkt der Druck des Herzens nicht mehr. Deshalb wird das Blut durch die Bewegung der umgebenden Muskeln vorwärts getrieben.

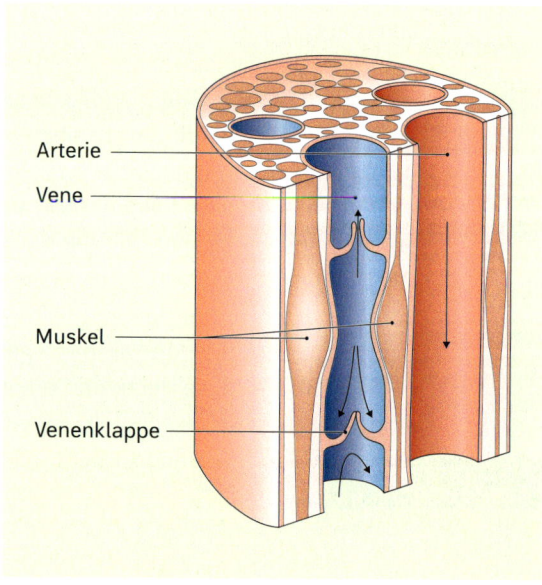

2 Bau von Arterien und Venen

1 Ordne die Aussagen jeweils den Venen oder den Arterien zu.

2 ▌▌ Beschreibe Teile aus der Technik, die ähnlich wie Venenklappen den Rückfluss von Flüssigkeiten verhindern.

● ●● ÜBEN UND ANWENDEN

C Organtransplantationen retten Leben

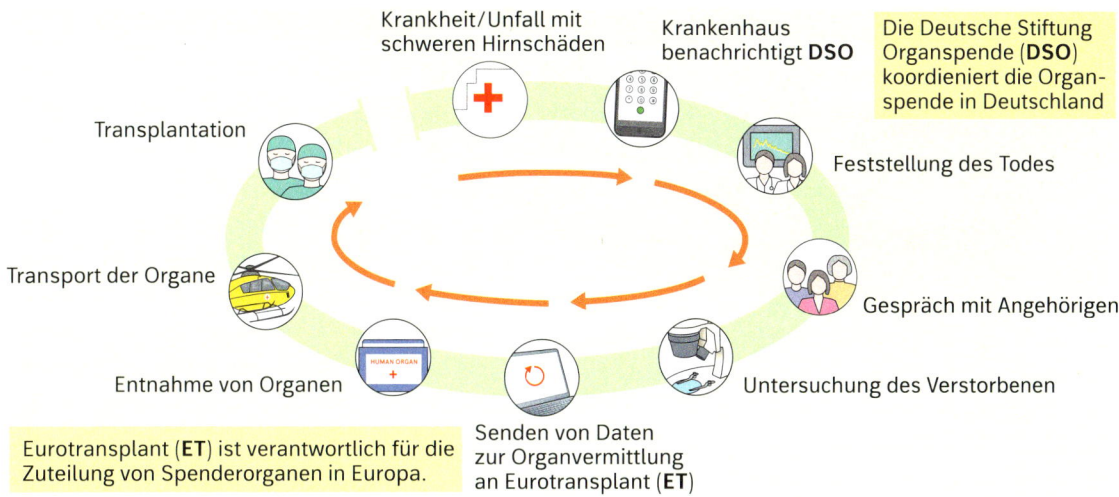

Krankheit/Unfall mit schweren Hirnschäden

Krankenhaus benachrichtigt **DSO**

Die Deutsche Stiftung Organspende (**DSO**) koordiniert die Organspende in Deutschland

Transplantation

Feststellung des Todes

Transport der Organe

Gespräch mit Angehörigen

Entnahme von Organen

Untersuchung des Verstorbenen

Senden von Daten zur Organvermittlung an Eurotransplant (**ET**)

Eurotransplant (**ET**) ist verantwortlich für die Zuteilung von Spenderorganen in Europa.

3 Ablauf einer Organtransplantation

Durch Krankheiten oder Unfälle können Organe so stark geschädigt werden, dass sie nicht mehr funktionieren. Dann kommt ein Mensch in eine lebensbedrohliche Lage. Wenn keine andere Hilfe mehr möglich ist, brauchen solche Menschen ein Spenderorgan.

Wenn ein Mensch stirbt und er als Organspender in Frage kommt, muss sein Hirntod festgestellt werden. Wenn ein Mensch hirntot ist, arbeitet das Gehirn nicht mehr. Dann ist ein Weiterleben ausgeschlossen. Wenn dieser Mensch oder seine Angehörigen einer Transplantation zugestimmt haben, kann er Organspender werden.

❶ Beschreibe anhand von Bild 3, wie eine Organtransplantation abläuft.

❷ Recherchiere Berichte von Menschen, die mit Organspende auf verschiedene Weise zu tun haben (z. B. Arzt, Angehöriger, Patient). Berichte aus unterschiedlichen Perspektiven.

❸ Schreibe die rechte Seite des Organspendeausweises (→ Bild 4 B) ab. Entscheide, welche Aussagen im Organspendeausweis für dich zutreffend sind.

❹ Nenne Gründe für und Gründe gegen eine Organspende.

Organspendeausweis

nach § 2 des Transplantationsgesetzes

Organspende

Name, Vorname   Geburtsdatum

Straße   PLZ, Wohnort

BZgA **Bundeszentrale für gesundheitliche Aufklärung**

Organspende
schenkt Leben.

Antwort auf Ihre persönlichen Fragen erhalten Sie beim Infotelefon Organspende unter
A der gebührenfreien Rufnummer 0800 / 90 40 400.

Erklärung zur Organspende

Für den Fall, dass **nach meinem Tod** eine Spende von Organen/Geweben zur **Transplantation** in Frage kommt, erkläre ich:

○ **JA**, ich gestatte, dass nach der ärztlichen Feststellung meines Todes meinem Körper Organe und Gewebe entnommen werden.

oder ○ **JA**, ich gestatte dies, mit **Ausnahme** folgender Organe/Gewebe:

oder ○ **JA**, ich gestatte dies, jedoch **nur** für folgende Organe/Gewebe:

oder ○ **NEIN**, ich widerspreche einer Entnahme von Organen oder Geweben.

oder ○ Über JA oder NEIN soll dann **folgende Person entscheiden**:

Name, Vorname   Telefon

Straße   PLZ, Wohnort

Platz für **Anmerkungen/Besondere Hinweise**

B DATUM   UNTERSCHRIFT

4 Organspendeausweis: **A** Vorderseite, **B** Rückseite

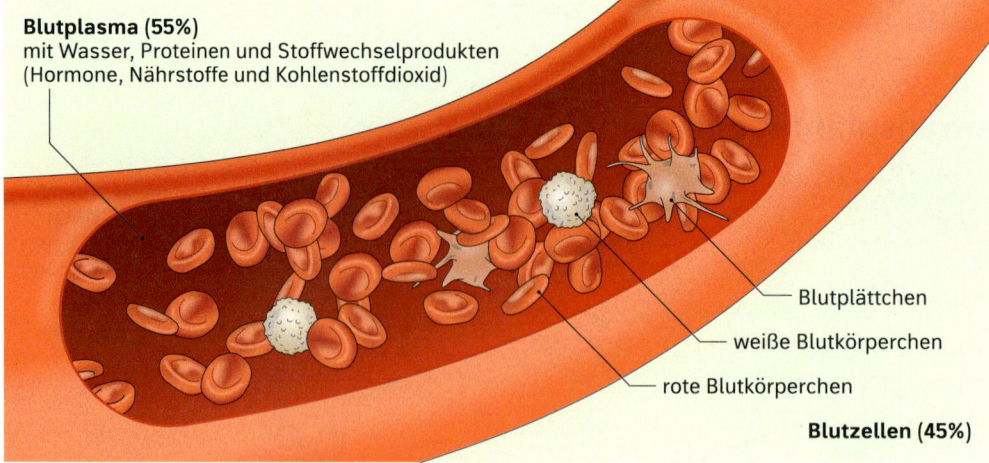

Blutplasma (55%)
mit Wasser, Proteinen und Stoffwechselprodukten
(Hormone, Nährstoffe und Kohlenstoffdioxid)

Blutplättchen

weiße Blutkörperchen

rote Blutkörperchen

Blutzellen (45%)

1 Zusammensetzung des Blutes

Das Blut

Die Bestandteile des Blutes

Das menschliche Blut besteht zu 55% aus flüssigem **Blutplasma** und zu 45% aus **Blutzellen.** Diese festen Bestandteile sind **rote und weiße Blutkörperchen** und die **Blutplättchen.**

Das Blutplasma

Das Blutplasma besteht hauptsächlich aus Wasser. Es transportiert Proteine und viele Stoffwechselprodukte wie Nährstoffe oder Hormone zu allen Teilen des Körpers. Ein Protein, das **Fibrinogen,** ist an der Blutgerinnung beteiligt. Blutplasma ohne Fibrinogen wird **Blutserum** genannt. Im Blutplasma wird auch gelöstes Kohlenstoffdioxid von den Organen zur Lunge transportiert.

Die Blutzellen

Die roten Blutkörperchen werden auch **Erythrozyten** genannt. Sie sind scheibenförmig und in der Mitte leicht eingedellt. Sie enthalten den Blutfarbstoff **Hämoglobin,** an den Sauerstoff gebunden wird. Die roten Blutkörperchen transportieren Sauerstoff aus der Lunge zu den Organen.

Die weißen Blutkörperchen werden auch **Leukozyten** genannt. Es gibt davon verschiedene Arten. Sie bekämpfen Krankheitserreger oder körperfremde Stoffe, die in den Körper eingedrungen sind. Sie sind ein wichtiger Teil unseres Immunsystems. Die Blutplättchen werden auch als **Thrombozyten** bezeichnet. Sie bewirken zusammen mit dem Fibrinogen die Blutgerinnung und den Wundverschluss.

Bildung der Blutzellen

Alle Blutzellen werden im Knochenmark gebildet. Dort befinden sich die **Blutstammzellen.** Sie teilen sich lebenslang und entwickeln sich weiter zu den einzelnen Blutzellen. Alle Blutzellen haben nur eine begrenzte Lebensdauer. Die roten Blutkörperchen beispielsweise werden ungefähr 120 Tage alt.

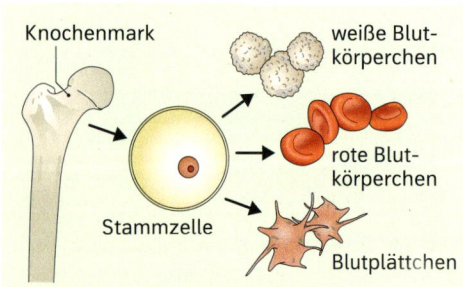

2 Bildung von Blutzellen

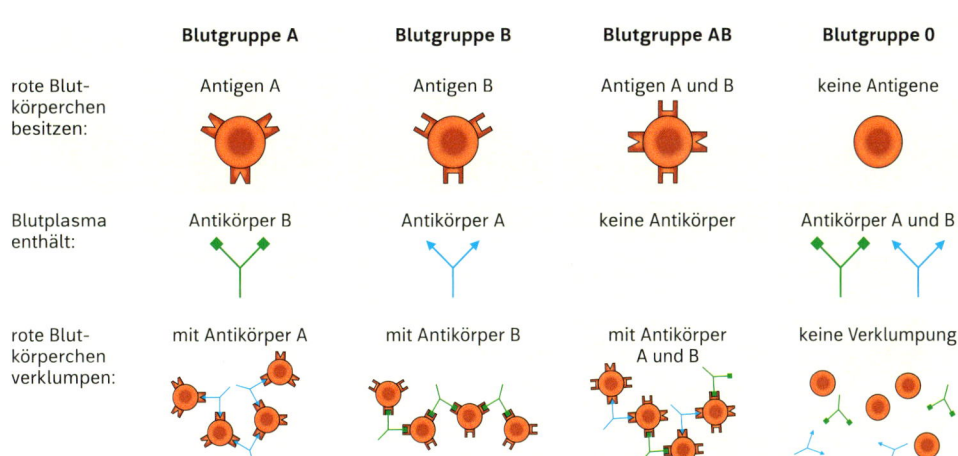

3 Blutgruppen und Antikörper

Spenderblut kann Leben retten

Schon früh wurde versucht, Patienten mit stark blutenden Wunden, Blut von gesunden Blutspendern zu übertragen. Oft kam es dabei zu Komplikationen. Wie sich herausstellte, gibt es unterschiedliche **Blutgruppen.** Wird das Blut zweier Menschen gemischt, müssen beide dieselbe Blutgruppe haben, sonst verklumpt das Gemisch und der Patient stirbt.

Antigene

Rote Blutkörperchen sind körpereigene Zellen, die von einer Zellmembran umgeben sind. Diese Membran enthält verschiedene Proteine. Ähnliche Proteine in den Membranen von Krankheitserregern spielen eine wichtige Rolle, wenn sie vom Immunsystem bekämpft werden: An diesen Proteinen können die passenden **Antikörper** andocken. Die Proteine werden daher **Antigene** genannt.

Blutgruppen

Zwei für die Blutgruppen wichtige Antigene werden durch die Buchstaben A und B symbolisiert. Auf den roten Blutkörperchen eines Menschen können Antigene des A-Typs, des B-Typs, beide Typen oder gar keine vorhanden sein (→ Bild 3).

> Je nachdem, welche Antigene auf den roten Blutkörperchen vorkommen, hat ein Mensch die Blutgruppe A, B, AB oder 0 (Null.)

Antikörper

Blutzellen dürfen auf keinen Fall von eigenen Antikörpern angegriffen werden. Daher gibt es im Blut eines Menschen keine Antikörper, die auf die Antigene der eigenen Blutzellen passen. Im Blutplasma finden sich aber Antikörper gegen diejenigen Proteine, die nicht auf den roten Blutkörperchen vertreten sind (→ Bild 3).

1 Nenne die Bestandteile des Blutes und beschreibe ihre Funktionen.

2 Erläutere die Unterschiede zwischen den Blutgruppen.
Starthilfe zu 2:
Nutze dazu Bild 3.

3 ▌ Zeichne die festen Bestandteile des Blutes und benenne sie.

4 ▌▌ Gespendetes Blut wird teilweise in Plasma und Blutzellen getrennt. Empfänger erhalten dann oft nur einen der beiden Bestandteile. Erläutere, in welchen Fällen das sinnvoll ist.

Ⓐ Bestandteile des Blutes

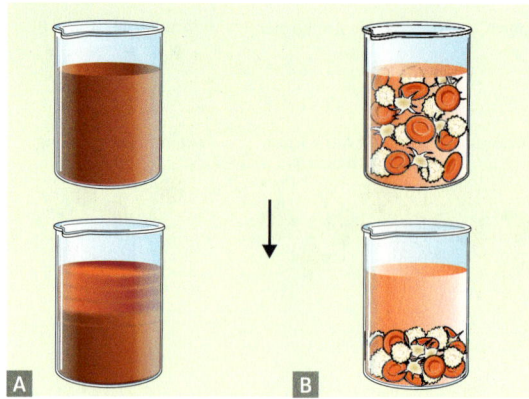

Mit einer Chemikalie kann verhindert werden, dass frisches Tierblut gerinnt. Nach einem Tag kannst du bei so behandeltem Tierblut die Beobachtung in Bild 1 machen.

1 Tierblut nach einem Tag: **A** Blut, **B** Schemazeichnung

❶ Nenne die Bestandteile des Blutes, die in der Schemazeichnung in Bild 1 zu erkennen sind.

❷ **a)** Beschreibe die Beobachtung, die du nach einem Tagen machen kannst.
b) Erkläre die Beobachtung mithilfe der Schemazeichnung.

Ⓑ Blutgruppen

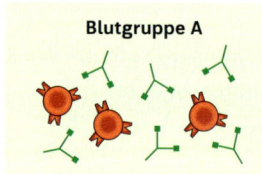 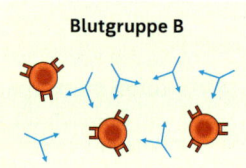 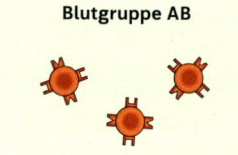 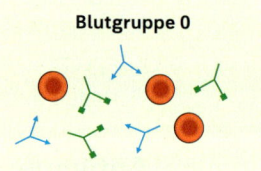

2 Übersicht über die Blutgruppen

Bei einer Übertragung von Blut der Blutgruppe A auf einen Patienten mit der Blutgruppe B würden die roten Blutkörperchen der Blutgruppe A (Antigen A) mit den Antikörpern A der Blutgruppe B verklumpen. Dies könnte zum Tod des Patienten führen.
Bei Blutübertragungen wird deshalb vorher immer die Blutgruppe eines Menschen bestimmt. Plasma und Blutzellen von gespendetem Blut werden oft getrennt: Die Empfänger erhalten dann entweder nur das von Blutzellen befreite Plasma oder nur ein Blutzellenkonzentrat, das wiederum vom Plasma mit den Antikörpern befreit ist.

❶ **a)** Beschreibe, welche Antigene und Antikörper ein Mensch mit der Blutgruppe B hat.
b) Beschreibe, welche Antigene und Antikörper Menschen mit den Blutgruppen AB und 0 haben.

❷ Nach einem Unfall benötigt ein Mensch mit Blutgruppe A rote Blutkörperchen. Beschreibe und begründe, welche roten Blutkörperchen er erhalten kann.

❸ ‖ Nach einem Unfall benötigt ein Mensch mit der Blutgruppe AB rote Blutkörperchen. Beschreibe und begründe, welche roten Blutkörperchen er erhalten kann.

❹ ‖ Begründe, warum die roten Blutkörperchen von Menschen mit der Blutgruppe 0 bei Blutspendenaktionen besonders willkommen sind.

Rund um das Blut

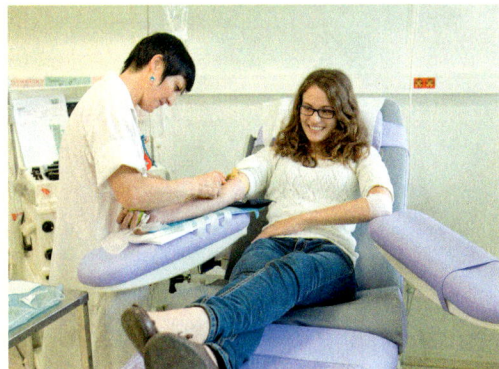

3 Blutspende

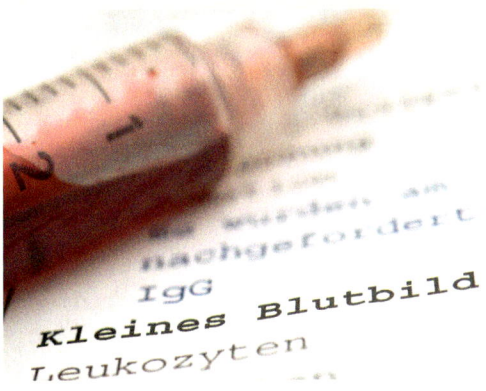

4 Blut wird untersucht.

Warum ist Blutspenden wichtig?

Ein Blutverlust von mehr als 1,5 l kann für einen Mensch tödlich sein, da dann die Organe nicht mehr ausreichend mit Sauerstoff versorgt werden. In einem solchen Fall, zum Beispiel bei einem schweren Unfall, ist eine Blutübertragung lebensnotwendig.

Bei einer Blutspende wird normalerweise ein halber Liter Blut abgegeben. Die Flüssigkeit wird im Körper der Spenderin oder des Spenders innerhalb weniger Stunden neu gebildet. Die Blutzellen erneuern sich innerhalb von zwei Wochen.

Was zeigt eine Blutuntersuchung?

Bei einer Blutuntersuchung wird Blut in einem Labor mithilfe verschiedener Tests untersucht. Es wird dann festgestellt, wieviele Blutzellen jeder Art in einer bestimmten Menge Blut vorhanden sind. Außerdem kann bei einer Blutuntersuchung die Menge an Blutzucker, Hormonen, Fetten oder Mineralstoffen im Blut bestimmt werden.

Eine Ärztin oder ein Arzt kann am Ergebnis erkennen, ob eine Patientin oder ein Patient gesund ist oder zum Beispiel eine versteckte Krankheit hat.

5 Menge der roten Blutkörperchen

Blut in Zahlen

In 5 l Blut gibt es etwa 25 Billionen rote Blutkörperchen und etwa 30 Milliarden weiße Blutkörperchen. Würde man alle roten Blutkörperchen eines Menschen nebeneinanderlegen, ergäbe das eine Kette, die etwa 5-mal um den Äquator reichen würde. Die Gesamtoberfläche der roten Blutkörperchen eines Menschen beträgt etwa 4000 Quadratmeter.

1 Begründe, weshalb es wichtig ist, Blut zu spenden.

2 Beschreibe, was Blutuntersuchungen aussagen können.

3 ▌▌ Erkläre die Bedeutung der großen Anzahl roter Blutkörperchen mit ihrer Funktion.

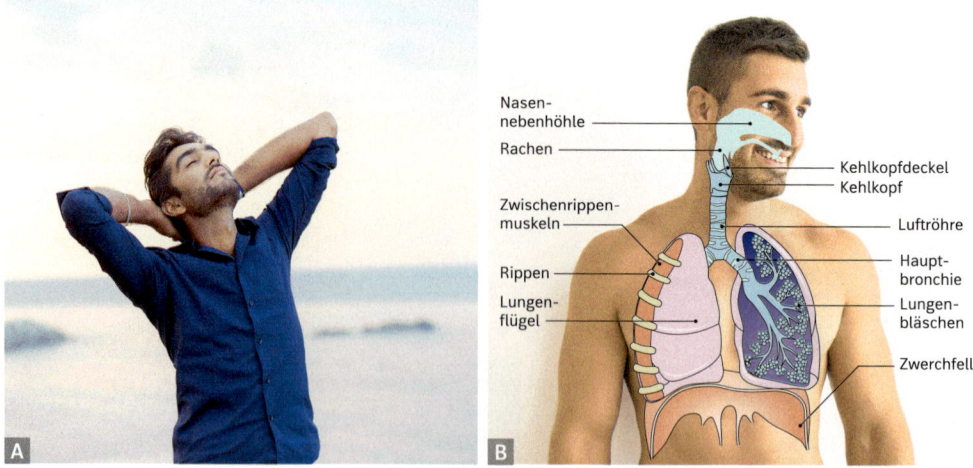

1 Atmung: **A** Ein tiefer Atemzug, **B** Der Weg der Atemluft

Die Atmung

Die oberen Atemwege
Menschen atmen etwa zwölf Mal pro Minute. Beim Atmen strömt die Atemluft durch den Mund oder durch die Nase in den **Rachen.** Dort befindet sich der **Kehlkopf.** Er trennt die Speiseröhre und die **Luftröhre.** Der Kehldeckel verhindert, dass Speisereste in die Luftröhre gelangen. Die Luftröhre wird mit Knorpelspangen immer offen gehalten.

Die unteren Atemwege
Durch die Luftröhre gelangt die Atemluft in den Brustraum. Dort teilt sich die Luftröhre in zwei **Hauptbronchien.** Sie sind wie die Luftröhre mit einer Schleimhaut ausgekleidet. Die Lunge liegt gut geschützt im Brustkorb, der von den Rippen, den Brustwirbeln und dem Brustbein gebildet wird.

Der Bau der Lunge
Die Lunge besteht aus zwei Lungenflügeln. Jede Bronchie führt zu einem **Lungenflügel.** In den Lungenflügeln verzweigen sich die Bronchien immer mehr. Sie enden in den **Lungenbläschen.** Diese sind von haarfeinen Blutgefäßen, den Lungenkapillaren, umgeben (→ Bild 2A).

Die Bauchatmung
Bei der Atmung wird der Brustraum abwechselnd vergrößert und verkleinert. Die Bewegung wird vom **Zwerchfell** ausgelöst. Dies ist eine dünne Muskelhaut, die unterhalb der Rippen quer im Brustraum liegt. Beim Einatmen zieht sich das Zwerchfell zusammen. Es flacht dabei ab und der Brustraum vergrößert sich nach unten. Die Atemluft wird in die Lungenflügel eingesaugt. Danach entspannt sich das Zwerchfell wieder. Der Brustraum verkleinert sich und die Atemluft wird aus der Lunge gedrückt. Diesen Vorgang nennt man **Bauchatmung.**

Die Brustatmung
Bei tiefen Atemzügen wird die Bauchatmung von der **Brustatmung** unterstützt. Dabei heben Muskeln zwischen den Rippen, die **Zwischenrippenmuskeln,** den Brustkorb an. Der Brustraum wird so nach vorne vergrößert. Dadurch wird zusätzliche Atemluft in die Lunge eingesaugt. Wenn sich die Zwischenrippenmuskeln entspannen, senkt sich der Brustkorb wieder. Dadurch wird die Atemluft aus der Lunge gepresst.

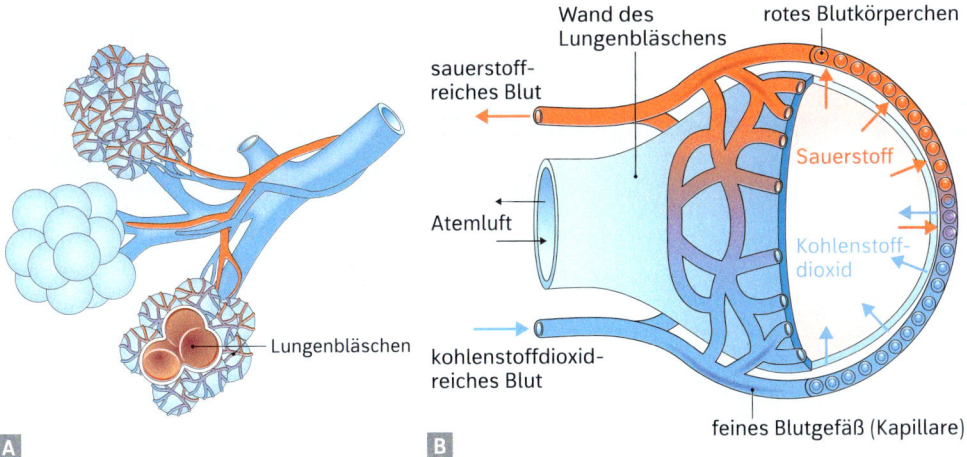

2 Gasaustausch in der Lunge: **A** Bronchie mit Lungenbläschen, **B** Gasaustausch

Gasaustausch in der Lunge

Bei der Atmung nimmt unser Körper also Sauerstoff auf und gibt Kohlenstoffdioxid ab. Der Austausch von Sauerstoff und Kohlenstoffdioxid findet in den Lungenbläschen statt. Hier gibt das kohlenstoffdioxidreiche Blut, das vom Herzen kommt, Kohlenstoffdioxid in die Lungenbläschen ab. Gleichzeitig nehmen rote Blutkörperchen Sauerstoff aus den Lungenbläschen auf. Dieser gesamte Vorgang wird als **äußere Atmung** bezeichnet.

Die Wände der Lungenbläschen und der sie umgebenden Lungenkapillaren sind sehr dünn. Die Sauerstoffteilchen und die Kohlenstoffdioxidteilchen können durch sie hindurchgelangen (→ Bild 2B). Menschen haben etwa 300 Millionen Lungenbläschen mit einer Oberfläche von etwa 100 Quadratmetern. So kann in kurzer Zeit viel Atemgas ausgetauscht werden.

Gasaustausch in den Organen

Der aufgenommene Sauerstoff wird vom Blut zunächst zum Herzen und von dort zu allen Zellen des Körpers wie beispielsweise den Muskelzellen transportiert. Dort reagiert der Sauerstoff mit Glucose, um Energie für Bewegungen zu gewinnen. Als Endprodukt entsteht Kohlenstoffdioxid, das vom Blut wieder zur Lunge transportiert wird. Dieser Vorgang wird als innere Atmung oder **Zellatmung** bezeichnet.

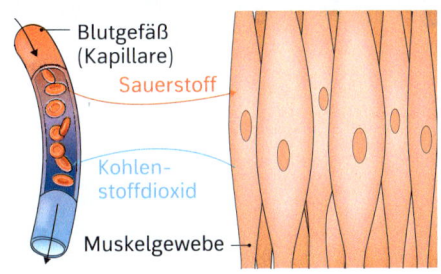

3 Gasaustausch in einem Muskel

1 Beschreibe den Weg des Sauerstoffs vom Einatmen bis zu den Lungenbläschen.

2 Beschreibe den Gasaustausch in den Lungenbläschen.

Starthilfe zu 2:
Nimm Bild 2B zu Hilfe.

3 Erkläre, was mit dem Sauerstoff im Körper passiert.

4 ▌ Erkläre die Vorgänge bei der Bauchatmung und bei der Brustatmung.

5 ▌▌ Erläutere die Vorgänge bei der äußeren und der inneren Atmung.

A Gasaustausch durch Diffusion

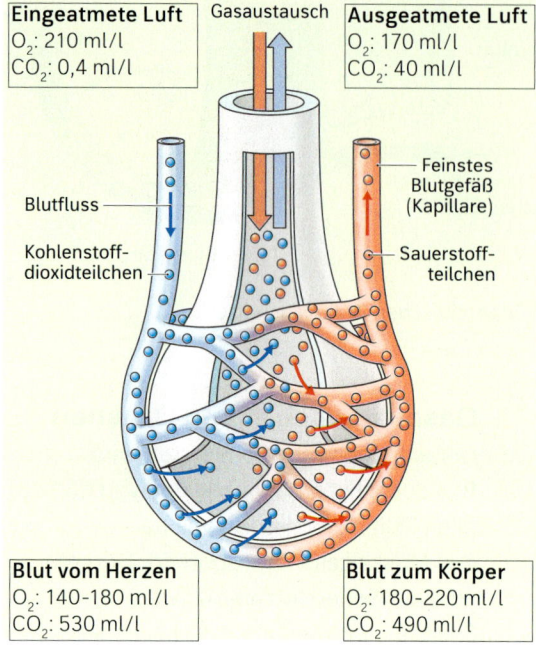

Eingeatmete Luft
O_2: 210 ml/l
CO_2: 0,4 ml/l

Gasaustausch

Ausgeatmete Luft
O_2: 170 ml/l
CO_2: 40 ml/l

Feinstes
Blutgefäß
(Kapillare)

Blutfluss

Sauerstoff-
teilchen

Kohlenstoff-
dioxidteilchen

Blut vom Herzen
O_2: 140-180 ml/l
CO_2: 530 ml/l

Blut zum Körper
O_2: 180-220 ml/l
CO_2: 490 ml/l

1 Gasaustausch durch Diffusion in einem Lungenbläschen

Der Gasaustausch in den Lungenbläschen erfolgt durch Diffusion. Die Diffusion funktioniert so: Alle Teilchen eines Stoffs bewegen sich ständig durcheinander. Wenn die Teilchen unterschiedlicher Stoffe ungleich verteilt sind, vermischen sie sich. Dabei gelangen mehr Teilchen von der höheren zur niedrigeren Konzentration als andersherum.

1 a) Vergleiche die Konzentrationen von Sauerstoff in frisch eingeatmeter Luft und in Blut, das vom Herzen zu den Lungenbläschen kommt.
b) Beschreibe, in welche Richtung die Sauerstoffteilchen in den Lungenbläschen überwiegend wandern.

B Ein Modell zur Oberflächenvergrößerung der Lunge

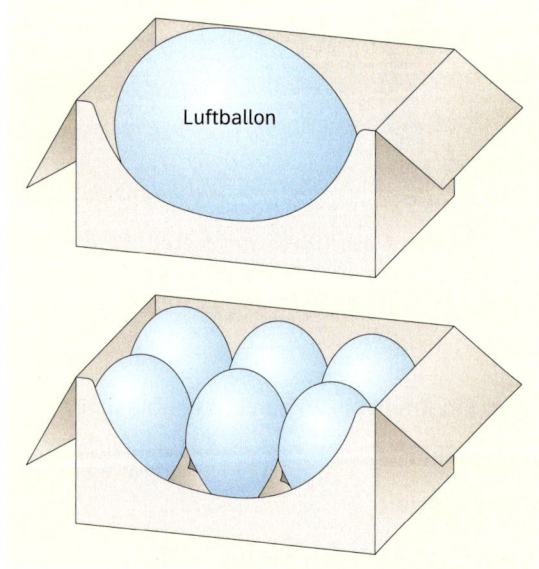

Luftballon

2 Modell zur Oberflächenvergrößerung

Material: ein mittelgroßer Pappkarton, 7 Luftballons

Durchführung:
Schritt 1: Puste einen Luftballon bis zur vollen Größe auf und lege ihn in den Karton.
Schritt 2: Puste 6 Luftballons nur bis zu ihrer halben Größe auf und lege alle 6 in den gleichen Pappkarton.

1 a) Vergleiche das Modell mit den Lungenbläschen.
b) Bei welchem der beiden Schritte musstest du mehr Luft pusten.

2 ‖ Erläutere die Oberflächenvergrößerung für die Funktion der Lungenbläschen.

Erkrankungen der Atemwege und der Lunge

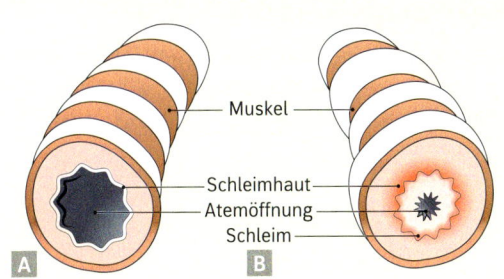

3 Bronchie: **A** ohne Asthma, **B** mit Asthma

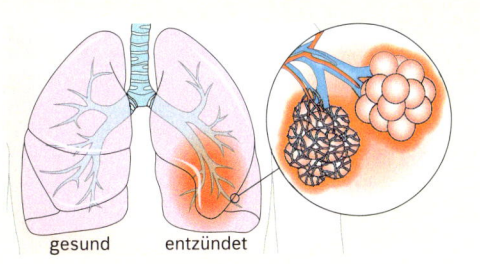

4 Entzündete Lungenbläschen

Asthma

Etwa 10% der Kinder und 5% aller Erwachsenen haben Asthma. Menschen mit Asthma fällt das Atmen schwer. Oft werden Asthmaanfälle durch äußere Reize wie Pollen oder Tierhaare ausgelöst. Auch körperliche Anstrengungen zum Beispiel beim Sport können zu Asthmaanfällen führen. Bei einem Asthmaanfall verkrampft sich die Muskulatur der Bronchien. Die Schleimhäute schwellen an und produzieren Schleim. Dadurch verengen sich die Bronchien. Nur Medikamente und das Vermeiden der Auslöser helfen, Asthmaanfälle zu verhindern.

Lungenentzündung

Mehr als 500 000 Menschen erkranken jährlich an einer Lungenentzündung. Bei einer Lungenentzündung sind die Lungenbläschen und das umliegende Gewebe entzündet. Dadurch wird der Gasaustausch zwischen den Lungenbläschen und den Blutgefäßen erschwert. Es gelangt nur noch wenig Sauerstoff zu den Organen. Betroffene haben Fieber, Husten und Atemnot. Sie fühlen sich sehr schwach. Da Lungenentzündungen oft durch Bakterien verursacht werden, verschreibt der Arzt oder die Ärztin meist Antibiotika.

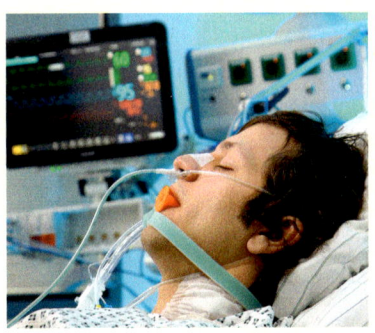

5 Ein Patient wird künstlich beatmet

Künstliche Beatmung

Bei schweren Lungenerkrankungen oder nach Unfällen funktioniert die Atmung oft nicht mehr von selbst. Da bei einem Atemstillstand wenige Minuten ausreichen, um beispielsweise die Gehirnzellen dauerhaft zu schädigen, müssen betroffene Menschen künstlich beatmet werden. Dabei presst ein Beatmungsgerät sauerstoffhaltige Luft mit Druck in die Lungen. Die kohlenstoffdioxidhaltige Luft entweicht von selbst aus dem Körper. Der Sauerstoffgehalt des Blutes wird dabei ständig überwacht.

1 Beschreibe, was bei einem Asthmaanfall passiert.

2 Erkläre, warum eine Lungenentzündung eine schwere Krankheit ist.

3 Erkläre, warum Beatmungsgeräte auf den Intensivstationen der Krankenhäuser dabei helfen, schwere Folgen von Krankheiten oder Unfällen zu vermindern.

Digital+
Film

1 Stress und eine falsche Ernährung können krank machen.

Zivilisationskrankheiten

Was sind Zivilisationskrankheiten?

Zivilisationskrankheiten sind Erkrankungen, die in Industrieländern häufiger vorkommen als in Entwicklungsländern. Zu diesen Krankheiten zählen beispielsweise Karies, Diabetes und Krebs, aber auch Herz-Kreislauf-Erkrankungen und Allergien.

Die Krebserkrankung

Bei **Krebserkrankungen** werden die Erbinformationen im Zellkern durch äußere Einflüsse verändert. Es kann passieren, dass sich diese veränderten Zellen immer weiter teilen. Dadurch entsteht schnell ein größerer Zellhaufen. Dieser veränderte Zellhaufen wird als **Tumor** bezeichnet. Kleine Stücke des Tumors können sich lösen und sich im ganzen Körper verteilen.

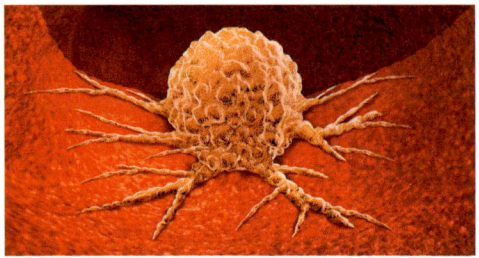

2 Am Computer entwickelte Darstellung eines Tumors

Auswirkungen auf den Körper

Tumore werden vom Körper durch Blutgefäße mit Nährstoffen und Sauerstoff versorgt. Tumore wachsen und beeinträchtigen ab einer bestimmten Größe das Organ, in welchem sie wachsen. Wächst ein Tumor beispielsweise im Gehirn, kann er lebenswichtige Funktionen blockieren oder Teile des Gehirns absterben lassen.

Behandlung von Krebserkrankungen

Meist muss ein Tumor durch eine Operation entfernt werden. Bei einer **Strahlentherapie** werden Tumore mit energiereicher Strahlung abgetötet.
Um sicherzustellen, dass der Tumor sich nicht in anderen Teilen des Körpers ausgebreitet hat, wird häufig zusätzlich eine **Chemotherapie** durchgeführt. Dabei werden dem Patienten starke Medikamente verabreicht. Sie töten die Krebszellen im Körper. Neben den Krebszellen werden jedoch auch viele gesunde Zellen abgetötet. Vielen Patienten fallen dadurch zum Beispiel die Haare aus. Neben der körperlichen Belastung entsteht so zusätzlich eine seelische Belastung.

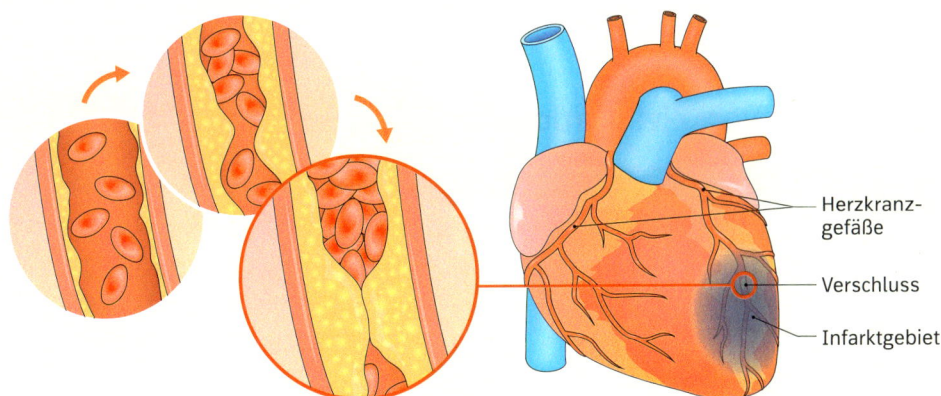

Herzkranz-
gefäße

Verschluss

Infarktgebiet

3 Verengung eines Herzkrankgefäßes

Der Herzinfarkt

Die häufigste Erkrankung des Herz-Kreis-
lauf-Systems ist der **Herzinfarkt.** In
Deutschland sterben jedes Jahr etwa
50 000 Menschen an einem Herzinfarkt.
Das menschliche Herz ist von Herzkranzgefäßen umgeben. Diese Blutgefäße
versorgen das Herz mit Nährstoffen und
Sauerstoff. Im Laufe von Jahren können
sich die Herzkranzgefäße durch Ablagerungen verengen (→ Bild 3). Erhöhte Blutfettwerte, Rauchen, eine ungesunde Ernährung
und Übergewicht fördern die Entstehung
dieser Ablagerungen.
Durch die Einengung der Gefäße werden
Teile des Herzens nicht mehr ausreichend
mit Sauerstoff und Nährstoffen versorgt
und sterben ab. Es kommt zum Herzinfarkt.
Dieser äußert sich bei Betroffenen meist
durch starke Schmerzen in der Brust, die in
den linken Arm ausstrahlen können.

Hilfe bei einem Herzinfarkt

Ersthelfer sollen Betroffenen eng anliegen-
de Kleidung lockern und sie mit erhöhtem
Oberkörper bequem lagern. Ein alarmierter
Notarzt misst den Blutdruck und versorgt
den Patienten mit Medikamenten. Im
Krankenhaus werden Medikamente verabreicht, die das verschlossene Blutgefäß
wieder durchgängig machen sollen.
Manchmal müssen die Engstellen mithilfe
einer Operation wieder geweitet werden.
Wichtig ist, dass Betroffenen möglichst
schnell geholfen wird.

Ursachen von Zivilisationskrankheiten

Insbesondere die modernen Lebensum-
stände erhöhen das Risiko, an einer Zivili-
sationskrankheit zu erkranken. Zu wenig
Bewegung, eine falsche Ernährung und die
gestiegene Lebenserwartung gehören dazu.

1 Erkläre, was unter dem Begriff „Zivilisationskrankheiten" verstanden wird.

2 Nenne Ursachen für Zivilisationskrankheiten.

3 **a)** Beschreibe, wie ein Tumor entsteht.
   b) Erkläre, wie ein Tumor behandelt werden kann.

4 Beschreibe die Entstehung eines Herzinfarktes.

5 Beschreibe, wie du dich verhalten solltest, wenn
du einen Menschen antriffst, der gerade einen Herzinfarkt hat.

6 ▎ Beschreibe die weitere Behandlung von Patienten mit Herzinfarkt.

Starthilfe zu 4:
Beginne so:
In den Herzkranzgefäßen lagern sich...

A Auslöser von Zivilisationskrankheiten

1 Risikofaktoren für Zivilisationskrankheiten

Der Ausbruch vieler Zivilisationskrankheiten wird durch das eigene Fehlverhalten und eine falsche Ernährung begünstigt. Ein Überangebot an Nährstoffen, wenig Schlaf und wenig Bewegung sorgen dafür, dass sich unter anderem die Blutfettwerte verschlechtern. So kann es zu einer Verengung von Blutgefäßen und damit auch zu einem Herzinfarkt kommen.

1 Nenne die Risikofaktoren, die du aus Bild 1 ableiten kannst.

2 Nenne Tipps für den jungen Mann in Bild 1, die ihm dabei helfen, die Risikofaktoren zu verringern.

3 ▌▌ „Das Spielen am Computer oder das Essen einer Pizza ist schlecht für unsere Gesundheit." Beurteile diese Aussage.

B Burnout

2 Anhaltender Stress kann Burnout verursachen.

Als häufigster Grund für eine Krankschreibung werden von Ärzten psychische Erkrankungen angegeben.
Eine häufige psychische Erkrankung ist das sogenannte Burnout. Dabei fühlen sich die betroffenen Personen emotional, körperlich und geistig erschöpft. Ihnen fehlt die Energie für ihr Berufsleben und ihr Privatleben.
Unbehandelt führt ein Burnout häufig zu Depressionen. Die Auslöser sind zum Beispiel anhaltender Stress, Selbstüberforderung, Perfektionismus und Probleme damit, „Nein" zu sagen.

1 Nenne typische Symptome eines Burnouts.

2 Beschreibe Situationen aus deinem Alltag, die dir Energie geben.

3 Begründe, warum es oft schwerfällt zu beurteilen, ob ein Mensch an Burnout leidet.

4 ▌▌▌ Beurteile, ob „zwei Wochen Urlaub machen" eine gute Behandlungsmethode für Patienten mit Burnout darstellt.

Beeinträchtigungen der psychischen Gesundheit

3 Ein Schüler leidet unter Mobbing

4 Depressiver Jugendlicher

Folgen von Mobbing

Das wiederholte und regelmäßige Quälen und seelische Verletzen eines einzelnen Menschen durch andere Menschen wird als Mobbing bezeichnet.

Bei den Opfern von Mobbing ruft dies negative Gefühle und eine starke Verunsicherung hervor. Demotivation, starkes Misstrauen und Gereiztheit können weitere Folgen sein. In einigen Fällen kann es bei diesen Menschen zu einer Depression kommen.

Depressionen

Eine Depression ist eine schwere seelische Erkrankung, die in jedem Alter auftreten kann. Betroffene fühlen sich meist sehr niedergeschlagen, erschöpft und antriebslos. Oft verlieren sie das Interesse an ihren Hobbys und ihren Mitmenschen. Als Auslöser kommen Stress, eine genetische Veranlagung aber auch seelische Verletzungen in Frage. Beispielsweise eine Überbelastung im Beruf oder das Ende einer Beziehung kann solche seelischen Verletzungen hervorrufen.

5 Mädchen mit Schulangst

Schulangst

Schulangst kann entstehen, wenn Betroffene sich von den Anforderungen in der Schule überfordert fühlen. Insbesondere vor Prüfungssituationen treten dann Symptome wie Übelkeit, Zittrigkeit und Gedächtnisprobleme auf. Manchmal verstärkt sich Schulangst von selbst, weil sich Betroffene in ihren Ängsten bestätigt sehen, wenn sie aufgrund ihrer Schulangst bei Prüfungen schlechter abschneiden.

1 Auf den Zetteln oben sind drei Beispiele dargestellt, die die psychische Gesundheit eines Menschen beeinträchtigen können.
a) Nenne für jedes Beispiel mögliche Auslöser.
b) Nenne für jedes Beispiel typische Symptome.

2 Nenne Anlaufstellen an deiner Schule, bei denen Opfer von Mobbing Hilfe finden können.

3 ❚❚ Recherchiere, wie die Folgen von Mobbing, Depressionen und Schulangst therapiert werden.

Auf einen Blick: Der Stoffwechsel des Menschen

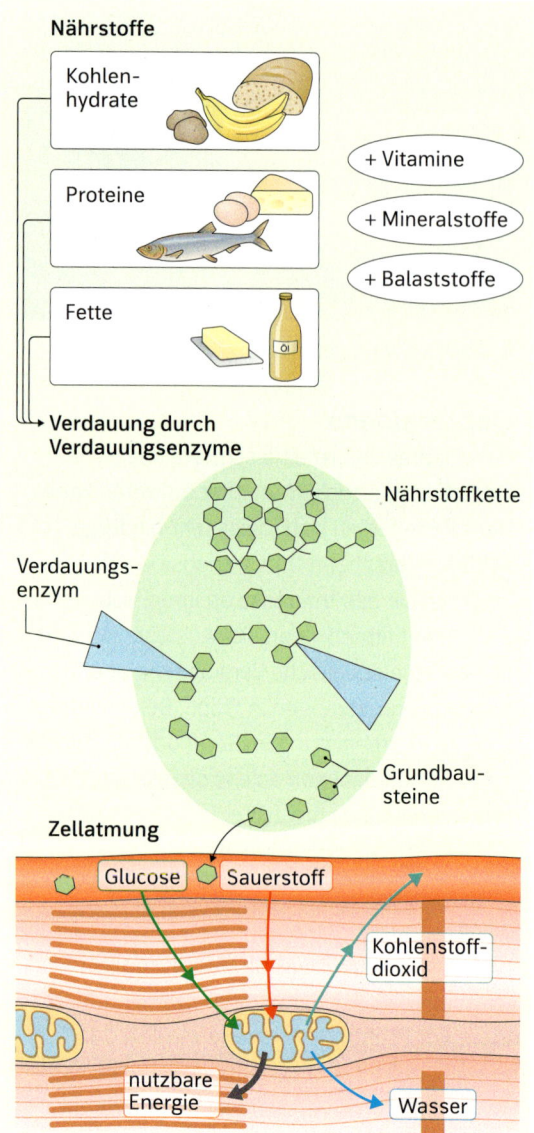

Nährstoffe zum Leben

Lebensmittel enthalten die Stoffe, die wir zum Leben brauchen. Kohlenhydrate, Fette und Proteine sind die Nährstoffe. Für den Energiestoffwechsel braucht der Körper Kohlenhydrate und Fette. Proteine werden vor allem im Baustoffwechsel benötigt. Außer den Nährstoffen braucht unser Körper auch Ballaststoffe, Vitamine, Mineralstoffe und Wasser.

Die Nährstoffe werden verdaut

Die Nährstoffe müssen im Körper in ihre Bestandteile zerlegt werden. Dafür sind die Verdauungsorgane zuständig.
Im Mund, Magen und Darm werden die Nährstoffe mithilfe von Enzymen zerkleinert. Das Blut transportiert die Nährstoff-Bausteine dann zu allen Zellen des Körpers. Dort werden sie für den Energiestoffwechsel oder den Baustoffwechsel verwendet.

Die Zellatmung

Bei der Zellatmung wird aus Glucose verwertbare Energie gewonnen. In den Mitochondrien der Zellen reagieren die Zucker-Bestandteile mit Sauerstoff zu Kohlenstoffdioxid und Wasser. Dabei entsteht nutzbare Energie. Diese Energie verwerten die Zelle für alle Lebensvorgänge. Das giftige Kohlenstoffdioxid wird mit dem Blut abtransportiert.

WICHTIGE BEGRIFFE
- Baustoffwechsel, Betriebsstoffwechsel
- Nährstoffe
- Kohlenhydrate, Glucose
- Fette, Glycerin, Fettsäuren
- Proteine, Aminosäuren
- Ballaststoffe
- Vitamine, Mineralstoffe

WICHTIGE BEGRIFFE
- Mund, Magen, Dünndarm
- Bauchspeicheldrüse
- Verdauungsenzyme
- Zellatmung
- Mitochondrium
- Energie
- Sauerstoff, Kohlenstoffdioxid

Die Atmung

Beim Einatmen strömt die Luft durch die Nase, den Rachen, die Luftröhre und die Bronchien in die Lungenbläschen in den Lungenflügeln. Dort findet der Austausch der Atemgase statt. Sauerstoff wird aus der Lunge in das Blut aufgenommen. Kohlenstoffdioxid gelangt aus dem Blut in die Lunge. Die Luft mit dem Kohlenstoffdioxid wird wieder ausgeatmet.

Das Herz und der Kreislauf

Im Körperkreislauf pumpt das Herz das Blut durch die Arterien zu allen Organen des Körpers. Dort verzweigen sich die Adern in feine Kapillaren. Über die Kapillaren werden die Zellen der Organe mit Sauerstoff und Nährstoffen versorgt. Die Zellen geben Kohlenstoffdioxid und Abfallstoffe an das Blut ab. Venen führen das Blut zurück zum Herzen.
Im Lungenkreislauf pumpt das Herz kohlenstoffdioxidreiches Blut zur Lunge. Von der Lunge gelangt sauerstoffreiches Blut zurück zum Herzen.

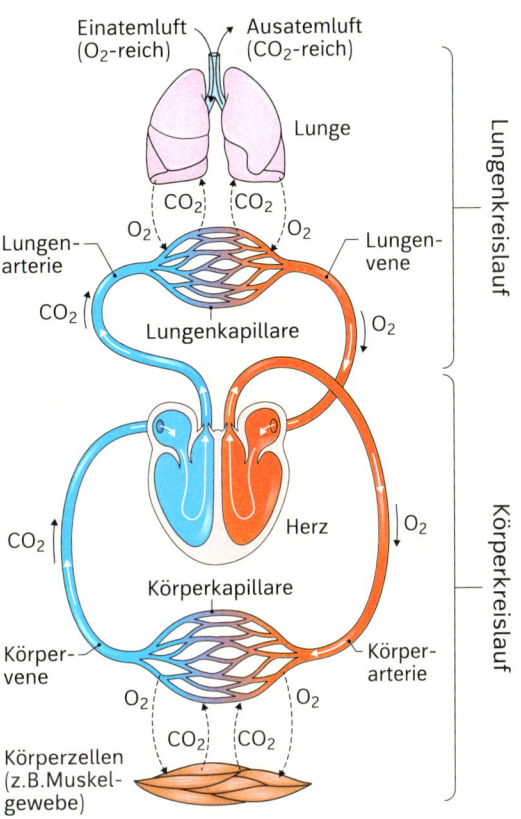

Das Blut

Das Blut besteht aus dem Blutplasma und den Blutzellen. Das Blutplasma transportiert die Blutzellen, Nährstoffe und weitere Stoffe. Die roten Blutkörperchen transportieren den Sauerstoff. Die weißen Blutkörperchen wehren Krankheitserreger ab. Die Blutplättchen wirken an der Blutgerinnung mit.

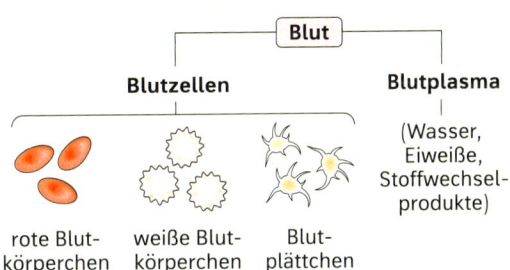

Auf einen Blick

Lerncheck: Der Stoffwechsel des Menschen

Die Nährstoffe

1 **a)** Nenne die drei Nährstoffe.
b) Nenne für jeden Nährstoff die Bestandteile, aus denen er besteht.

2 Nenne für fünf Lebensmittel den Nährstoff, der hauptsächlich darin enthalten ist.

3 Nenne Beispiele für Vitamine und Mineralstoffe.

4 Erkläre die Begriffe Baustoffwechsel und Betriebsstoffwechsel.

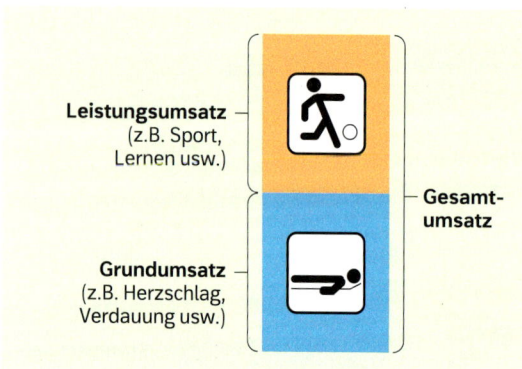

Leistungsumsatz (z.B. Sport, Lernen usw.)

Grundumsatz (z.B. Herzschlag, Verdauung usw.)

Gesamtumsatz

5 Erkläre die Abbildung.

Die Verdauung der Nährstoffe

6 **a)** Nenne den dargestellten Verdauungsvorgang.
b) Erkläre mithilfe des Bildes, wie der Nährstoff verdaut wird.

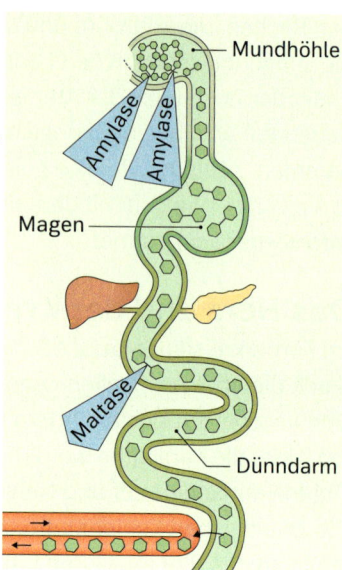

Mundhöhle
Amylase
Amylase
Magen
Maltase
Dünndarm

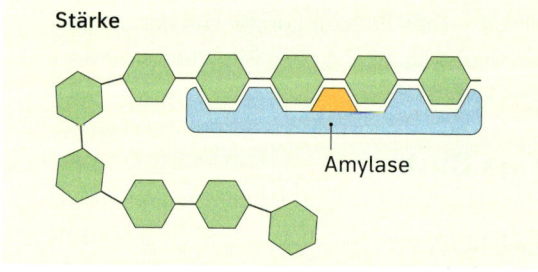

Stärke
Amylase

7 Erkläre am Beispiel der Amylase, wie ein Enzym arbeitet.

8 Erkläre, warum wir eine ausgeglichene Energiebilanz benötigen.

DU KANNST JETZT ...

- ... die Nährstoffe nennen.
- ... die Bestandteile der Nährstoffe nennen.
- ... die Begriffe Betriebsstoffwechsel und Baustoffwechsel erklären.
- ... den Zusammenhang von Leistungsumsatz, Grundumsatz und Gesamtumsatz erklären.

DU KANNST JETZT ...

- ... Verdauungsorgane nennen und ihre Funktion erklären.
- ... die Verdauung von Proteinen, Kohlenhydraten und Fetten beschreiben.
- ... einige Verdauungsenzyme nennen und ihre Funktion erklären.

Zellatmung und Atmung

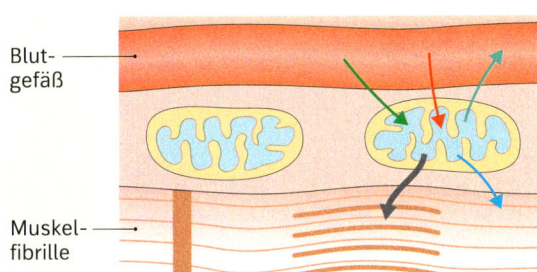

Blut-
gefäß

Muskel-
fibrille

9 Nenne die Stoffe, die für die Zellatmung notwendig sind und die dabei entstehen.

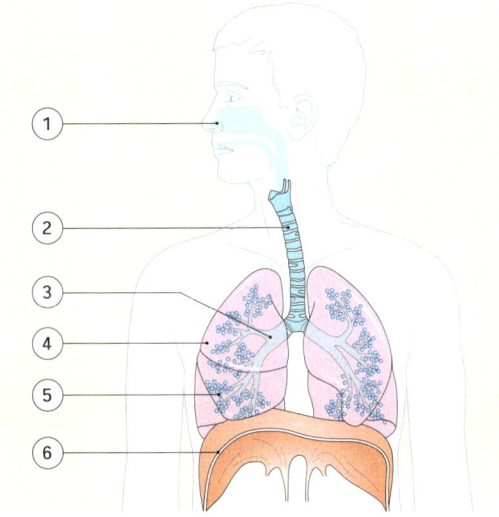

① ② ③ ④ ⑤ ⑥

10 **a)** Benenne die Atmungsorgane ① bis ⑥.
b) Beschreibe den Weg der Atemluft im Körper des Manschen.

11 Beschreibe den Austausch der Atemgase in den Lungenbläschen.

Blut und Kreislauf

12 Beschreibe den Blut-kreislauf.

13 Erstelle eine Tabelle. Ordne darin jedem Organ aus dem neben-stehenden Bild mindestens eine Funktion zu.

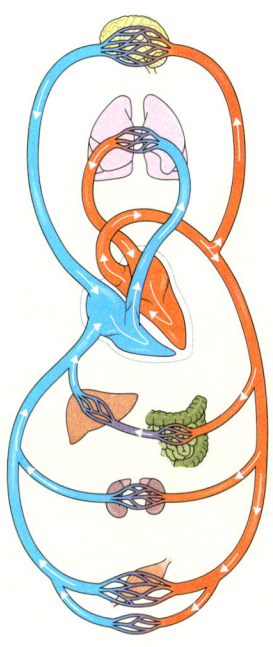

14 **a)** Nenne die Bestandteile des Blutes.
b) Beschreibe jeweils die Funktion.

15 Benenne die nummerierten Teile des Herzens.

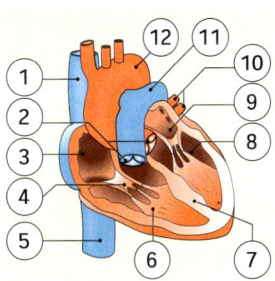

1 2 3 4 5 6 7 8 9 10 11 12

DU KANNST JETZT ...

- ... die Bedeutung von Sauerstoff und Glucose für die Zellatmung erläutern.
- ... den Weg der Atemluft durch die Atmungsorgane beschreiben.
- ... den Gasaustausch erklären.
- ... das Prinzip der Oberflächenvergrößerung am Beispiel der Lunge erklären.

DU KANNST JETZT ...

- ... Bestandteile des Blutes und ihre Funktio-nen nennen.
- ... den Weg des Blutes durch den Köper-kreislauf und durch den Lungenkreislauf beschreiben.

Lerncheck

Fortpflanzung und Entwicklung

Worauf kommt es mir in einer Beziehung an?

Was geschieht während einer Schwangerschaft?

Womit können wir uns schützen?

1 Zärtlichkeit und Vertrauen

In Partnerschaften Verantwortung übernehmen

Formen von Partnerschaften

In der eigenen Familie oder der Familie von Freunden, aber auch im Fernsehen und im Internet erleben wir verschiedene Formen von Partnerschaften. Früher gab es fast ausschließlich Partnerschaften zwischen Mann und Frau, die aus derselben Gegend stammten. Je nach Alter folgten dann häufig Heirat und Kinder. Diese klassische Beziehung gibt es auch heute noch. Es gibt jedoch immer häufiger auch andere Formen von Partnerschaften.

In **Fernbeziehungen** leben die Partner viele Kilometer getrennt und sehen sich nicht täglich. Vertrauen und Intimität sind aber nach wie vor wichtige Grundlagen für gelingende Partnerschaften. Gehen diese Grundlagen verloren, kann eine Ehe auch geschieden werden. In **Patchworkfamilien** bilden Eltern und Kinder aus vorangegangen Beziehungen eine neue Familie.

Sexuelle Orientierungen

In den meisten Paarbeziehungen leben Menschen zusammen, die einen Partner des anderen Geschlechts bevorzugen. Diese Form der Sexualität wird **heterosexuell** genannt. Jedoch lieben manche Menschen auch Partner desselben Geschlechts. Diese Menschen sind **homosexuell.** Menschen, die sich zu beiden Geschlechtern hingezogen fühlen, werden als **bisexuell** bezeichnet.

In Deutschland müssen Menschen unabhängig von ihrem Geschlecht und ihrer sexuellen Orientierung gleich behandelt werden. Die Gleichberechtigung und Gleichwertigkeit aller Menschen ist oberster Grundsatz. Ehen von gleichgeschlechtlichen Paaren sind den klassischen Hetero-Ehen daher rechtlich inzwischen gleichgestellt.

2 Unterschiedliche Partnerschaften

Sich orientieren

In der Pubertät spielt die Auseinandersetzung mit Sexualität und Beziehungen eine immer größere Rolle. Zu wem fühle ich mich hingezogen? Mit wem geht es mir gut? Wie empfinde ich meine Sexualität? Will ich schon eine Beziehung? Solche und ähnliche Fragen können dir in jeder Lebensphase durch den Kopf gehen. Beziehungen und Sexualität entwickeln und verändern sich im Laufe des Lebens. Sie werden auch von der Kultur beeinflusst, in der wir aufwachsen. Daher ist es wichtig, vor allem in sich selbst hineinzuhören und sich in Sachen Sexualität nicht nur nach anderen zu richten. Nur so kannst du deinen eigenen Weg finden und dich mit deiner Sexualität dauerhaft wohl fühlen.

Verantwortung übernehmen

Einen Menschen anzusprechen, in den man sich verliebt hat, erfordert Mut. Schwierig ist es auch, anderen zu erzählen, dass man schwul oder lesbisch ist. Dies wird **Coming-out** genannt. Doch nur so ist es möglich, die eigene Vorstellung von Sexualität und Partnerschaft zu leben. Dazu gehört auch, für den Partner oder die Partnerin Verantwortung zu übernehmen. Bekommt oder adoptiert ein Paar Kinder, müssen die Partner auch für diese die Verantwortung tragen.

> Die eigene Sexualität zu leben, findet dort eine Grenze, wo sie anderen Menschen Schaden zufügt. Zwang und Gewalt gehören nicht in eine Partnerschaft.

1. **a)** Nenne unterschiedliche Formen von Partnerschaften.
   b) Nenne verschiedene sexuelle Orientierungen.

2. Erkläre, was für dich „Verantwortung in einer Beziehung übernehmen" bedeutet.

3. Beschreibe Beispiele, in denen sexuelle Themen kulturell beeinflusst werden.

4. I Beschreibe eine Partnerschaftsform genauer.

5. II Erläutere die Grenzen von Toleranz in Bezug auf Sexualität.

Starthilfe zu 5:
Nutze folgende Begriffe
Schaden, Gewalt, Zwang

»

Ⓐ Das Coming-out

1 Nina

Nina hat etwas Zeit gebraucht, bis sie sich sicher war, aber inzwischen ist für sie klar: Ich liebe Mädchen. Dann wollte sie zunächst nicht, dass andere das merken. Doch nun hat sie Britta kennengelernt. Sie möchte Britta und auch ihren Freunden und ihrer Familie von ihrer Homosexualität erzählen.

① Nenne Gefühle, Sorgen und Befürchtungen, die Nina haben könnte.

② Beschreibe Vorurteile, mit denen Nina nach ihrem Coming-out zu kämpfen haben könnte.

③ Beschreibe, wie du als Freund oder Freundin Nina bei ihrem Coming-out unterstützen könntest.

Ⓑ Die Sache mit den Geschlechtern

2 Geschlecht: **A** Mensch mit männlichen und weiblichen Merkmalen, **B** Stellenausschreibung

„Ich bin ein Junge." - „Ich bin ein Mädchen." Nicht für jeden ist diese Frage eindeutig zu beantworten. Bei einem Kind können sowohl Hoden als auch Vagina angelegt sein. Es hat dann kein eindeutiges Geschlecht. Dies wird **Intergeschlechtlichkeit** genannt.
Für Betroffene stellt dies oft eine Belastung dar. Ebenso kommt es vor, dass Menschen sich keinem Geschlecht zuordnen lassen wollen. Diese haben mittlerweile die Möglichkeit, sich keinen Eintrag zum Geschlecht oder **divers** (d) in den Pass eintragen zu lassen.

① Erkläre das „d" in der Stellenanzeige in Bild 2.

② Diskutiert folgende Frage: Sollten Eltern eingreifen dürfen, wenn sie bei der Geburt feststellen, dass bei ihrem Kind beide Geschlechter vorhanden sind?

Über Werte diskutieren

Entscheidungen treffen

Bei vielen Entscheidungen ist es einfach, richtig und falsch zu unterscheiden. Manchmal gibt es aber zwei Möglichkeiten, für die jeweils gute Gründe sprechen. Eine solche Situation wird **Dilemma** genannt. Bei der Entscheidung helfen uns Werte, die wir uns im Laufe unseres Lebens angeeignet haben. Treue, Zuverlässigkeit und Respekt können solche Werte sein. Sie helfen uns, in einer Dilemmasituation eine begründete Entscheidung zu treffen.

Von einem Dilemma hören

1. Die Dilemmasituation wird vorgestellt.
2. Gemeinsam wird zunächst die Fragestellung des Dilemmas herausgearbeitet.
3. Danach werden die beiden möglichen Handlungsmöglichkeiten benannt.
4. Jeder positioniert sich ohne weitere Diskussion auf einer Seite.

Meine Position begründen

5. Schülerinnen und Schüler, die die gleiche Position vertreten, treffen sich in einer Gruppe.
6. Es werden Gründe gesammelt, die diese Position untermauern.
7. Jede Gruppe bereitet sich darauf vor, ihre Argumente der Klasse vorzustellen. Dazu werden die Argumente so sortiert, dass das bedeutendste Argument am Ende steht.

Im Plenum die Argumente beider Positionen diskutieren

8. Beide Gruppen stellen ihre Argumente vor. Fragen können gestellt werden.
9. Am Ende bewertet jeder das Gehörte und entscheidet, ob er seine Position beibehalten oder wechseln möchte.

3 Anna und Jan

Anna ist sauer auf ihren Freund Jan. Jan hat kaum Zeit für sie, da er mit Lina für einen Musikauftritt üben muss.
Anna sieht die beiden im Café sitzen. Später stellt sie Jan zur Rede: „Das sah aber gar nicht mehr nach Probe aus. Bist du lieber mit ihr zusammen als mit mir?"
Jan entgegnet ihr: „Wir sind einfach früher fertig geworden und haben noch ein Eis gegessen. Das ist doch nicht schlimm."
Dabei verschweigt Jan, dass er und Lina sich bei den Proben einmal nähergekommen sind. Für beide war sofort klar, dass es sich nicht wiederholen würde, denn sie sind glücklich in ihren Beziehungen.
Daraufhin fragt Anna: „Kannst du mir versichern, dass mit Lina nichts gelaufen ist?" Jan zögert. Er sitzt in der Zwickmühle. Einerseits will er Anna immer die Wahrheit sagen, andererseits will er ihr nicht wehtun und die Beziehung gefährden.

Er antwortet ...

❶ Diskutiert das Dilemma von Jan nach den auf dieser Seite beschriebenen Regeln.

❷ Erstellt ein Lernplakat zum Ablauf einer Dilemmadiskussion und hängt es in der Klasse auf.

1 Ein neues Körpergefühl

Geschlechtsorgane bei Mann und Frau

Entwicklung in der Pubertät

Mit der **Pubertät** beginnen für Jugendliche große Veränderungen. Ihr Körper entwickelt sich in dieser Zeit sehr schnell. Gleichzeitig verändern sich auch das Verhalten und das Auftreten der Jugendlichen. Bei den Mädchen fangen diese Veränderungen meist etwas früher an als bei den Jungen.

Die Geschlechtsreife

Ab einem gewissen Zeitpunkt sind Männer und Frauen in der Lage, Kinder zu zeugen. Sie sind dann geschlechtsreif. Die Veränderungen und die Entwicklungen in der Pubertät bereiten den Körper auf die Geschlechtsreife vor. Alle diese Entwicklungen werden durch **Geschlechtshormone** ausgelöst.

Die Geschlechtsorgane

Die Geschlechtsorgane dienen zur Fortpflanzung. In der Pubertät beginnen die Geschlechtsorgane zu wachsen und sich zu entwickeln. Beim Mann wachsen **Penis** und **Hoden** in der Pubertät zu ihrer vollen Größe heran und sind funktionsfähig. Der Penis und der Hodensack sind von außen gut zu erkennen. Die weiteren Geschlechtsorgane liegen im Körperinneren.
Die meisten Geschlechtsorgane der Frau liegen innen im Körper. Nur der Bereich der **Vulvalippen** mit dem **Kitzler** sind äußerlich gut erkennbar. Der Bereich der Geschlechtsorgane ist bei Mann und Frau gut durchblutet und sehr empfindlich. Berührungen beim Geschlechtsverkehr können schöne Gefühle auslösen.

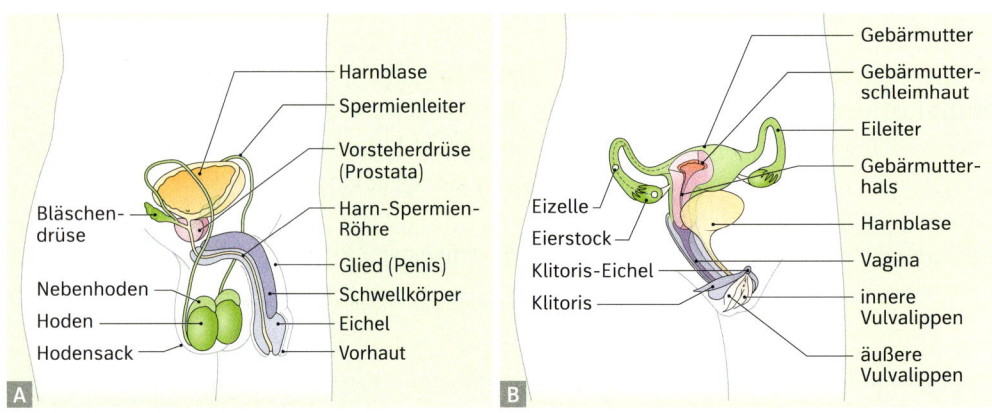

2 Die Lage der Geschlechtsorgane und der Harnblase: **A** Mann, **B** Frau

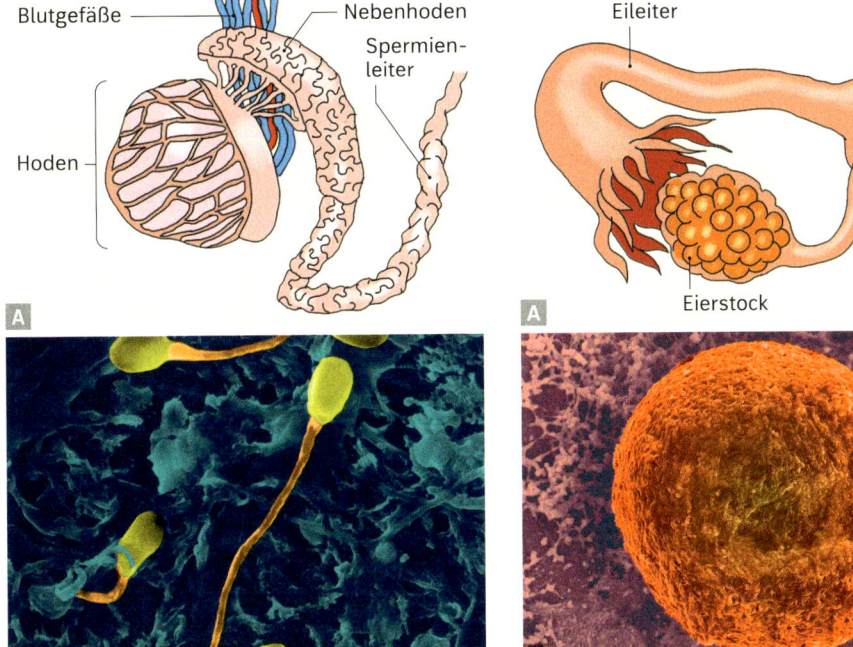

Blutgefäße

Nebenhoden

Spermien-
leiter

Hoden

Eileiter

Gebärmutter

Eierstock

3 Hoden und Spermienzelle im Detail

4 Eierstock und Eizelle im Detail

Hoden und Spermienzelle

Mit der Pubertät setzt die Produktion der **Spermienzellen** ein. Die Hoden produzieren täglich 300 bis 500 Millionen Spermienzellen. Aus den **Hoden** gelangen die Spermienzellen in die **Nebenhoden,** wo sie reifen und gelagert werden. Hoden und Nebenhoden liegen außerhalb der Bauchhöhle im Hodensack. Dort ist die Körpertemperatur etwas niedriger. Die niedrige Temperatur ist gut für die Spermienzellen. Über den Spermienleiter und die **Harn-Spermien-Röhre** werden Spermienzellen durch den Penis transportiert. Bei einem Spermienerguss werden Spermienzellen aus dem Penis herausgeschleudert. Damit verbunden ist eine starke Erregung.

Eierstöcke und Eizellen

In den weiblichen **Eierstöcken** sind von Geburt an etwa 400 000 unreife Eizellen angelegt, deren Anzahl durch Absterben jedoch abnimmt. Mit Beginn der Pubertät reift alle vier Wochen eine unreife Eizelle zur **Eizelle** heran. Nach dem Eisprung gelangt die Eizelle in den Eileiter. Dort kann sie beim Geschlechtsverkehr befruchtet werden. All diese Prozesse werden durch Geschlechtshormone gesteuert. Bei Frauen wird die Monatsblutung etwa ab dem 50. Lebensjahr immer seltener und bleibt schließlich ganz aus. Eine Schwangerschaft wird danach unwahrscheinlich, da der weibliche Körper dann in der Regel keine reifen Eizellen mehr bildet.

1 Nenne die äußerlich sichtbaren Geschlechtsorgane von Mann und Frau.

2 Nenne einen Unterschied zwischen Spermienzellen und Eizellen.

3 I Begründe, warum sich die Hoden außerhalb der Bauchhöhle befinden.

4 II Erläutere den Zusammenhang zwischen dem Alter einer Frau und der Wahrscheinlichkeit, dass sie schwanger wird.

Ⓐ Sexualhormone steuern die körperliche Entwicklung

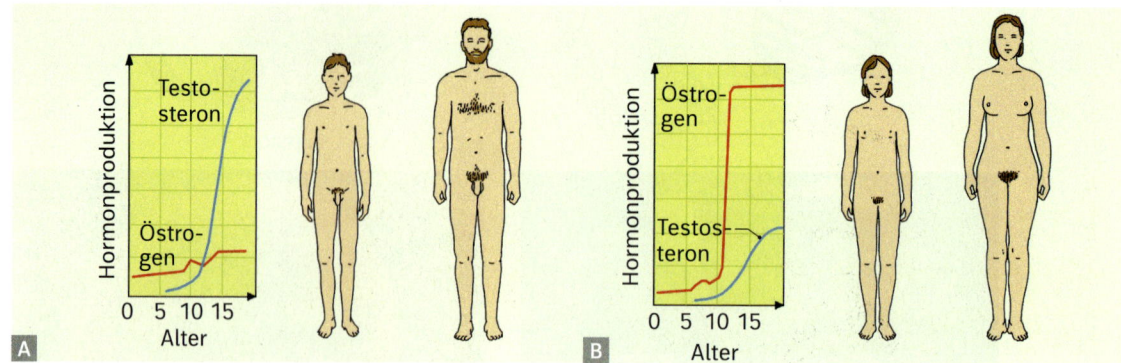

1 Sexualhormone: **A** bei Männern, **B** bei Frauen

Die Entwicklung in der Pubertät wird durch Botenstoffe, die sogenannten Hormone, gesteuert. Testosteron und Östrogen sind die für die Entwicklung in der Pubertät wichtigsten Geschlechtshormone.
Frauen und Männer haben beide Hormone, jedoch in unterschiedlicher Menge.

❶ Beschreibe, wie sich die Personen auf den Bildern körperlich verändern.

❷ **a)** Beschreibe die dargestellten Diagramme.

> **Starthilfe zu 2a:**
> Auf der senkrechten Achse sieht man...
> Auf der waagerechten Achse sieht man...

b) Vergleiche, wie sich die Produktion von Testosteron und Östrogen bei Männern und Frauen im dargestellten Zeitraum verändert.

Ⓑ Die Reifung der Spermienzellen

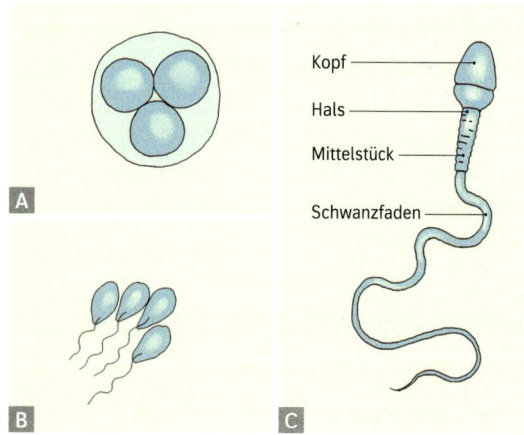

Kopf
Hals
Mittelstück
Schwanzfaden

2 Spermienzellen: **A** Spermienmutterzellen,
B junge Spermienzelle, **C** reife Spermienzelle

Spezielle Hormone regen die Reifung der Spermienzellen in den Hoden an. Sie entstehen aus den Spermienmutterzellen (→ Bild 2 A). Mit der Zeit entwickelt sich an den Spermienzellen ein langer Schwanzfaden (→ Bild 2 B). Er hilft bei der Fortbewegung in flüssiger Umgebung. Außerdem entwickelt sich ein Kopf mit einem Hals (→ Bild 2 C). Im Kopf befinden sich die Erbinformationen.

❶ Zeichne und beschrifte eine reife Spermienzelle.

❷ Beschreibe die Entwicklung einer reifen Spermienzelle.

Sexuelle Reize

3 Im Schwimmbad

4 Sexualisierte Darstellung

Die Schwimmbad-Situation

In der Pubertät spielt der Körper manchmal verrückt. Da kann es ungewollt passieren, dass eine Situation entsteht, wie auf den drei Bildausschnitten von einem Schwimmbad dargestellt ist.

Digitale Sexualisierung

In vielen Computerspielen und Animes sind die Körper von Frauen, aber auch von Männern stark sexualisiert dargestellt. Sexualisiert bedeutet, dass die Geschlechtsmerkmale übertrieben groß und sehr deutlich dargestellt sind. Oft sind die entsprechenden Avatare dann auch nur knapp bekleidet. Mit der Realität haben die Darstellungen allerdings wenig zu tun.

1 a) Beschreibe, was auf den Bildern zu der „Schwimmbad-Situation" dargestellt ist.
b) Nenne Gefühle, die der Junge in dieser Situation haben könnte.
c) Nenne Gefühle, die die Mädchen haben könnten, falls sie auf die Erektion des Jungen aufmerksam werden.
d) Erkläre, mit welchen möglichen Problemen sich der Junge und die Mädchen auseinandersetzen müssen.

2 Nenne Körpermerkmale, die auf Bild 4 übertrieben dargestellt sind.

3 ‖ Erläutere, welche negativen Folgen sexualisierte Darstellungen für Jugendliche in der Pubertät haben können.

1 Mädchen tauschen Erfahrungen aus.

Der Menstruationszyklus

Die Monatsblutung

In der Pubertät bekommen Mädchen ihre **Monatsblutung.** Die Monatsblutung wird auch Periode oder **Menstruation** genannt. Der **Menstruationszyklus** beschreibt die Vorgänge vor und während der Monatsblutung. Innerhalb des Zyklus bereitet sich der weibliche Körper auf eine mögliche Schwangerschaft vor.

Diese Vorgänge wiederholen sich etwa alle 28 Tage. Die Dauer eines Zyklus wird vom ersten Tag einer Monatsblutung bis zum Beginn der nächsten Monatsblutung gezählt. Die tatsächliche Zykluslänge kann jedoch von Frau zu Frau sehr verschieden sein (→ Bild 2).

2 Unterschiedliche Zykluslängen

Hormone steuern alle Vorgänge

Der Menstruationszyklus wird durch Hormone gesteuert. Hormone sind Botenstoffe, die nach dem Schlüssel-Schloss-Prinzip auf bestimmte Zellen des Körpers passen. Nur dort können sie dann eine bestimmte Reaktion auslösen.

Die Art und die Zusammensetzung der Hormone schwankt in einem Monatszyklus. Deshalb sind auch die Reaktionen des Körpers in Verlauf des Zyklus unterschiedlich.

Die Eireifung

Mithilfe der Hormone wird eine unreife Eizelle in einem der beiden **Eierstöcke** aktiviert. Die **Eizelle** beginnt daraufhin zu reifen und zu wachsen.

Dabei bilden sich um die Eizelle herum weitere Zellen. So entsteht ein Bläschen. Es ist mit Flüssigkeit gefüllt und schützt die Eizelle. Das Bläschen wird **Follikel** genannt. Der Follikel wächst und wandert in den nächsten 10 bis 14 Tagen zum Rand des Eierstocks. Gleichzeitig wird die Gebärmutterschleimhaut dicker.

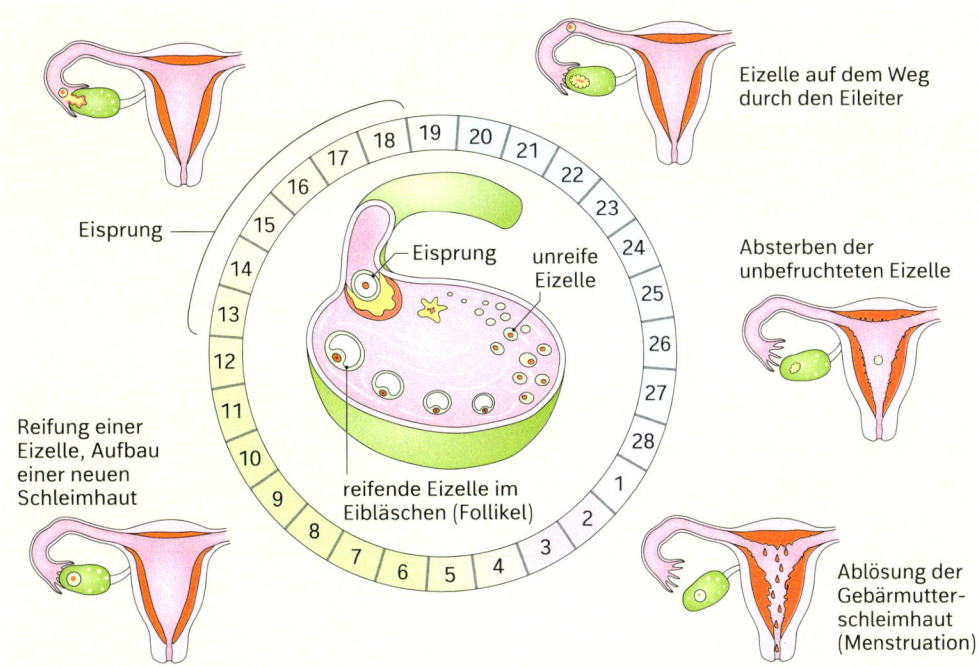

Eizelle auf dem Weg durch den Eileiter

Eisprung

unreife Eizelle

Eisprung

Absterben der unbefruchteten Eizelle

Reifung einer Eizelle, Aufbau einer neuen Schleimhaut

reifende Eizelle im Eibläschen (Follikel)

Ablösung der Gebärmutterschleimhaut (Menstruation)

3 Vorgänge während des Menstruationszyklus (Tag 1 bis Tag 28)

Der Eisprung

Der Follikel ist nach ungefähr 13-18 Tagen reif und platzt auf. Die Eizelle wird dabei mit etwas Flüssigkeit in den Eileiter gespült. Dieser Vorgang wird **Eisprung** genannt. Nur etwa 12 bis 24 Stunden nach dem Eisprung ist eine Eizelle befruchtungsfähig.

Über den Eileiter gelangt die Eizelle dann in die **Gebärmutter.** Die Gebärmutter ist gut auf die Eizelle vorbereitet. Ihre Schleimhaut ist gewachsen und gut durchblutet. So ist die Eizelle bei einer möglichen Schwangerschaft geschützt und mit Sauerstoff und Nährstoffen versorgt.

Menstruation oder Schwangerschaft

Wenn die Eizelle nicht befruchtet wird, stirbt sie ab. Dann löst sich die Gebärmutterschleimhaut ab. Sie wird mit etwas Blut und der unbefruchteten Eizelle über die Vagina nach außen abgegeben. Die Monatsblutung setzt ein. Gleichzeitig reift im Eierstock eine neue Eizelle heran. Der Prozess beginnt von Neuem.

Eine befruchtete Eizelle kann sich hingegen in der Gebärmutterschleimhaut einnisten. Hormone signalisieren dem Körper dann, dass eine **Schwangerschaft** begonnen hat. Der Zyklus wird unterbrochen und die befruchtete Eizelle kann sich entwickeln.

① **a)** Erkläre, warum man bei der Menstruation von einem Zyklus spricht.
b) Beschreibe, wie die Tage des Zyklus gezählt werden.

② Beschreibe die Vorgänge im Eierstock, die in der Mitte von Bild 3 zu sehen sind.

③ Erkläre, worüber sich die Mädchen im Comic (→ Bild 2) unterhalten.

④ ▌ Beschreibe, in welcher Phase des Menstruationszyklus die Befruchtung der Eizelle am wahrscheinlichsten ist.

Starthilfe zu 4:
Beginne so: Nach ungefähr 13 bis 18 Tagen...

A Die Dauer des weiblichen Zyklus

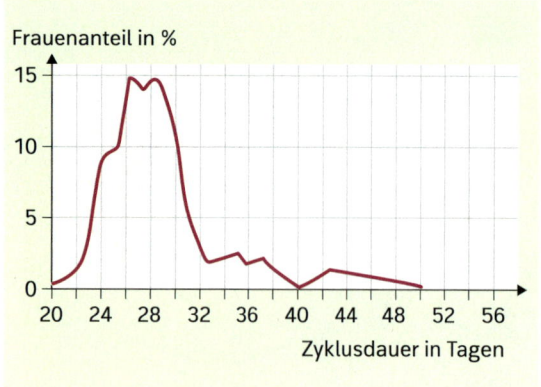

1 Zyklusdauer

Die Zyklusdauer unterscheidet sich von Frau zu Frau. Oft schwankt die Zyklusdauer am Anfang auch von Zyklus zu Zyklus.

1 a) Beschreibe, was die Grafik in Bild 1 zeigt.
b) Werte die Grafik aus. Nutze dazu die Methodenseite zu den Diagrammen.

Starthilfe zu 1a:
Die kürzeste Zyklusdauer ist...
Die längste Zyklusdauer ist...
Besonders häufig dauert der Zyklus ... Tage.

B Fragen zur Menstruation

Stimmt es, dass Mädchen schwanger werden können, bevor die erste Menstruation eingesetzt hat?

Kann eine Frau während der Menstruation schwimmen gehen?

Kann eine Frau während der Periode am Sportunterricht teilnehmen?

Was kann eine Frau tun, wenn sie während der Menstruation Schmerzen hat?

Haben die Männer auch sowas wie einen Zyklus?

Hier ist Platz für deine Fragen ...

2 Fragen zum Thema Menstruation

Auf den Kärtchen sind einige Fragen rund um das Thema Menstruation notiert.

1 Sammelt auf Kärtchen weitere Fragen zur Menstruation.

2 Recherchiert die Antworten zu den Fragen und beantwortet sie euch gegenseitig.

Vorsorge rund um den Zyklus

3 In der Sprechstunde

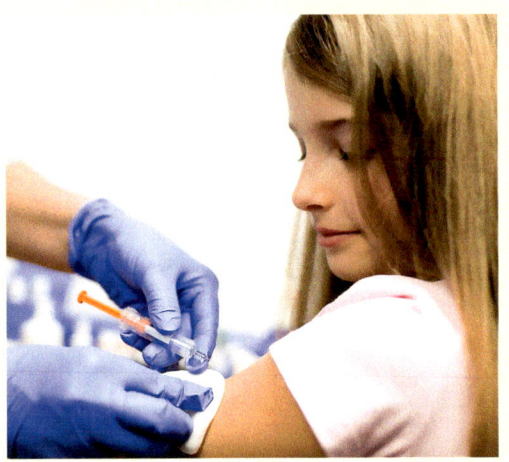

4 Bei der Impfung

Zum ersten Mal bei der Frauenärztin

Frauenärztinnen und Frauenärzte sind wichtige Gesprächspersonen für Mädchen und Frauen.Du kannst dich von ihnen einfach beraten lassen und ein Gespräch führen. Gründe für einen Besuch beim Frauenarzt können auch Schmerzen bei der Periode, Schwankungen im Verlauf der Periode oder eine ausbleibende Periode sein. Ein Menstruationskalender ist ein gutes Hilfsmittel für das Gespräch mit der Ärztin oder dem Arzt. Manchmal ist danach auch eine Untersuchung nötig.

Wichtig ist es, Vertrauen aufzubauen, da der Ärztin oder dem Arzt häufig Intimes und Privates mitgeteilt wird. Über eure Gespräche darf und wird die Ärztin oder der Arzt ohne deine Erlaubnis mit niemandem sprechen - auch nicht mit deinen Eltern.

Schutz vor HP-Viren

Viele Menschen haben HP-Viren im Körper. Die HP-Viren werden durch ungeschützten Geschlechtsverkehr übertragen. Meist sind sie ungefährlich und der Körper kann sich gut gegen die Viren schützen.

Manchmal ist die Abwehr des Körpers aber nicht stark genug. Dann kann das Virus gefährlich sein: Bei Frauen kann er Gebärmutterhalskrebs und beim Mann Peniskrebs auslösen.

Die Verwendung von Kondomen bietet Schutz vor einer Infektion mit HP-Viren. Noch sicherer ist eine Impfung durch eine Ärztin oder einen Arzt. Die Impfung sollte vor dem ersten Geschlechtsverkehr erfolgen. Noch besser ist die Impfung vor Beginn der Pubertät. Dies gilt für Jungen und für Mädchen.

1 Nenne Gründe für den ersten Besuch bei einer Frauenärztin oder einem Frauenarzt.

2 Erkläre, warum das Führen eines Menstruationskalenders ein gutes Hilfsmittel für den ersten Frauenarztbesuch ist.

3 Nenne mögliche Folgen einer Infektion mit HP-Viren.

4 ‖ Erläutere die Bedeutung der ärztlichen Schweigepflicht einer Frauenärztin.

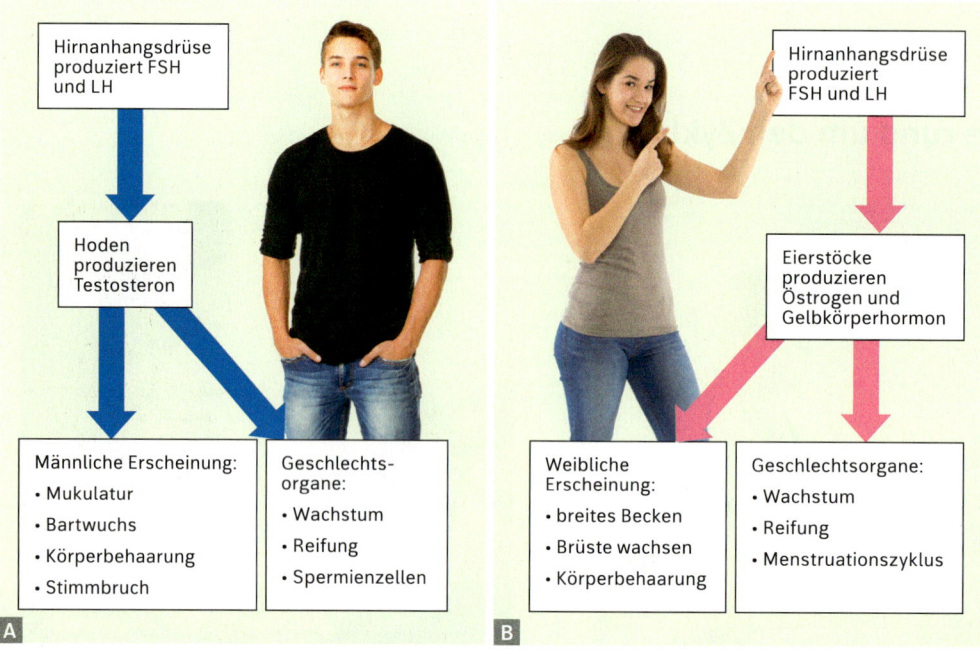

1 Wirkung der Geschlechtshormone in der Pubertät: **A** bei Jungen/Männern, **B** bei Mädchen/Frauen

Die Geschlechtshormone

Die Hormone in der männlichen Pubertät

In der Pubertät entwickelt sich der Körper eines Kindes zu dem eines Erwachsenen. Dafür sind viele Entwicklungsschritte nötig. Ausgelöst werden die Veränderungen durch die **Hirnanhangsdrüse.** Sie schüttet Hormone aus, die bei Männern Vorgänge in den Hoden auslösen.

Eines dieser Hormone ist das **luteinisierende Hormon (LH).** Durch die Wirkung des LHs produzieren die Hoden der Männer eigene Hormone. Das für die Entwicklung zum Mann wichtigste Geschlechtshormon ist das **Testosteron.** Durch Testosteron bekommt der Körper eine männliche Erscheinung. Die Muskelmasse nimmt zu. Außerdem wachsen Bart und Körperbehaarung.

Das **follikelstimulierende Hormon (FSH)** aus der Hirnanhangsdrüse wirkt bei Männern auf die Bildung der Spermienzellen.

Die Hormone in der weiblichen Pubertät

Auch für Mädchen sind die Hormone LH und FSH der Hirnanhangsdrüse entscheidend. Werden sie ausschüttet, beginnt die Entwicklung vom Mädchen zur Frau. Unter der Wirkung von LH und FSH beginnen die Eierstöcke, eigene Hormone herzustellen. Das bekannteste Geschlechtshormon der Frau ist das **Östrogen.** Das Östrogen lässt die weiblichen Geschlechtsorgane ausreifen. Es sorgt auch für die typisch weibliche Erscheinung. Das Becken wird breiter und die Brüste wachsen.

FSH und LH spielen auch nach der Pubertät eine große Rolle, denn sie steuern den weiblichen Menstruationszyklus.

> Die Pubertät wird bei beiden Geschlechtern von denselben Hormonen gesteuert, allerdings sind die Mengen der Hormone jeweils sehr unterschiedlich.

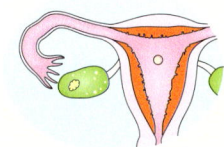

Findet keine Befruchtung statt, stirbt die Eizelle ab. Der Gelbkörper bildet sich zurück.
↘ Gelbkörperhormon
↘ Östrogen
↓ FSH ↓ LH

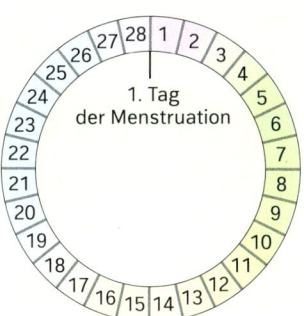

27 28 1 2 3 4 5 6 7 8 9 10 11 12 13 14 15 16 17 18 19 20 21 22 23 24 25 26
1. Tag der Menstruation

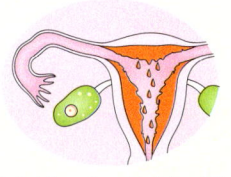

Die Gebärmutterschleimhaut löst sich auf und wird ausgeschieden.
↓ Gelbkörperhormon
↓ Östrogen
↗ FSH ↓ LH

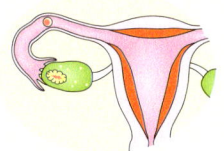

Die Gebärmutterschleimhaut ist gut durchblutet und dick.
↑ Gelbkörperhormon
Östrogen
↘ FSH ↘ LH

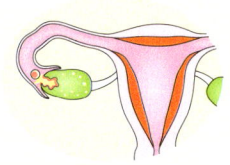

Der Eisprung findet statt.
↓ Gelbkörperhormon ↑ Östrogen
↑ FSH ↑ LH

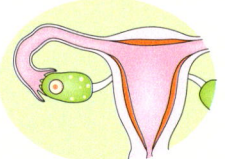

Die Eizelle reift heran. Die Gebärmutterschleimhaut wird aufgebaut.
↓ Gelbkörperhormon
↗ Östrogen
↗ FSH ↗ LH

2 Hormone im Menstruationszyklus

Zeichenerklärung: Die Konzentration des Hormons...
↑ ist hoch. ↓ ist niedrig. ↗ steigt an. ↘ sinkt ab.

Der Menstruationszyklus

Das Zusammenspiel der Geschlechtshormone bewirkt, dass jeden Monat abwechselnd in einem der Eierstöcke eine Eizelle heranreift. Dabei muss zu jedem Zeitpunkt während des Zyklus jeweils die richtige Menge der einzelnen Hormone im Blut vorhanden sein (→ Bild 2).

Die erste Zyklushälfte

Das Hormon FSH lässt in einem der beiden Eierstöcke eine Eizelle in einem Eibläschen heranreifen. Das Eibläschen bildet dann Östrogen. Dadurch wird die Gebärmutterschleimhaut dicker. Ist viel Östrogen im Blut, schüttet der Körper LH aus. Wenn viel LH und Östrogen vorhanden sind, kommt es zum Eisprung.

Die zweite Zyklushälfte

Nach dem Eisprung verkümmert das leere Eibläschen im Eierstock zum **Gelbkörper** und stellt das Gelbkörperhormon her. Dieses signalisiert, dass der Eisprung erfolgt ist.
Gemeinsam mit dem Östrogen bewirkt das Gelbkörperhormon, dass sich die Gebärmutterschleimhaut auf eine Schwangerschaft vorbereitet. Gleichzeitig bremst es die weitere Bildung von LH und FSH. Dadurch kann vorerst keine neue Eizelle heranreifen.
Bleibt die Eizelle unbefruchtet, bildet sich der Gelbkörper zurück. Wenn Östrogen und Gelbkörperhormon auf dem niedrigsten Stand sind, kommt es zur Menstruationsblutung. Dann beginnt der Zyklus erneut.

1 Nenne die beiden Hormone, mit denen die Hirnanhangsdrüse die Pubertät auslöst.

2 **a)** Beschreibe die Wirkung von Testosteron in der männlichen Pubertät.
b) Beschreibe die Wirkung von Östrogen in der weiblichen Pubertät.

3 Beschreibe und erkläre die Vorgänge während des Menstruationszyklus.

4 ▌ Beschreibe, was geschieht, wenn die reife Eizelle unbefruchtet bleibt.

»

A Hormone steuern den Menstruationszyklus

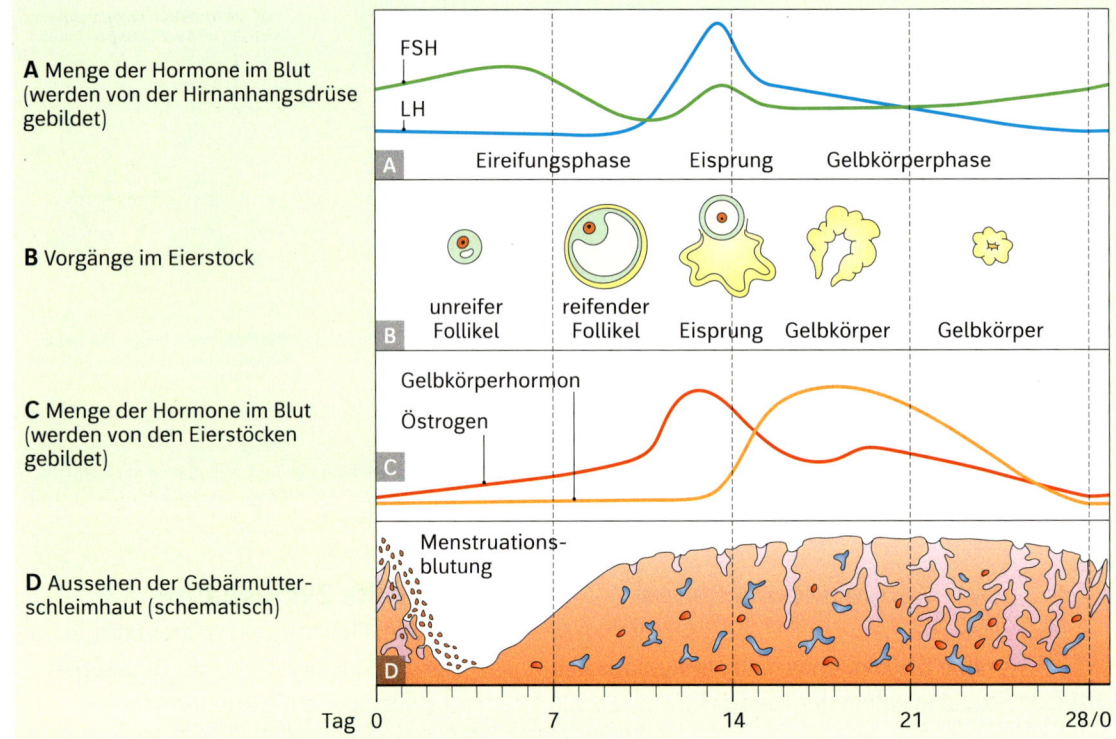

A Menge der Hormone im Blut (werden von der Hirnanhangsdrüse gebildet)

FSH

LH

A Eireifungsphase Eisprung Gelbkörperphase

B Vorgänge im Eierstock

B unreifer Follikel reifender Follikel Eisprung Gelbkörper Gelbkörper

C Menge der Hormone im Blut (werden von den Eierstöcken gebildet)

Gelbkörperhormon

Östrogen

C

D Aussehen der Gebärmutterschleimhaut (schematisch)

Menstruationsblutung

D

Tag 0 7 14 21 28/0

1 Unterschiedliche Hormone steuern den Menstruationszyklus.

1 a) Beschreibe die Vorgänge in der Gebärmutter zwischen Tag 0 und Tag 6.
b) Beschreibe, was im Eierstock an Tag 14 passiert.

2 ‖ Beschreibe, was durch die große Menge an FSH zwischen Tag 0 und Tag 6 im Eierstock passiert.

Starthilfe zu 2:
Nutze die grüne Kurve in Bild 1A und die ersten beiden Abbildungen in Bild 1B.

3 ‖ a) Beschreibe, wann große Mengen LH und Östrogen im Blut sind.
‖ b) Beschreibe, was zu diesem Zeitpunkt im Eierstock passiert.
‖ c) Beschreibe die Wirkung des Östrogens auf die Gebärmutterschleimhaut.

Starthilfe zu 3 c):
Betrachte dazu Bild 1D.

4 ‖ a) Beschreibe den Verlauf der Kurve des Gelbkörperhormons.
‖ b) Erkläre, warum ab Tag 17 viel Gelbkörperhormon im Körper vorhanden ist.

Starthilfe zu 4 b):
Betrachte dazu Bild 1B.

5 ‖ a) Beschreibe, zu welchem Zeitpunkt geringe Mengen LH, Östrogen und Gelbkörperhormon im Blut vorhanden sind.
‖ b) Beschreibe, welche Auswirkungen dies auf die Gebärmutterschleimhaut hat.

Starthilfe zu 5 b):
Betrachte dazu Bild 1D.

6 ‖‖ Jedes der aufgeführten Geschlechtshormone ist für den Menstruationszyklus wichtig. Nenne mindestens eine Aufgabe von jedem Geschlechtshormon.

● ● ● **ÜBEN UND ANWENDEN**

B Wirkung der Anti-Baby-Pille

Die Anti-Baby-Pille ist ein häufig eingesetztes Verhütungsmittel für die Frau. Sie wirkt über künstlich hergestellte Hormone auf den Menstruationszyklus.

Es gibt verschiedene Anti-Baby-Pillen. Manche verhindern den Eisprung, andere die Einnistung einer Eizelle in die Gebärmutterschleimhaut. Dazu enthalten sie je nach Art nur ein oder auch mehrere Hormone.

Die Hormone in der Anti-Baby-Pille sind sehr niedrig dosiert. Aus diesem Grund ist es wichtig, sie regelmäßig jeden Tag zu einer festen Uhrzeit einzunehmen. Nur so wirkt sie sicher.

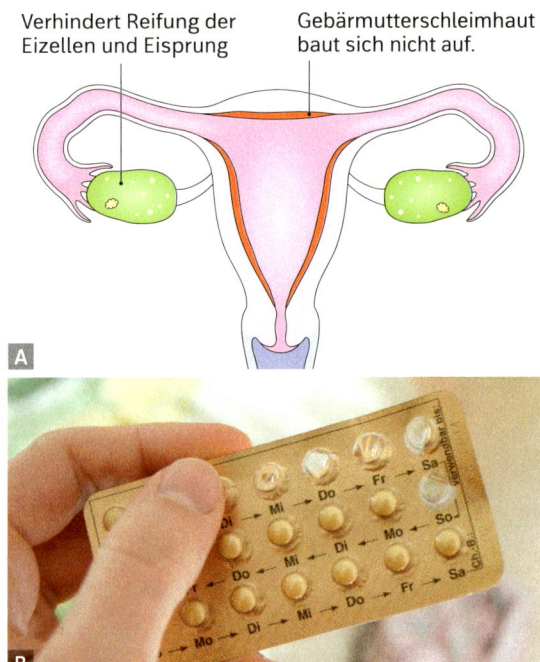

Verhindert Reifung der Eizellen und Eisprung
Gebärmutterschleimhaut baut sich nicht auf.

A

B

2 Anti-Baby-Pille: **A** Wirkung der Hormone, **B** Pillen nach Wochentagen sortiert

1 Beschreibe die Wirkung der Hormone einer Anti-Baby-Pille.

2 ‖ Recherchiere, wie der Körper reagiert, wenn die Einnahme der Anti-Baby-Pille vergessen wird.

C Ursachen für Akne

Akne ist eine Hauterkrankung, die viele Jugendliche haben. Hauptursache dafür ist das Hormon Testosteron. Es kommt im männlichen Körper und in geringen Mengen auch im weiblichen Körper vor. Das Testosteron regt die Talgdrüsen der Haut an, mehr fettigen Talg zu produzieren. Der Weg nach draußen ist aber versperrt. Zellen, die den Gang nach draußen auskleiden, stellen zu viel Hornmaterial her. Dieses Hornmaterial verschließt die Poren. Der Talg staut sich dann unter der Hautoberfläche. Wenn sich dort Bakterien stark vermehren, entsteht eine Entzündung. Die Haut verfärbt sich rot. Oftmals sind solche Entzündungen schmerzhaft.

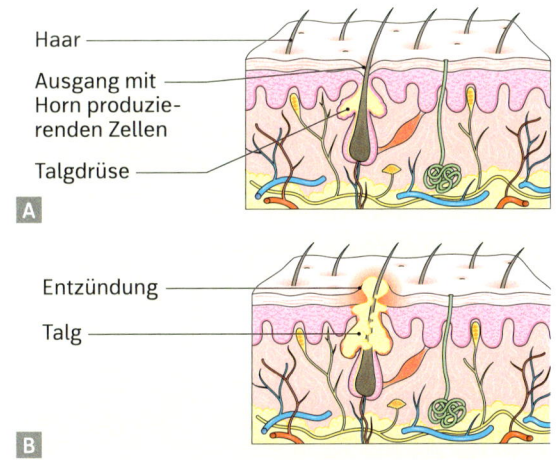

Haar
Ausgang mit Horn produzierenden Zellen
Talgdrüse
A

Entzündung
Talg
B

3 Haut: **A** gesund, **B** entzündet

1 Nenne die Wirkung von Testosteron auf die Haut.

2 Beschreibe die Vorgänge in der Haut bei der Entstehung von Akne.

Schwangerschaft und Geburt

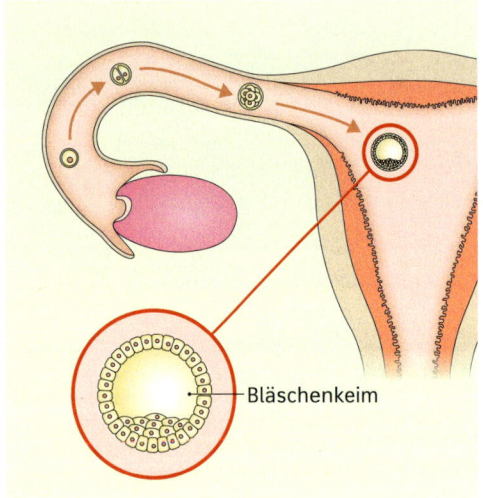

1 Die Verschmelzung

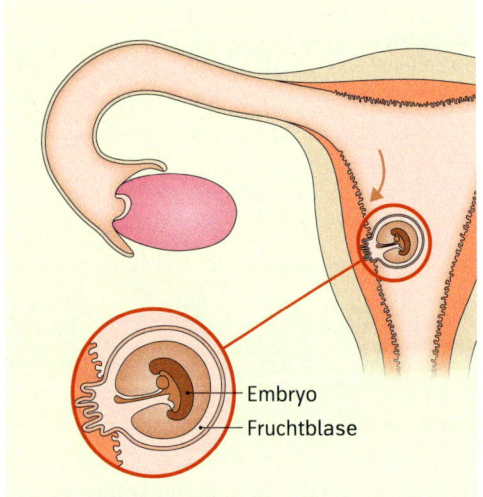

2 Bläschenkeim

3 Embryo nach 7 Wochen

Zur richtigen Zeit am richtigen Ort

Nach dem Eisprung wird die Eizelle in Richtung Gebärmutter transportiert. Die Eizelle bildet so genannte Lockstoffe. Gelangen Spermienzellen in die Scheide, werden sie von diesen Stoffen angelockt. Sie schwimmen gezielt durch die Gebärmutter und in den Eileiter. Nur eine von 150 Millionen Spermienzellen kann in die Eizelle eindringen. Die Zellkerne verschmelzen dann miteinander. Durch diese Verschmelzung erhält das Kind Merkmale von dem Vater und der Mutter. Dieser Vorgang wird **Befruchtung** genannt.

Zellen teilen sich

Eine befruchtete Eizelle wird **Zygote** genannt. Die Zygote teilt sich auf ihrem Weg durch den Eileiter immer wieder. Innerhalb einer Woche entsteht so ein **Bläschenkeim.** Dieser besteht schon aus vielen Zellen. Der Bläschenkeim nistet sich in der Gebärmutterschleimhaut ein und verwächst mit dieser. Ab diesem Zeitpunkt wird von einer **Schwangerschaft** gesprochen. Aus dem Bläschenkeim entwickeln sich der **Embryo** und die mit Flüssigkeit gefüllte **Fruchtblase.**

Organe entwickeln sich

Bereits nach drei Wochen ist der Kopf des Embryos zu erkennen. Als erstes Organ entwickelt sich das Herz. Es ist wichtig für die Versorgung des Kindes mit Blut. Danach beginnt sich das Gehirn zu entwickeln. Auch die Knochen und Muskeln bilden sich langsam aus. In der 8. Woche hat der Embryo etwa die Größe einer Weintraube. Alle Organe sind bereits angelegt, aber noch nicht alle sind funktionsfähig. Die Organe entwickeln sich und wachsen unterschiedlich schnell.

Wachstum

Ab der zwölften Woche nach der Einnistung wird der Embryo **Fötus** genannt. In den nächsten Wochen wächst das ungeborene Kind im Schutz der Fruchtblase.

Versorgung

Durch die Nabelschnur erhält der Fötus Sauerstoff und Nährstoffe über die **Plazenta.** Gleichzeitig gibt der Fötus über die Nabelschnur Kohlenstoffdioxid und Stoffwechselreste ab. Eine Besonderheit der Plazenta sind ihre dünnen Wände. Sie verhindern eine Vermischung des Blutes von Mutter und Kind. Über die Plazenta können dennoch giftige Stoffe wie Alkohol, Nikotin, Medikamente und Drogen das Kind erreichen und es schädigen.

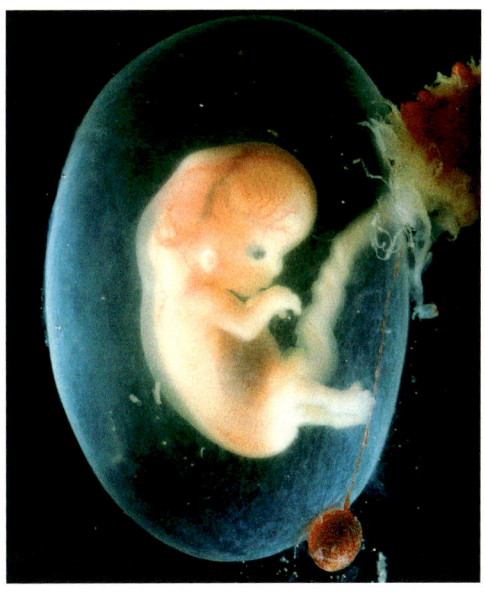

4 Fötus mit Fruchtblase

Die Geburt

In der 34. Schwangerschaftswoche dreht sich der Fötus meist mit dem Kopf zum Gebärmutterausgang. Diese Lage erleichtert die Geburt. Kurz vor der Geburt zieht sich die Gebärmuttermuskulatur zusammen. Jedes Zusammenziehen wird als **Wehe** bezeichnet.
Sind die Wehen stark genug, platzt die Fruchtblase. Das Kind wird durch die Scheide herausgepresst. Es kann sofort nach der Geburt selbstständig atmen. Daher wird die Nabelschnur kurz nach der Geburt abgetrennt. Wenig später werden die Plazenta und die leere Fruchtblase als **Nachgeburt** ausgestoßen.

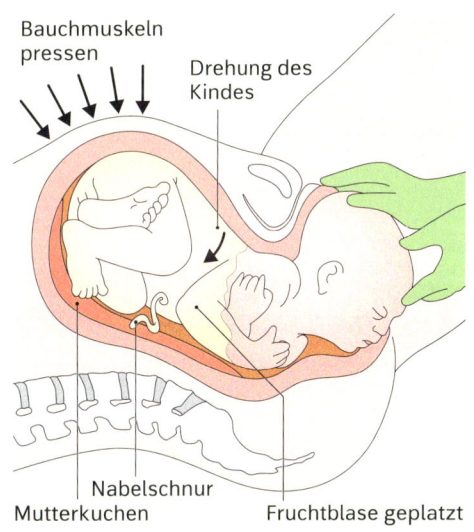

5 Der Geburtsvorgang

1 Erstelle ein Flussdiagramm zur Schwangerschaft.

2 Beschreibe mithilfe des Basiskonzeptes „Entwicklung", wie ein Kind entsteht.

3 Begründe, warum sich das Herz sehr früh entwickelt.

4 Erkläre die Aufgabe der Plazenta.

5 Beschreibe die Vorgänge bei einer Geburt.

6 I Erkläre, ab wann von einem Fötus gesprochen wird.

7 II Begründe, warum es auch dem ungeborenen Kind schaden kann, wenn die Mutter in der Schwangerschaft raucht oder auch nur passiv raucht.

Starthilfe zu 1:

Eisprung

...

Ⓐ Organentwicklung in der Schwangerschaft

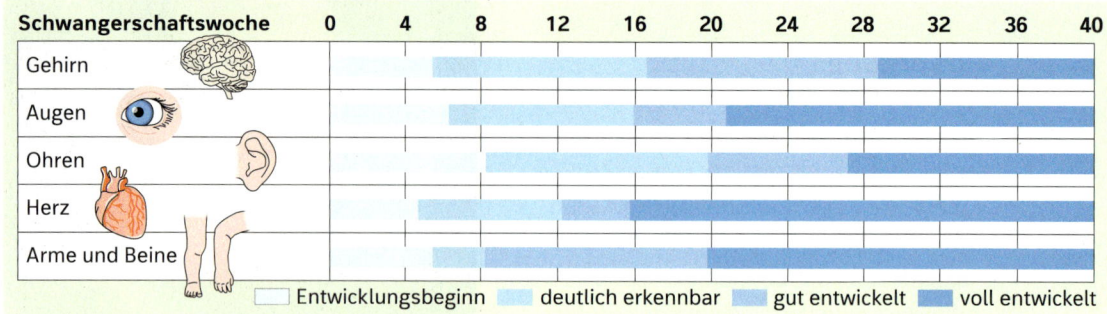

1 Entwicklung verschiedener Organe des Kindes

Die Organe übernehmen im menschlichen Körper wichtige Funktionen. Im Verlauf der Schwangerschaft entwickeln sie sich in unterschiedlichen Zeiträumen.

❶ Manchmal wird ein Kind zu früh geboren.
a) Beurteile mithilfe von Bild 1, ab wann das Frühgeborene gute Überlebenschancen hat.
b) Recherchiere dazu und vergleiche die Angaben und Ergebnisse.

❷ ❚❚ „Schon während der Schwangerschaft nimmt das Kind Geräusche wahr." Begründe, ob diese Aussage zutreffend ist.

Ⓑ Risiken vermeiden

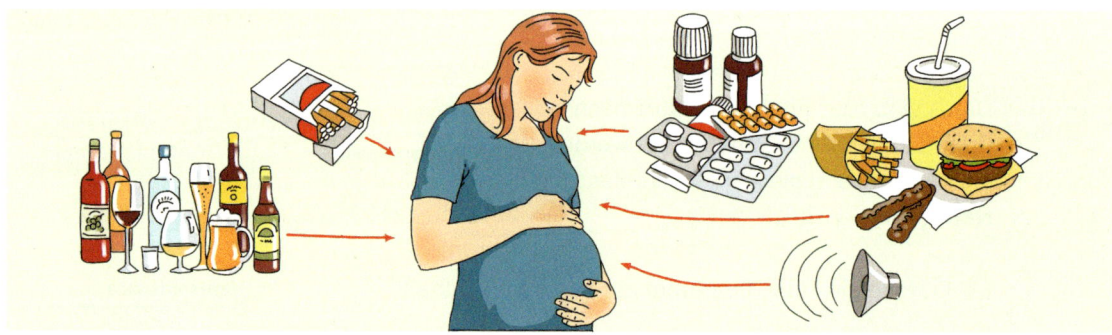

2 Risikofaktoren in der Schwangerschaft

Über die Plazenta ist das Kind während der Schwangerschaft mit seiner Mutter verbunden. Es erhält Nährstoffe und Sauerstoff aus ihrem Blut. Daher muss eine Schwangere zum Schutz des Kindes an viele Dinge denken. Auch andere äußere Reize beeinflussen die Entwicklung des Kindes.

❶ Formuliere zu jedem der im Bild 2 dargestellten Risikofaktoren eine Verhaltensregel für Schwangere.

❷ Recherchiere im Internet, welche Folgen die Risikofaktoren für das Kind haben können.

Vorsorgeuntersuchungen für Mutter und Kind

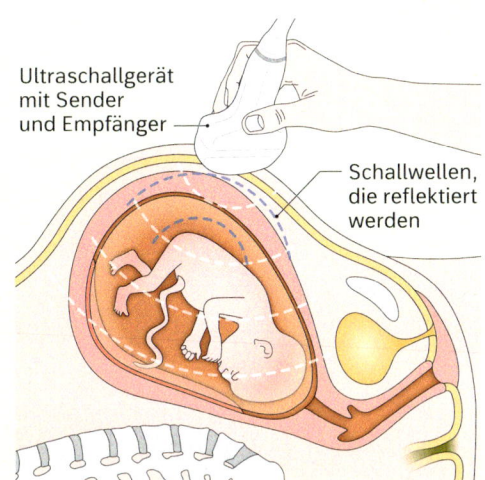

Ultraschallgerät mit Sender und Empfänger

Schallwellen, die reflektiert werden

3 Schema einer Ultraschalluntersuchung

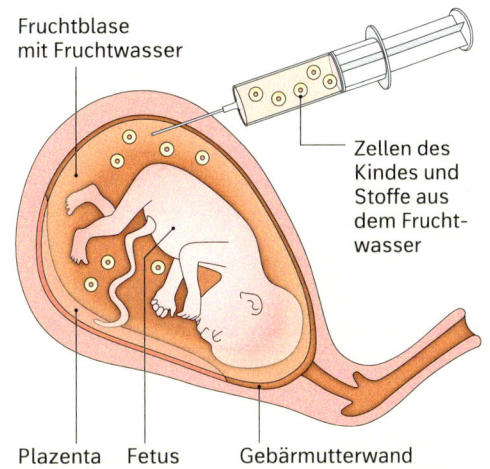

Fruchtblase mit Fruchtwasser

Zellen des Kindes und Stoffe aus dem Fruchtwasser

Plazenta   Fetus   Gebärmutterwand

4 Schema einer Fruchtwasseruntersuchung

Untersuchung mit Ultraschall

Die Untersuchung mit Ultraschall wird während der Schwangerschaft mehrfach durchgeführt. Sie dient zur Untersuchung des ungeborenen Kindes.

Bei der Ultraschalluntersuchung werden Schallwellen in den Körper der Mutter geleitet. Der Körper des Kindes wirft diese Schallwellen zurück. So entsteht ein Bild des Kindes. Dadurch können äußere Verletzungen oder Missbildungen des Kindes frühzeitig erkannt werden. Manchmal werden sogar Herzfehler erkannt und noch vor der Geburt behandelt. Die Untersuchung ist ungefährlich.

Untersuchung des Fruchtwassers

Die Fruchtwasseruntersuchung ist eine weitere Vorsorgeuntersuchung. Das Fruchtwasser enthält Zellen des Kindes, sowie die Stoffe, die es über den Urin abgegeben hat. Zur Untersuchung wird das Fruchtwasser mit einer langen Nadel entnommen. Hierbei besteht das Risiko, dass das ungeborene Kind verletzt wird.

Nach der Entnahme werden die Zellen und der Urin des Kindes auf Anzeichen für Krankheiten untersucht. Mit dieser Methode können auch viele Krankheiten früh erkannt werden. Manchmal können sie noch vor der Geburt behandelt werden.

1 Stelle Ultraschalluntersuchung und Fruchtwasseruntersuchung in einer Tabelle gegenüber.

2 ❚❚ Bewerte das Risiko der beiden Untersuchungsmethoden für das Kind.

Starthilfe zu 1:

Vergleich	Ultraschall	Fruchtwasser
Methode	Schallwellen	...
Risiko	...	...
...	...	...

1 Diskussion über die richtige Verhütung

Empfängnisverhütung

Gemeinsam richtig entscheiden

Nicht immer ist der Geschlechtsverkehr mit dem Wunsch nach einer Schwangerschaft und einem Kind verbunden. Das kann verschiedene Gründe haben. Ein Paar möchte noch kein Kind oder kein weiteres Kind mehr. Dann sollten die Partner gemeinsam entscheiden, wie verhütet wird. Es gibt viele verschiedene Möglichkeiten zur **Verhütung.** Die Verhütungsmethoden unterscheiden sich in der Art der Anwendung und in der Sicherheit.

Für die Wahl der richtigen Methode spielt, neben möglichen gesundheitlichen Folgen, auch das Vertrauen zwischen den Partnern eine wichtige Rolle.

Das Kondom

Das **Kondom** ist eines der am häufigsten benutzten Verhütungsmittel. Es kann spontan benutzt werden und ist bei richtiger Anwendung sehr sicher. Es besteht aus einer gummiartigen Substanz und wird kurz vor dem Geschlechtsverkehr über den steifen Penis gezogen. Das Kondom verhindert, dass die Spermienzellen bei der Ejakulation in die Scheide der Frau gelangen. So wird eine Schwangerschaft vermieden. Das Kondom hält dabei nicht nur die Spermienzellen zurück, sondern ist auch eine Barriere für Erreger, die sexuell übertragbare Krankheiten auslösen.

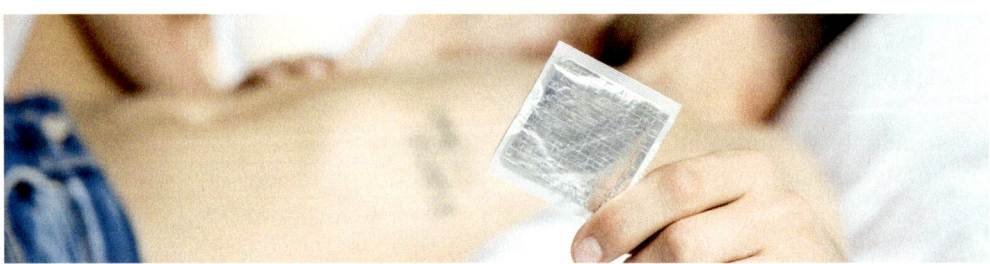

2 Kondom zur Hand

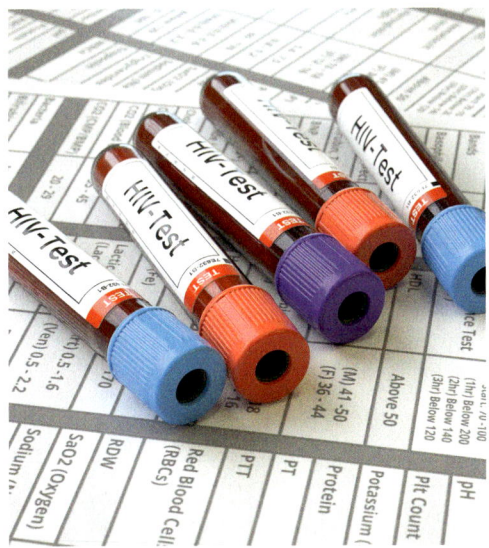

3 AIDS ist eine sexuell übertragbare Krankheit.

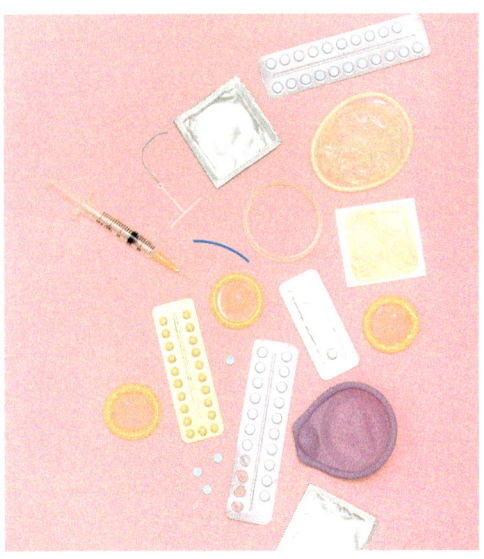

4 Verschiedene Verhütungsmittel

Sexuell übertragbare Krankheiten

Wird nicht mit einem Kondom verhütet, steigt das Risiko, sich mit einer sexuell übertragbaren Krankheit anzustecken. Eine der bekanntesten sexuell übertragbaren Krankheiten ist **AIDS.** AIDS wird durch eine Übertragung des **HI-Virus** ausgelöst. Oft bricht die Krankheit erst nach Jahren aus. Sie kann tödlich sein. Bis zum Ausbruch der Krankheit können Infizierte unbewusst noch viele weitere Menschen anstecken. Weitere häufig auftretende sexuell übertragbare Krankheiten sind Tripper-Infektionen und Syphilis-Infektionen. Beide Krankheiten werden durch Bakterien verursacht. Sie müssen mit Antibiotika behandelt werden. Kondome verringern auch hier das Übertragungsrisiko erheblich.

Hormonelle Verhütungsmittel

Die **Anti-Baby-Pille** ist ein häufig eingesetztes hormonelles Verhütungsmittel. Bei richtiger Anwendung ist sie sehr sicher. Diese Art der Verhütung muss langfristig geplant werden. Vorab muss die Frau von einer Ärztin oder einem Arzt untersucht und beraten werden. Bei Mädchen zwischen 14 Jahren und 16 Jahren kann die Ärztin oder der Arzt entscheiden, ob zusätzlich zum Gespräch eine Einwilligung der Eltern nötig ist. Alle hormonellen Verhütungsmittel haben Auswirkungen auf den weiblichen Körper. Durch die Hormone wird der Monatszyklus der Frau so verändert, dass es nicht mehr zur Befruchtung der Eizelle kommt. Daher sind regelmäßige Kontrollen beim Frauenarzt notwendig.

1 Begründe, warum die Wahl des richtigen Verhütungsmittels eine gemeinsame Entscheidung von Mann und Frau ist.

2 Nenne verschiedene sexuell übertragbare Krankheiten.

3 Nenne Vorteile des Kondoms.

4 ▍ Formuliere passende Aussagen für die beiden Personen in Bild 1.

5 ▍▍ Vergleiche Kondom und Anti-Baby-Pille in einer Tabelle miteinander.

Starthilfe zu 5:

Vergleich	Kondom	Anti-Baby-Pille
Schutz vor sexuell übertragbaren Krankheiten	ja	nein
…	…	…

»

Ⓐ Mit Testkondomen üben

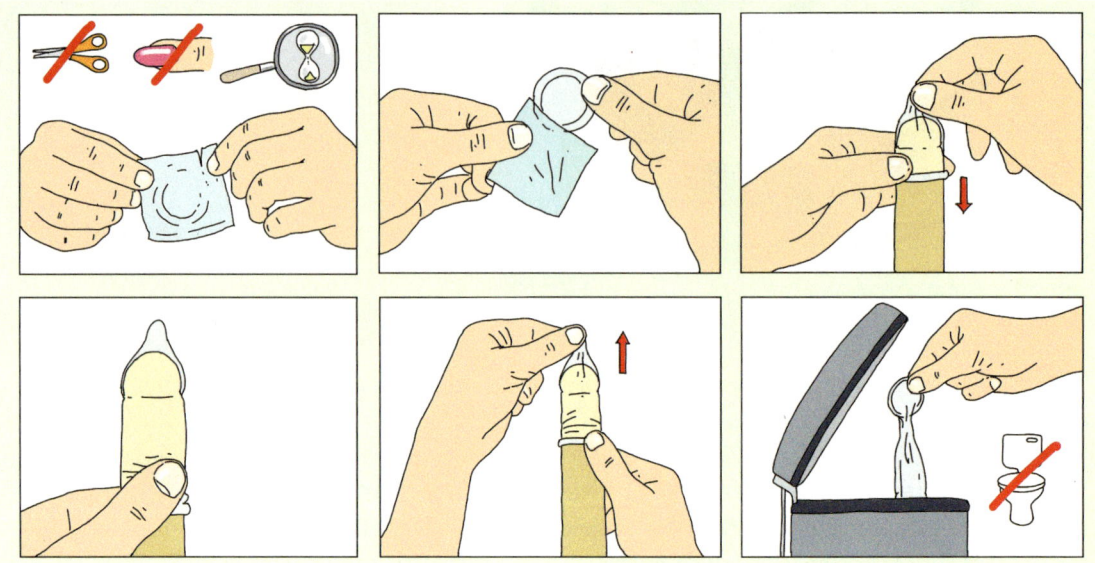

1 Umgang mit dem Kondom

Damit ein Kondom richtig schützt, müssen beim Überziehen und Abstreifen des Kondoms einige Schritte beachtet werden.

① Entwickle mithilfe der Bilder Regeln für die richtige Anwendung von Kondomen.

② Ihr könnt die richtige Handhabung mit den Testkondomen am Penismodell üben.

Ⓑ Das richtige Verhütungsmittel wählen

2 Ein Paar diskutiert.

Klara und Tim sind seit längerer Zeit ein Paar. Beide möchten miteinander schlafen, aber keinesfalls schon Eltern werden. Über die Wahl des passenden Verhütungsmittels ist eine Diskussion entstanden. Tim möchte, dass Klara die Pille nimmt. Er hält dies für die sicherste Verhütung. Klara ist nicht sicher, ob sie die Pille nehmen möchte. Sie schlägt vor, mit Kondomen zu verhüten ...

① Nenne Pro- und Contra-Argumente für die Diskussion.

② Diskutiert in der Klasse, welchen Rat ihr Klara und Tim geben würdet.

Mit schwierigen Situationen umgehen

3 Mit AIDS leben

4 Hilfsangebote nutzen

AIDS – Ein Betroffener berichtet

„Hallo, mein Name ist Frank. Ich bin 21 Jahre alt und habe letztes Jahr erfahren, dass ich mit HIV infiziert bin und AIDS habe. Die Diagnose hat mich im ersten Moment schockiert. Auf der Heimfahrt nach dem Arztbesuch hatte ich das Gefühl, dass mich alle anstarren. Das war natürlich nur Einbildung. In den folgenden Monaten fiel es mir auch weiterhin schwer, Kontakt mit Menschen aufzunehmen oder auch nur an eine neue Beziehung zu denken. Ich fühlte mich ekelhaft und konnte die Krankheit nicht akzeptieren. Ich hatte Angst vor der Reaktion meiner Mitmenschen. Mittlerweile kann ich über meine Erkrankung sprechen."

Schwangerschafts-Konfliktberatung

Ungewollt schwanger zu werden, löst viele Gefühle aus. Erste Ansprechpartner in solchen Fällen sind der Partner, die eigene Familie und enge Freunde.

Darüber hinaus gibt es auch Beratungsstellen, an die sich schwangere Frauen und ihre Partner wenden können. Ziel dieser **Schwangerschaftskonfliktberatung** ist es, den werdenden Eltern zu helfen. Dabei findet die Beratung immer kostenlos und auf Wunsch anonym statt.

1 Nenne Ängste und Gefühle, die Frank nach seiner Diagnose hat.

2 Nenne mögliche Reaktionen von Menschen, denen Frank von seiner Diagnose berichtet.

3 Formuliere Fragen, die sich eine Frau stellen könnte, die ungewollt schwanger geworden ist.

4 Begründe, warum die Schwangerschaftskonfliktberatung gerade bei einer ungeplanten Schwangerschaft ein wichtiges Hilfsangebot ist.

5 Recherchiere, welche Einrichtungen es für die Schwangerschafts-Konfliktberatung in deiner Nähe gibt.

6 Recherchiere, welche Hilfen die Beratungsstellen anbieten.

«

Auf einen Blick: Fortpflanzung und Entwicklung

Partnerschaft

In der Pubertät sind viele Jugendliche zum ersten Mal verliebt. Unter den Jungen oder Mädchen im direkten Umfeld entdecken viele ihre erste Partnerin oder ihren ersten Partner. Ob es sich dabei um eine homosexuelle oder eine heterosexuelle Partnerschaft handelt, ist unbedeutend. Es kann viel Kraft kosten, aber auch sehr erfüllend sein, die eigene sexuelle Orientierung zu entdecken, einzuordnen und vielleicht gemeinsam mit einem Partner oder einer Partnerin auszuleben. Partnerschaften leben stets vom gegenseitigen Respekt füreinander.

Sexualität

In der Pubertät entwickelt sich der Körper so, dass Jungen und Mädchen geschlechtsreif werden. Ausgelöst werden die Veränderungen durch Geschlechtshormone, die von der Hirnanhangsdrüse ausgeschüttet werden.
Die meisten Jugendlichen machen in der Pubertät ihre ersten sexuellen Erfahrungen. Dabei ist es wichtig, gemeinsam Verantwortung zu übernehmen. Kondome sind richtig angewendet ein sehr sicherer Schutz vor ungewollten Schwangerschaften und sexuell übertragbaren Krankheiten. Die Pille ist ein sehr sicheres hormonelles Verhütungsmittel.
Sollten sich junge Erwachsene entscheiden, Kinder zu bekommen, steht ihnen eine spannende Zeit bevor. Ungefähr 40 Wochen dauert die Entwicklung, bei der aus einer Spermienzelle und einer Eizelle ein neugeborenes Kind wird.

WICHTIGE BEGRIFFE

- Pubertät
- sexuelle Orientierung
- Verantwortung
- heterosexuell, homosexuell, bisexuell

WICHTIGE BEGRIFFE

- Spermienzelle, Eizelle
- Kondom, Antibabypille
- sexuell übertragbare Krankheiten
- Schwangerschaft

Lerncheck: Fortpflanzung und Entwicklung

Partnerschaft

1 Beschreibe und deute das obige Bild.

2 Nenne verschiedene sexuelle Orientierungen.

3 „Partnerschaften können sehr unterschiedlich aussehen."
Erkläre die Aussage und nenne Beispiele.

4 Begründe, warum Vertrauen und Verantwortungsbereitschaft wichtig für das Gelingen einer Partnerschaft sind.

Verhütung

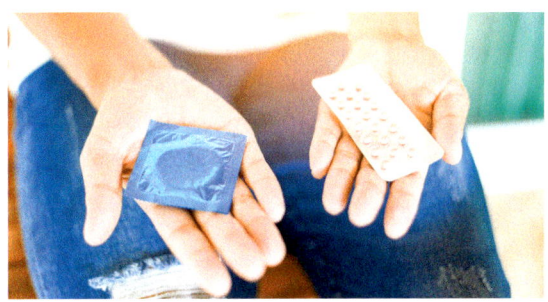

6 a) Nenne die dargestellten Verhütungsmittel und erkläre ihre Anwendung.
b) Nenne zwei weitere Verhütungsmittel.
c) Ordne den dargestellten Verhütungsmitteln die folgenden Aussagen zu:
- Bei richtiger Anwendung sehr sicher.
- Wirkt hormonell im Körper.
- Lässt keine Körperflüssigkeiten passieren.
- Schützt gut vor sexuell übertragbaren Krankheiten.

Menstruation

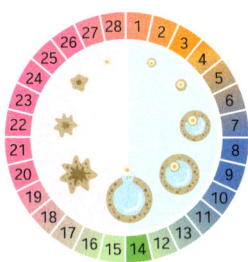

5 a) Zeichne das Kreisschema des Menstruationszyklus ab.
b) Beschrifte die folgenden Phasen:
Tage der Menstruation, Eisprung, fruchtbare Phase, Eireifung

Schwangerschaft und Geburt

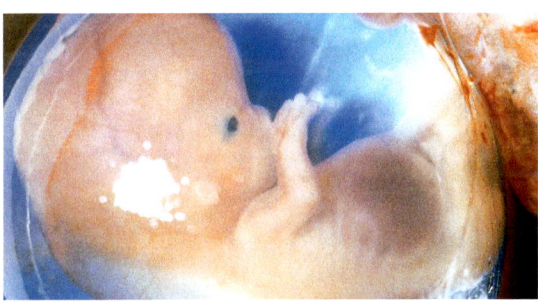

7 Beschreibe das dargestellte Bild mit passenden Fachwörtern.

8 Nenne wichtige Entwicklungsschritte des ungeborenen Kindes im Mutterleib.

DU KANNST JETZT ...
- ... angemessen über sexuelle Orientierungen und Partnerschaftsformen sprechen.
- ... den Menstruationszyklus mit Fachwörtern beschreiben.

DU KANNST JETZT ...
- ... verschiedene Verhütungsmittel im Hinblick auf ihre Sicherheit bewerten.
- ... den Ablauf einer Schwangerschaft mit Fachwörtern beschreiben.

Lerncheck

Stichwortverzeichnis

Gefahrstoffe

Gefahrstoffe sind Stoffe, die zu physikalischen Gefahren, Gesundheitsgefahren oder Umweltgefahren führen können. Einfache Piktogramme geben Hinweise auf Gefahren, die von Gefahrstoffen und dem Umgang mit ihnen ausgehen.

Die Kennzeichnung erfolgt weltweit einheitlich nach GHS (Globally Harmonised System). Je nach **Gefahrenpotenzial** müssen Gefahrstoffe mit den entsprechenden GHS-Piktogrammen gekennzeichnet werden.

Zusätzlich gibt es Signalwörter, die den Grad der Gefährdung anzeigen:

- **Gefahr** für schwerwiegende Gefahrenkategorien
- **Achtung** für weniger schwerwiegende Gefahrenkategorien

In der unten stehenden Tabelle werden die im vorliegenden Buch genutzten Gefahrstoffe aufgelistet und durch Hinweise zum Umgang mit ihnen ergänzt.

Stoff mit GHS-Piktogramm, Signalwort	**Nutzungshinweise**	**Gefahrenhinweise**	**Hinweise zur Entsorgung** bei den Versuchen im Buch
Methylenblau (Farbstoff) Gefahr	Schutzbrille mit Seitenschutz verwenden.	Gesundheitsschädlich bei Verschlucken.	S. 11und S. 15: Die gefärbten Präparate können über den Restmüll entsorgt werden.
Iod-Kaliumiodid-Lösung Achtung	Schutzbrille mit Seitenschutz verwenden. Geeignete Schutzhandschuhe verwenden. Für ausreichende Belüftung sorgen.	Kann bei längerer oder wiederholter Exposition die Organe schädigen.	S. 46 und 168: Die gestesteten Stoffe können über den Restmüll entsorgt werden. Die Flüssigkeit kann über den Ausguss entsorgt werden.
Salzsäure Achtung	Schutzbrille mit Seitenschutz verwenden. Geeignete Schutzhandschuhe verwenden.	Verursacht schwere Verätzungen der Haut und schwere Augenschäden.	S. 176: Die Flüssigkeit kann über den Ausguss entsorgt werden.
Pepsin Gefahr	Schutzbrille mit Seitenschutz verwenden. Geeignete Schutzhandschuhe verwenden.	Verursacht Hautreizungen, verursacht schwere Augenreizung, kann die Atemwege reizen, kann bei Einatmen Allergie, asthmaartige Symptome oder Atembeschwerden verursachen	S. 176: Die Flüssigkeit kann über den Ausguss entsorgt werden.

Bildquellenverzeichnis

|Alamy Stock Photo, Abingdon/Oxfordshire: FLEMING, STEPHEN 181.1; Moodboard Stock Photography 183.1; Nature Picture Library 22.1; Prisma by Dukas Presseagentur GmbH 46.1; Pulsar Imagens 22.2; Reitmeier, Klaus 22.7. |Alamy Stock Photo (RMB), Abingdon/Oxfordshire: AGAMI Photo Agency/Legrand, Vincent 118.3; agefotostock 193.2; All Canada Photos 148.1; Alpegor 132.2; Arco Images GmbH 37.1; Arndt, Vladimir 15.1; Arterra Picture Library/De Meester, Johan 118.6; Avalon/Photoshot License 120.2; Baggett, Tony 129.3; BSIP SA 205.1; Bucknall, Lachlan 152.6; Buettner, Rick 112.2; Burmeister, Holger 143.3; Buzun, Maximilian 131.2; Cattlin, Nigel 49.2, 53.2, 63.2; Chapman, David 78.2; CHROMORANGE/Peters, Ralph 129.1; Clayton, Robert 114.5; Coffeyshots 118.7; Cornel Constantin, Razvan 8.3, 8.4; DGP_Scotland 90.4; Dirscherl, Reinhard 93.3; Drobot, Vadym 212.1; DTR Photography 18.6; Ewelina 132.4; Folio Images 86.5; Gainey, Tim 120.1; Gibbons, Bob 98.5; Gilbey, John 18.9; Halaska, Jan 50.1, 50.2, 50.3, 50.4; HBRH 206.1; Hecker, Frank 105.2; Hermes Furian, Peter 14.1; HPS 43.1; Huettenhoelscher, Joerg 114.3; Image Source 18.5; imageBROKER 41.1, 48.1, 92.1, 93.2, 148.3; imageBROKER/Niehoff, Ulrich 105.1; imageBROKER/Robbin, Thomas 112.1; imageBROKER/Walch, Michaela 122.1; Islandstock 153.1, 166.1; Josan, Victor 18.1; Juniors Bildarchiv GmbH 191.1; Koserowsky, Carola 139.2; kpzfoto 117.2; Kuttig - People 139.3; Kuttig - Travel 126.3; Kuverling, Heiko 108.3; lane, mike 93.1; Lloyd, Gillian 98.2; Mainka, Markus 16.3; MBI 180.1; McPhoto/Schaef 22.6; METOIS, Franck 152.4; Nature Photographers Ltd 79.3, 99.2; Nature Photographers Ltd/JANES, ERNIE 118.2; Nature Picture Library 18.4, 43.3; Nature Picture Library/Möllers, Florian 116.4; Naturfoto-Online 18.2; Niebrugge Images 78.1; Panther Media GmbH 68.3, 131.1; Parker, Susan & Allan 122.3; Pembleton, Alan 117.1; PhotoStock-Israel /Alamy Stock Photo 120.3; Polc, Jozef 187.2; Pozar, Emil 5.2, 218.1; robertharding/DeFreitas, Michael 107.1; Robinson, Dominic 119.1; Rolf_52 104.1; Ruckszio, Manfred 68.2, 122.2; Scenics & Science 100.2; Schulte, Antje 79.2; Shields, Martin 12.1; Sollfors, Stefan 67.1; Stocktrek Images, Inc. 5.1, 156.1; Tack, Jochen 209.3; The Natural History Museum 9.2; Varlakov, Alex 84.3; volkerpreusser 44.1; Volkov, Valentyn 216.2; WaterFrame 137.2; Watts, Dave 106.2; Westend61 GmbH 16.1, 16.2; WILDLIFE GmbH 90.3; Wylezich, Bjorn 150.2; yarvin13 32.2. |BC GmbH Verlags- und Medien-, Forschungs- und Beratungsgesellschaft, Ingelheim: 168.1, 172.1, 176.1, 176.4, 176.6, 176.10. |Braune, Barbara, Peine: 47.1, 47.2. |Bundeszentrale für gesundheitliche Aufklärung (BZgA), Köln: 201.2, 201.3. |Dobers, Joachim, Göttingen: 110.3, 200.1. |Druwe & Polastri, Cremlingen/Weddel: 110.1, 110.2. |Fairtrade Deutschland e.V., Köln: 153.4, 192.2. |fotolia.com, New York: Gorilla 231.2; Larsson, Henrik 60.1; Lomsky, Karlos 66.3; Michel, T. 83.1, 168.5, 176.7; pitris 59.2; RioPatuca Images 189.3; Tieck, Michael 56.1. |Gall, Eike, Enkirch: 48.2, 49.1. |Getty Images (RF), München: Lander Phillips, Alan John 3.1, 6.1; xingmin07 130.1. |Glammeier, Ulrich, Hannover: 70.2. |Herzig, Wolfgang, Essen: 33.1, 34.2, 35.1, 36.1, 40.1, 42.1, 43.2, 43.4, 51.1, 52.1, 54.3, 58.1, 62.2, 62.3, 65.4, 68.1, 71.1, 72.1, 72.2, 73.1, 76.1, 76.2, 77.1, 78.5, 79.1, 80.1, 82.2, 87.2, 95.1, 95.2, 96.1, 97.1, 101.1, 102.1, 102.2, 103.1, 106.1, 106.3, 108.2, 108.4, 109.1, 109.3, 120.4, 121.1, 122.5, 124.1, 126.1, 126.2, 127.1, 127.3, 132.3, 133.3, 134.1, 136.1, 138.1, 141.1, 141.2, 146.2, 147.2, 148.4, 149.1, 150.1, 151.1, 152.7, 155.1, 163.1, 164.1, 164.2, 164.3, 164.4, 168.3, 172.2, 176.2, 202.1, 202.2, 203.1, 204.2, 222.3, 236.1, 236.2, 236.3, 237.2, 238.1, 239.1, 239.2, 368.1, 368.5. |Imago, Berlin: Camera 4 181.2. |iStockphoto.com, Calgary: abadonian 84.2; agustavop 86.7; Aj_OP 105.3; Andriyanov, Ilya 197.2; Andy 241.1; Anest 18.3; Anneke-DeBlok 119.2; Antema 140.1; anyaivanova 150.3; Autor 197.3; Azureus70 86.8; Baumgart, Anselm 84.1; Bialasiewicz, Katarzyna 219.3; Bim 148.2; BrasilNut1 117.3; Bruyeu, Ryhor 89.1; Carnemolla, John 140.3; cglade 31.1; CreativeNature_nl 190.1; DieterMeyrl 37.2; Eisenlohr 145.2; emer1940 22.4; FatCamera 152.2; Fenne 86.2; foto-maxl Titel; fotoVoyager 147.1; franckreporter 221.1; Grafner 86.1; Guni, Guenter 130.4; Halfpoint 86.4; hansenn 41.3; Happycity21 21.3; Hunter, Brendan 227.2, 227.3; igreen_images 122.4; IHervas 109.2; Imgorthand 158.1; JanMiko 94.2; Jorruang, Tinnakorn 129.2; juergen2008 65.1; kama71 86.6; kamisoka 222.1; Kontrec 189.2; Kuzdak, Damian 66.4; LoveTheWind 21.1; MachineHeadz 223.1; Magryt 23.2; marilyna 188.3; mauribo 66.1; McComber, Nicolas 222.2; mediaphotos 193.1; Meinzahn 152.3; micro_photo 7.3, 24.1; Mitchell, Daniel 137.1; Mixmike 244.2; Motortion 173.1; Nastco 154.1; Nehring, Nancy 19.1; nicky39 104.3; nrqemi 143.2; Panama7 104.2; PeopleImages 177.1, 212.2, 219.2; Pheelings Media 157.2; Photodisc 94.1; photoguns 245.1; rclassenlayouts 370.2; richcarey 152.5; Robert_Ford 109.4; Sinhyu 26.2; SolStock 7.2, 178.1, 185.1; Spoerlein, Thorsten 64.3, 368.4; stockstudioX 87.1; Tango, Ray 220.1; Tassii 228.1; thumb 64.4, 368.6; Toltek 371.2; Tommousney 10.1; Tunatura 4.2, 128.1; undefined undefined 116.3; vaaseenaa 157.3; Videologia 28.1; Vogel, Thomas 68.4; Wavebreakmedia 243.1; yulkapopkova 108.5. |juniors@wildlife Bildagentur GmbH, Hamburg: Hamblin, M. 127.2; Harms, D. 100.5; Minden Pictures 66.6; van Damsen, B. 119.3. |Kranenberg, Hendrik, Drolshagen: 169.2, 225.1, 225.2, 226.1, 226.2, 226.3, 226.4, 227.1, 228.2, 230.1, 238.2, 242.1. |laif, Köln: Rosenthal, Daniel 190.2. |Mall, Karin, Berlin: 44.2, 45.1. |Marine Stewardship Council (MSC), Berlin: 153.3. |mauritius images GmbH, Mittenwald: Alamy/blickwinkel/Fox 21.4, 22.5; Waldkirch, Rainer 114.1. |Meyer-Marc, Sabine, Berlin: 198.2, 198.3, 199.1, 199.2, 200.2, 204.1, 205.3, 206.2, 207.1, 207.2, 207.3, 209.1, 209.2. |Minkus Images Fotodesignagentur, Isernhagen: 15.3, 34.1, 54.1, 75.1, 173.2. |OKAPIA KG - Michael Grzimek & Co., Frankfurt/M.: ARDEA/Van Gaalen, Paul 66.7; BIOS/Borrell, Bartomeu 99.1; Bramaz, H.R. 245.4; Hartl, Andreas 99.4, 100.4; imageBROKER/Adam, Friedhelm 66.2; imageBROKER/Thomas Hinsche 31.2; ISM/Conge, Herve 7.1, 12.2; KINA/Brochard, Christophe 98.4, 99.5; KINA/Faasen, Tim 99.6; Lange, Norbert 100.1; Martinez, Lothar 99.3; NAS/Abbey, M. 24.2; NAS/Zipp, Jim 19.5; P. Arnold, Inc./Reschke, Ed 13.2; Roth, Bruno 66.5; Sauskojus, Burkhard 118.4; Varin, Michel 100.3. |PantherMedia GmbH (panthermedia.net), München: Eggermann, Peter 98.3; Hopf23 88.2; Mair, Carmen 31.3; psamtik 4.1, 30.1; Ruckszio, Manfred 45.2; svetas 78.4; Zieher, Andreas 98.1. |Picture-Alliance GmbH, Frankfurt a.M.: dpa Themendienst 205.2; dpa/dpa-Zentralbild 23.1. |Reinelt, Andrea, Florstadt: 19.2. |Schlierf, Birgit und Olaf, Lachendorf: 11.1, 15.2,

Aufgaben verstehen und richtig bearbeiten

Dieses Buch enthält Bilder, Texte und Aufgaben. Mithilfe der Aufgaben kannst du zeigen, was du gelernt hast. Dazu musst du verstehen, was die Verben in den Aufgaben bedeuten.

Nennen bedeutet, dass du Namen, Daten oder Gegebenheiten ohne weitere Erklärungen aufzählst. Oft reicht eine Stichwortliste aus.

1 Nenne die drei Tiere der Kronenschicht.

1. Tiere der Kronenschicht
Drei Tiere der Kronenschicht sind Eichhörnchen, Baummarder und Specht.

Beschreiben bedeutet, dass du etwas in ganzen Sätzen mit eigenen Worten wiedergibst. Der Sachverhalt wird aber nicht erklärt oder bewertet.

2 Beschreibe die Funktion der Destruenten im Wald.

2. Destruenten
Destruenten bauen tote Tiere und Pflanzen sowie Kot zu Mineralstoffen ab.

Beim **Vergleichen** nennst du Gemeinsamkeiten, Ähnlichkeiten und Unterschiede. Was genau du vergleichen sollst, ist oft vorgegeben. Manchmal musst du aber auch selbst sinnvolle Vergleichspunkte finden.

3 Vergleiche die Strauchschicht des Nadelwaldes und des Laubwaldes in Bild 1.

3. Vergleich zweier Wälder
Im Nadelwald gibt es meistens keine Strauchschicht. Im Laubwald ist eine Strauchschicht zu erkennen, die aus unterschiedlichen Straucharten besteht.

1 Zwei Wälder: **A** Nadelwald, **B** Laubwald